En La Intimidad

(Jeremías 33:3)

"Escuchando De Jesús En Tiempos Difíciles"

Omar A. López

WESTBOW
PRESS®
A DIVISION OF THOMAS NELSON
& ZONDERVAN

Puede hacer pedidos de libros de WestBow Press en librerías o poniéndose en contacto con:

WestBow Press
A Division of Thomas Nelson & Zondervan
1663 Liberty Drive
Bloomington, IN 47403
www.westbowpress.com
844-714-3454

ISBN: 978-1-5127-6461-1 (tapa blanda)
ISBN: 978-1-5127-6462-8 (tapa dura)
ISBN: 978-1-5127-6460-4 (libro electrónico)

Número de Control de la Biblioteca del Congreso: 2016919394

Información sobre impresión disponible en la última página.

Fecha de revisión de WestBow Press: 07/16/2021

"Jesús Es Dios"

"Por mí mismo hice juramento, de mi boca salió palabra en justicia, y no será revocada: Que a mí se doblará toda rodilla, y jurará toda lengua. Porque escrito está: Vivo yo, dice el Señor, que ante mí se doblará toda rodilla, Y toda lengua confesará a Dios." (Isaías 45:23, Romanos 14:11)

DEDICACIÓN

[+] A mi Amado, mi Jesús, que es Dios, El Dios Verdadero, mi Rey, mi Salvador, mi Padre, mi Dueño, mi Amigo, mi Todo, El Dios Eterno, mi Consolador y Ayudador, El Espíritu Santo, El Dios que no cambia, porque Él es El mismo hoy, ayer y por los siglos.

"¡A Tu Nombre Sea Toda La Gloria y Toda La Honra! Porque Es Sólo Tuya y Tú Eres Merecedor De Ella. "Porque Eres ¡Tan Bueno! ¡Gloria!"

[m] A mi vieja Esperanza que, aunque no está conmigo físicamente, pero sí en El Espíritu.

"Te agradezco por tanto amor, dedicación, sacrificio y tan buena formación que me diste"

Contenido

Prefacio

Si este libro ha llegado a tus manos es con: «*El Favor, La Gracia y El Propósito de un Dios Grande que se Engrandece en una vida*».

Éste proyecto salió del Corazón del Padre desde antes de la fundación del mundo. (Jeremías 29:11, Efesios 2:10).

Ya para el año 2009 era salvo por La Gracia de Nuestro Señor Jesús, pero me pregunte:

«¿Y ahora qué?». Porque aún había mucha confusión en La Nueva Vida. No estaba seguro de que manera podría yo, un siervo inútil ser útil a Jesús y Su Obra.

No fue hasta el año 2011 que tengo un encuentro con un profesor del colegio: «Pastor Natanael Valenzuela» El cual se convierte en la voz que Dios decide usar para decirme en una reunión «181st Street/Ft Washington, NY.»: "*Eres Escritor.*"

Comenzamos hablar que tenía yo «En Mi Espíritu», desde antes de la fundación del mundo que Dios podría usar, "*no para mí gloria, sino para su Gloria y Honra manifestar.*" Y hablando un poco me dice: «¡Eres Escritor!» y sí lo soy, por eso mi hermano(a) leerás este libro y es allí que éste hombre de Dios me da ciertas pautas a seguir.

Comienzo en obediencia al Padre a visitar la biblioteca pública: «Fort Washington Library, 535 West 179th Street, New York, NY. 10033» aun con muchas dificultades de todas índoles; «sin empleo, económicas, familiares etc...». y procedí a escribir lo que recibía del Señor. Unas líneas, una página, hasta que buscando el rostro del Señor me fue dando más y más de Él. (Santiago 4:8, Proverbios 8:17, Salmo 73:28).

Hoy puedo decir que ésta obediencia, la obediencia de 10 años caminando en Fe y creyendo a esa pequeña voz pero con "*Grandes Propósitos.*" Puedo decirte una vez más, que hoy mi amado(a) lees esta recopilación de sermones.

Te preguntarás: «¿Por qué *"En La Intimidad?"*

»Ese fue el título que Dios puso en mi corazón y en mi Espíritu, porque en la intimidad, El Padre se revela a nosotros, aun ésta no es individual y nos da más de Él« (2Pedro 1:20-21).

Yo clamé y Él me respondió y me mostró: "Cosas Grandes y Ocultas que yo no conocía." (Jeremías 33:3).

Aun todos estos mensajes comenzaron a publicarse en muchos medios cibernéticos como; WordPress: «omarlopez74.wordpress.com» y otras fuentes sociales. Hoy es el cumplimiento de ésta Promesa de Dios, que iba a escribir un libro y aquí está el resultado de deleitarse en El Señor nuestro Dios, el cual nos dará todos las peticiones y deseos de nuestro corazón, al encomendar nuestras obras a Él. (Salmos 37:4-5, 20:4, 145:19, Proverbios 16:3).

Éste proyecto comenzó sólo en el internet como dije anteriormente, siendo un arma utilizada para bien o para mal, para dañar o edificar, yo la escogí para llevar La Palabra de Dios, o sea para edificar y derribar todo aquello que se levante en contra del ¡*Dios Vivo!*

«¡ID POR TODO EL MUNDO Y PREDICAD MI PALABRA!».

Siendo éste instrumento un portal al mundo, siendo éste el mejor canal que nos lleva a las naciones, hasta que El Señor Jesús cambie las indicaciones y vaya físicamente,

"todo en el tiempo de Dios, en su Kairos, en su Cronos."

Y es allí donde me encuentro haciendo Su Real y Bendita Voluntad, sin fluctuar, sin volver atrás, *"porque se vive por Fe y él que retrocede no agradará Su Alma."* (Lucas 9:62) y ¡Amén¡

Omar A. López

"Clama a mí, y yo te responderé, y te enseñaré cosas grandes y ocultas que tú no conoces." (Jeremías 33:3)

DEL PADRE A LOS HIJOS

"Y seré para vosotros por Padre, Y vosotros me seréis hijos e hijas, dice el Señor Todopoderoso."
(2Corintios 6:18)

=1=

Papá Está Aquí Y Todo Va Estar Bien

"Dios mío, Dios mío, ¿por qué me has desamparado? ¿Por qué estás tan lejos de mi salvación y de las palabras de mi clamor? Cerca de la hora novena, Jesús clamó a gran voz, diciendo: Elí, Elí, ¿lama sabactani? Esto es: Dios mío, Dios mío, ¿por qué me has desamparado? Y a la hora novena Jesús clamó a gran voz, diciendo: Eloi, Eloi, ¿lama sabactani? que traducido es: Dios mío, Dios mío, ¿por qué me has desamparado?" (Salmo 22:1, Mateo 27:46, Marcos 15:34).

Ayer veía un testimonio de un predicador y adorador que en verdad impactó mi vida, tocando lo más profundo de mi ser. Él contaba de cómo en una etapa de su llamado recibió un zarpazo del mismo Satanás y las tinieblas que cambio todo en su vida en un solo día.

"Y un día aconteció que sus hijos e hijas comían y bebían vino en casa de su hermano el primogénito, y vino un mensajero a Job, y le dijo: Estaban arando los bueyes, y las asnas paciendo cerca de ellos, y acometieron los sabeos y los tomaron, y mataron a los criados a filo de espada; solamente escapé yo para darte la noticia. Aún estaba éste hablando, cuando vino otro que dijo: Fuego de Dios cayó del cielo, que quemó las ovejas y a los pastores, y los consumió; solamente escapé yo para darte la noticia. Todavía estaba éste hablando, y vino otro que dijo: Los caldeos hicieron tres escuadrones, y arremetieron contra los camellos y se los llevaron, y mataron a los criados a filo de espada; y solamente escapé yo para darte la noticia. Entre tanto que éste hablaba, vino otro que dijo: Tus hijos y tus hijas estaban comiendo y bebiendo vino en casa de su hermano el primogénito; y un gran viento vino

del lado del desierto y azotó las cuatro esquinas de la casa, la cual cayó sobre los jóvenes, y murieron; y solamente escapé yo para darte la noticia. Entonces Job se levantó, y rasgó su manto, y rasuró su cabeza, y se postró en tierra y adoró, y dijo: Desnudo salí del vientre de mi madre, y desnudo volveré allá. Jehová dio, y Jehová quitó; sea el nombre de Jehová bendito. Entonces le dijo su mujer: ¿Aún retienes tu integridad? Maldice a Dios, y muérete. Y él le dijo: Como suele hablar cualquiera de las mujeres fatuas, has hablado. ¿Qué? ¿Recibiremos de Dios el bien, y el mal no lo recibiremos? En todo esto no pecó Job con sus labios." (Job 1:13-21, 2:9-10).

Cuando su hija en rebelión y pecado perdió su vida. La joven se fue de la casa de su papá en rebeldía y se fue a vivir con un joven. Un día el joven y ella llegaron de una fiesta y él sacó una escopeta, le apuntó en la cara ¡Y …! ¡Haló el gatillo! ¡Wao!!! Hermanos de cierto les digo que a través de muchas tribulaciones entraremos al Reino de los Cielos. (Hechos 14:22).

La madre del joven, cristiana, ya en la ambulancia le dijo: «*Hija estás muy mal, tienes que reconciliarte con el Señor*». Ella con el rostro desecho, porque su cerebro y sus ojos azules quedaron incrustados en las paredes, ya moribunda, se reconcilió con el Señor.

"Y dijo a Jesús: Acuérdate de mí cuando vengas en tu reino. Entonces Jesús le dijo: De cierto te digo que hoy estarás conmigo en el paraíso." (Lucas 23:42-43).

Cuando la noticia llegó a su padre terrenal, él tomó un avión y fue donde estaba su bebé de apenas 16 años. Porque esa es la diferencia del Padre Celestial y de los terrenales.

«¡EL PADRE ESTÁ Y PUEDE ESTAR EN TODAS PARTES A LA MISMA VEZ!»

Cuando su padre terrenal llegó y la vio le dijo: «*no te preocupes hija, papá está aquí y todo va estar bien*». Pero él no sabía ni qué pensar, ni lo que había dicho cuando vio a su hija con la cara destrozada, con una máscara, pero aún consciente.

«*EL PADRE*», sí sabía lo que iba a suceder, por eso envió a su único Hijo a morir por ella, por ti y por mí: *"Porque de tal manera amó Dios al mundo, que ha dado a su Hijo unigénito, para que todo aquel que en él cree, no se pierda, más tenga vida eterna."* (Juan 3:16).

Este hombre desesperado y sin saber qué hacer salió a caminar al pasillo y El Padre le dijo:

«*¡Hijo! ya la he recibido en mi regazo*».

Ese es el amor del Padre, que por más dolorosas que sean o parezcan las cosas te da aquel amor y aquella paz que sobrepasa todo entendimiento.

> "*Y la paz de Dios, que sobrepasa todo entendimiento, guardará vuestros corazones y vuestros pensamientos en Cristo Jesús.*" (Filipenses 4:7).

«Que aun en la tormenta tenemos paz»:

> "*Pero en seguida Jesús les habló, diciendo: !!Tened ánimo; yo soy, no temáis!*" (Mateo 14:27).

Aquella paz, combinada con el amor del Padre que te dice:

«*¡PAPÁ ESTÁ AQUÍ Y TODO VA ESTAR BIEN!*»

Explica él que no sabía que pensar, allí mismo se acercaron los médicos con la noticia que ya El Padre le había dado: «*Sr Hernández su hija a muerto*».

Él aún no entendía, ni sabía cómo humanamente procesar dicha situación.

Este, su testimonio, dado el día del entierro de su hija, lo predicó y a través del mismo se salvaron veinte jóvenes.

Allí, cuando él veía a su bebé irse en el ataúd que él le compró dijo: «*¡quise comprarle un carro para que fuese a la universidad y tuve que comprarle un ataúd, quise comprarle un vestido para llevarla al altar el día de su boda y tuve que comprarle un vestido para su entierro!*».

«Es allí donde llega El Padre, cuando clamamos»:

> "*Dios mío, Dios mío, ¿por qué me has desamparado?*" (Salmo 22:1extc).

Es allí donde El Padre dice: «*PAPÁ ESTÁ AQUÍ Y TODO VA ESTAR BIEN*».

Es allí donde decimos: «¡No entiendo!» «¡No comprendo!» Pero algún día todo este dolor, aflicción y frustración podrán ayudar a otros diciéndoles:

«yo también estuve allí *¡PERO DIOS!* Me sacó del lodo cenagoso *¡PERO DIOS!* Me sacó del pozo de la desesperación *¡PERO DIOS!* Me llevó de las tinieblas a la luz admirable *¡PERO DIOS!* Cuando estaba sin fe, sin esperanza, sin familia, sin Padre me dijo: «*Bienvenido A Mi Familia, A La Familia De La Fe*». *¡PERO DIOS!* Se volvió *MI PADRE, MI AMIGO, MI TODO.*

¡SE PUEDEN IR TODOS, PERO QUE NO ME DEJE DIOS!

«Yo no tengo donde ir porque eres El Cristo, el que tiene Palabras de vida eterna»:

"Y me hizo sacar del pozo de la desesperación, del lodo cenagoso; Puso mis pies sobre peña, y enderezó mis pasos.
de aquel que os llamó de las tinieblas a su luz admirable; sino que habéis recibido el espíritu de adopción, por el cual clamamos: !!Abba, Padre!
Le respondió Simón Pedro: Señor, ¿a quién iremos? Tú tienes palabras de vida eterna. Y nosotros hemos creído y conocemos que tú eres el Cristo, el Hijo del Dios viviente."
(Salmo 40:2, 1Pedro 2:9extc, Romanos 8:15extc, Juan 6:68-69).

¡ALELUYA! ¡AL CREADOR! ¡AL MÁS ALTO!
Este hombre entendió que hay un alto precio que pagar por esta »*HONRA DEL MINISTERIO*« a la que fuimos llamados, pero:

«¡PAPÁ ESTÁ AQUÍ Y TODO VA ESTAR BIEN!»

Este hombre fue curado por «*LA MANO PODEROSA DE DIOS*» y perdonó al joven que mató a su bebé y le dejó ir de su corazón y siguió adelante con la obra que le fue comisionada:
"Pero yo os digo: Amad a vuestros enemigos, bendecid a los que os maldicen, haced bien a los que os aborrecen, y orad por los que os ultrajan y os persiguen; para que seáis hijos de vuestro Padre que está en los cielos, que hace salir su sol sobre malos y buenos, y que hace llover sobre justos e injustos. Porque si amáis a los que os aman, ¿qué recompensa tendréis? ¿No

hacen también lo mismo los publicanos? Y si saludáis a vuestros hermanos solamente ¿qué hacéis de más? ¿No hacen también así los gentiles? Sed, pues, vosotros perfectos, como vuestro Padre que está en los cielos es perfecto." (Mateo 5:44-48).

«Hermanos sé que no es fácil, ni ha sido fácil, Dios no dijo que lo sería, pero todo lo podemos en Cristo que nos fortalece»:

"Todo lo puedo en Cristo que me fortalece." (Filipenses 4:13).

Son muchas las aflicciones del justo, pero de todas Él nos librará y a través de muchas tribulaciones entraremos al Reino de los Cielos.

"Muchas son las aflicciones del justo, pero de todas ellas le librará Jehová. Es necesario que a través de muchas tribulaciones entremos en el reino de Dios." (Salmo 34:19, Hechos 14:22extc).

Se los dice este, su siervo, que me he visto en tantas circunstancias, situaciones y padecimientos. No lo digo porque tenga escasez, pues he aprendido a contentarme, cualquiera que sea mi situación. Sé vivir humildemente y sé tener abundancia. En todo y por todo estoy enseñado. Así para estar saciado como para tener hambre, así para tener abundancia como para padecer necesidad:

"Hasta esta hora padecemos hambre, tenemos sed, estamos desnudos, somos abofeteados y no tenemos morada fija. Nos fatigamos trabajando con nuestras propias manos; nos maldicen, y bendecimos; padecemos persecución, y la soportamos. Nos difaman, y rogamos; hemos venido a ser hasta ahora como la escoria del mundo, el desecho de todos que estamos atribulados en todo, más no angustiados; en apuros, más no desesperados; perseguidos, más no desamparados; derribados, pero no destruidos." (Filipenses 4:11-12, 1Corintios 4:11-13, 2Corintios 4:8-9).

«¡PERO DIOS! siempre me ha dicho»:
"¡PAPÁ ESTÁ AQUÍ Y TODO VA ESTAR BIEN!"

«Cuando todos se han ido»:
"En mi primera defensa ninguno estuvo a mi lado, sino que todos me desampararon. No les sea tomado en cuenta. Pero el Señor estuvo a mi lado y me dio fuerzas para que por mí fuese cumplida la predicación y que todos los gentiles oyesen. Así fui librado de la boca del león. Y el Señor me librará

de toda obra mala, y me preservará para su reino celestial. A él sea gloria por los siglos de los siglos. Amén." (2Timoteo 4:16-18).

«Cuando no he querido seguir más adelante»: Él me llena de nuevos deseos, de nuevos ánimos, me renueva como a las águilas, unge mi cabeza con aceite, aderezas mesa delante de mis angustiadores, reboza mi copa, me pone ropa nueva, calzado nuevo, me da su anillo, el anillo del Rey, anillo de autoridad para hollar serpientes y escorpiones, llena mi lámpara con aceite nuevo:

"pero los que esperan a Jehová tendrán nuevas fuerzas; levantarán alas como las águilas; correrán, y no se cansarán; caminarán, y no se fatigarán. Aderezas mesa delante de mí en presencia de mis angustiadores; Unges mi cabeza con aceite; mi copa está rebosando. Pero el padre dijo a sus siervos: Sacad el mejor vestido, y vestidle; y poned un anillo en su mano, y calzado en sus pies. Y traed el becerro gordo y matadlo, y comamos y hagamos fiesta; He aquí os doy potestad de hollar serpientes y escorpiones, y sobre toda fuerza del enemigo, y nada os dañará. mas las prudentes tomaron aceite en sus vasijas, juntamente con sus lámparas."
(Isaías 40:31, Salmo 23:5, Lucas 15:22-23, 10:19, Mateo 25:4).

¡A SU NOMBRE SEA LA GLORIA!

«Él nos lo advirtió y prometió, que en el mundo tendremos muchas aflicciones, pero Él estará con nosotros hasta el fin y ya él venció al mundo».

> *"Enseñándoles que guarden todas las cosas que os he mandado; y he aquí yo estoy con vosotros todos los días, hasta el fin del mundo. Amén. Estas cosas os he hablado para que en mí tengáis paz. En el mundo tendréis aflicción; pero confiad, yo he vencido al mundo."* (Mateo 28:20, Juan 16:33).

¡PAPÁ ESTÁ AQUÍ Y TODO VA ESTAR BIEN!

Así le dijo El Padre a este hermano y este testimonio de dolor ha traído miles a los pies del Padre, a los pies de Nuestro Señor y Salvador Jesucristo para salvación. Porque él no quiere que nadie perezca, sino que todos, no algunos, todos, procedan al arrepentimiento, pero con el corazón se cree para justicia y con la boca de confianza para salvación.

"¿Quiero yo la muerte del impío? dice Jehová el Señor. ¿No vivirá, si se apartare de sus caminos? Porque no quiero la muerte del que muere, dice Jehová el Señor; convertíos, pues, y viviréis. que si confesares con tu boca que Jesús es el Señor, y creyeres en tu corazón que Dios le levantó de los muertos, serás salvo. Porque con el corazón se cree para justicia, pero con la boca se confiesa para salvación. Pues la Escritura dice: Todo aquel que en él creyere, no será avergonzado." (Ezequiel 18:23, 32, Romanos 10:9-11).

A ti mi hermano(a), tenemos que negarnos a nosotros mismos y llevar nuestra cruz diariamente, porque el que pierda su vida la ganará, «porque en Dios sólo hay ganancia»:

"Entonces Jesús dijo a sus discípulos: Si alguno quiere venir en pos de mí, niéguese a sí mismo, y tome su cruz, y sígame. Porque todo el que quiera salvar su vida, la perderá; y todo el que pierda su vida por causa de mí, la hallará. Bendice, alma mía, a Jehová, Y bendiga todo mi ser su santo nombre. Bendice, alma mía, a Jehová, Y no olvides ninguno de sus beneficios." (Mateo 16:24-25, Salmo 103:1-2).

»A TI HOMBRE DEL MUNDO, DIOS ES REAL, ASÍ COMO SATANÁS LO ES. ESTE ES EL MOMENTO DE

ESCOGER QUIÉN SERA EL REY/rey DE TU VIDA«

«¿SI EL PADRE DE LAS LUCES PARA VIDA ABUNDANTE Y ETERNA?»:

"Toda buena dádiva y todo don perfecto desciende de lo alto, del Padre de las luces, en el cual no hay mudanza, ni sombra de variación. Estas cosas os he escrito a vosotros que creéis en el nombre del Hijo de Dios, para que sepáis que tenéis vida eterna, y para que creáis en el nombre del Hijo de Dios. yo he venido para que tengan vida, y para que la tengan en abundancia." (Santiago 1:17, 1Juan 5:13, Juan 10:10extc).

»¿O en el padre de las mentiras y las tinieblas para condenación eterna?«:
"Vosotros sois de vuestro padre el diablo, y los deseos de vuestro padre queréis hacer. El ha sido homicida desde el principio, y no ha permanecido

en la verdad, porque no hay verdad en él. Cuando habla mentira, de suyo habla; porque es mentiroso, y padre de mentira. El ladrón no viene sino para hurtar y matar y destruir;" (Juan 8:44, Juan 10:10extc).

¡TÚ ELIGES!

Septiembre 10, 2013

=2=

Jehová Ha Remitido Tus Pecados

"Entonces dijo David a Natán: Pequé contra Jehová. Y Natán dijo a David: También Jehová ha remitido tu pecado; no morirás. Me levantaré e iré a mi padre, y le diré: Padre, he pecado contra el cielo y contra ti. Ya no soy digno de ser llamado tu hijo; hazme como a uno de tus jornaleros. Y levantándose, vino a su padre. Y cuando aún estaba lejos, lo vio su padre, y fue movido a misericordia, y corrió, y se echó sobre su cuello, y le besó. Y el hijo le dijo: Padre, he pecado contra el cielo y contra ti, y ya no soy digno de ser llamado tu hijo." (2Samuel 12:13, Lucas 15:18-21).

Mientras El Padre sólo espera tu arrepentimiento y/o reconciliación, nosotros los humanos/hijos sólo pensamos en nuestra carnalidad, como El Padre nos recibiría o nos ha de recibir, si finalmente damos el paso de volver ante su presencia o de entrar en su presencia, siendo ÉL:

«UN SER MISERICORDIOSO».

"Y pasando Jehová por delante de él, proclamó: !!Jehová! !!Jehová! fuerte, misericordioso y piadoso; tardo para la ira, y grande en misericordia y verdad; que guarda misericordia a millares, que perdona la iniquidad, la rebelión y el pecado, y que de ningún modo tendrá por inocente al malvado; que visita la iniquidad de los padres sobre los hijos y sobre los hijos de los hijos, hasta la tercera y cuarta generación." (Éxodo 34:6-7).

Al igual que la parábola del hijo pródigo;

(1) Siendo un pródigo: «aquel que se aplica a la persona que gasta el dinero de forma insensata y sin necesidad».

(2) Siendo un insensato: «una persona necia, sin sentido».

(3) Siendo una parábola: «narración de un suceso inventado de la que se saca una enseñanza moral: «Parábola del hijo pródigo».

Y no solamente en ésta parábola, sino en la vida del rey David que, aunque fue azotado por el Padre: *"Porque el Señor al que ama, disciplina, Y azota a todo el que recibe por hijo. Si soportáis la disciplina, Dios os trata como a hijos; porque ¿qué hijo es aquel a quien el padre no disciplina?"* (Hebreos 12:6-7).

Pero después de corregido, fue perdonado, porque «*LA PALABRA*» misma dice que el pecado es igual a muerte: *"Porque la paga del pecado es muerte,"* (Romanos 6:23extc).

Y eso fue lo que el rey David trajo a su vida y a los de su casa: «*MUERTE*».

Pero El Padre sólo quiere que vengas a Él y habrá fiesta en los cielos y no que vengas con tu «PENSAR HUMANO», sino como lo que eres. Él ya pagó el precio en la cruz, Él ya derramó su preciosa sangre por ti y por mí, no vivamos en temor porque, «*Dios Es Amor*».

> *"El que no ama, no ha conocido a Dios; porque Dios es amor."* (1Juan 4:8).
>
> «Y No Hay Condenación Para Los Que Están o Estarán En Cristo Jesús»:
>
> *"Ahora, pues, ninguna condenación hay para los que están en Cristo Jesús, los que no andan conforme a la carne, sino conforme al Espíritu."* (Romanos 8:1).

Nuestra deuda fue eliminada, El Cristo nos dio apertura de la cárcel, esa fianza fue pagada:

> *"El Espíritu de Jehová el Señor está sobre mí, porque me ungió Jehová; me ha enviado a predicar buenas nuevas a los abatidos, a vendar a los quebrantados de corazón, a publicar libertad a los cautivos, y a los presos apertura de la cárcel;"* (Isaías 61:1).

Él sólo quiere que te arrepientas de tu vana manera de vivir, aquella manera que sólo lleva muerte, porque donde no habita o rige El Espíritu de Dios está el espíritu del príncipe de este mundo. «Es tiempo de escoger a quien le serviremos si al Dios Todo Poderoso, aquel que nos oferta vida eterna o aquel que es diablo, Satanás que nos oferta una condenación eterna, porque este fue creado para destruir»:

> *"He aquí que yo hice al herrero que sopla las ascuas en el fuego, y que saca la herramienta para su obra; y yo he creado al destruidor para destruir."* (Isaías 54:16).

»Este fue creado para hurtar, matar y destruir«:

> *"El ladrón no viene sino para hurtar y matar y destruir;"* (Juan 10:10extc).

«Y Jesús vino a dar vida y vida en abundancia»:

> *"yo he venido para que tengan vida, y para que la tengan en abundancia."* (Juan 10:10extc).

«ESTO ES REAL, DIOS ES REAL, SATANÁS ES REAL, EL CIELO ES REAL, EL INFIERNO ES REAL»

Hay algunos engañadores como «LOS TESTIGOS DE JEHOVÁ» que dicen: «que el infierno no es real y estos mismos burladores tienen el espíritu de error y de engaño». El mismo Dios le ha vetado los ojos para que no vean la verdad, para que viendo no vean y oyendo no escuchen:

> *"para que viendo, vean y no perciban; y oyendo, oigan y no entiendan; para que no se conviertan, y les sean perdonados los pecados."* (Marcos 4:12).

Porque estos se han dedicado a decir que ellos serán los únicos escogidos, luego que venga El Cristo De La Gloria. Esta secta tiene un espíritu de grandeza cuando mi Padre que está en los cielos me dice: «que el resiste a los soberbios y exalta a los humildes».

> *"Pero él da mayor gracia. Por esto dice: Dios resiste a los soberbios, y da gracia a los humildes. Abominación es a Jehová todo altivo de corazón; Ciertamente no quedará impune. Porque Jehová es excelso, y atiende al humilde, Más al altivo mira de lejos."* (Santiago 4:6, Proverbios 16:5, Salmo 138:6).

Cuando mi Padre que está en los cielos me dice que la soberbia del hombre será abatida por el polvo: *"La altivez del hombre será abatida, y la soberbia de los hombres será humillada; y solo Jehová será exaltado en aquel día."* (Isaías 2:17).

»¿Cómo estos me dicen que no hay infierno? ¡Si el mismo Jesús fue y ha sido el que más habló sobre el infierno, porque el mismo lo creó *"PORQUE JESÚS ES DIOS""*

"y lo castigará duramente, y pondrá su parte con los hipócritas; allí será el lloro y el crujir de dientes. Al ver él que muchos de los fariseos y de los saduceos venían a su bautismo, les decía: !!Generación de víboras! ¿Quién os enseñó a huir de la ira venidera? Y ya también el hacha está puesta a la raíz de los árboles; por tanto, todo árbol que no da buen fruto es cortado y echado en el fuego. Su aventador está en su mano, y limpiará su era; y recogerá su trigo en el granero, y quemará la paja en fuego que nunca se apagará. Pero yo os digo que cualquiera que se enoje contra su hermano, será culpable de juicio; y cualquiera que diga: Necio, a su hermano, será culpable ante el concilio; y cualquiera que le diga: Fatuo, quedará expuesto al infierno de fuego. Todo árbol que no da buen fruto, es cortado y echado en el fuego. más los hijos del reino serán echados a las tinieblas de afuera; allí será el lloro y el crujir de dientes. Y no temáis a los que matan el cuerpo, más el alma no pueden matar; temed más bien a aquel que puede destruir el alma y el cuerpo en el infierno. Por tanto, si tu mano o tu pie te es ocasión de caer, córtalo y échalo de ti; mejor te es entrar en la vida cojo o manco, que teniendo dos manos o dos pies ser echado en el fuego eterno. Y si tu ojo te es ocasión de caer, sácalo y échalo de ti; mejor te es entrar con un solo ojo en la vida, que teniendo dos ojos ser echado en el infierno de fuego. !!Serpientes, generación de víboras! ¿Cómo escaparéis de la condenación del infierno? Entonces dirá también a los de la izquierda: Apartaos de mí, malditos, al fuego eterno preparado para el diablo y sus ángeles. Había un hombre rico, que se vestía de púrpura y de lino fino, y hacía cada día banquete con esplendidez. Había también un mendigo llamado Lázaro, que estaba echado a la puerta de aquél, lleno de llagas, y ansiaba saciarse de las migajas que caían de la mesa del rico; y aun los perros venían y le lamían las llagas. Aconteció que murió el mendigo, y fue llevado por los ángeles al seno de Abraham; y murió también el rico, y fue sepultado. Y en el Hades alzó sus ojos, estando en tormentos, y vio de lejos a Abraham, y a Lázaro en su seno. Entonces él, dando voces, dijo: Padre Abraham, ten misericordia de mí, y envía a Lázaro para que moje la punta de su dedo en agua, y refresque mi lengua; porque estoy atormentado en esta llama. Pero Abraham le dijo: Hijo, acuérdate que recibiste tus bienes en tu vida, y Lázaro también males; pero ahora éste es consolado aquí, y tú

atormentado. *Además de todo esto, una gran sima está puesta entre nosotros y vosotros, de manera que los que quisieren pasar de aquí a vosotros, no pueden, ni de allá pasar acá. Entonces le dijo: Te ruego, pues, padre, que le envíes a la casa de mi padre, porque tengo cinco hermanos, para que les testifique, a fin de que no vengan ellos también a este lugar de tormento. Y Abraham le dijo: A Moisés y a los profetas tienen; óiganlos. Él entonces dijo: No, padre Abraham; pero si alguno fuere a ellos de entre los muertos, se arrepentirán. Más Abraham le dijo: Si no oyen a Moisés y a los profetas, tampoco se persuadirán aunque alguno se levantare de los muertos."* (Mateo 24:51, 3:7, 10, 12, 5:22, 7:19, 8:12, 10:28, 18:8-9, 23:33, 25:41, Lucas 16:19-31).

Estos charlatanes han dicho en diferentes fechas que el Cristo venía, siendo la más reciente en 1978 fallando una vez más, cuando «*LA PALABRA*» me dice: «*que el día, ni la hora nadie la sabe*» ¿cómo ellos lo sabían? «Siendo la revelación en común no de interpretación personal».

> *"entendiendo primero esto, que ninguna profecía de la Escritura es de interpretación privada, porque nunca la profecía fue traída por voluntad humana, sino que los santos hombres de Dios hablaron siendo inspirados por el Espíritu Santo."* (2Pedro 1:20-21).

Desde ese momento se volvieron lo que son, una secta, teniendo en su fundador: »Charles Taze Russell« una nube muy extraña de su formación doctrinal. Porque por apariencia parecen tener o tienen fundamentos de »Masonería«.

> Siendo: La masonería algo adogmática, dejando libertad a sus miembros de profesar la religión que cada uno decida o no profesar ninguna. Ante todo, hay que decir que entre todas las reglas fundamentales de las asociaciones masónicas existe la creencia en la existencia de Dios como Gran Arquitecto del Universo. Ahora bien, el Gran Arquitecto del Universo no se identifica con el Dios-persona de los cristianos, sino que se refiere a una inteligencia divina no necesariamente distinta del cosmos y de la humanidad, o sea, es "la colectividad de estos seres individuales, considerada en su conjunto. Así, para la

Masonería, Jesús no es Dios, sino más bien un personaje más de la larga historia de los iniciados que trazaron el camino que la humanidad debe seguir para alcanzar su progresiva emancipación y encontrar su dignidad.

"Como puede verse, para la doctrina masónica Cristo es considerado solo un gran iniciado, a la altura de Moisés o incluso a la altura de una figura mitológica como la de Orfeo."

Así que hombre del mundo las religiones no salvan han mostrado que son insuficientes, porque sólo «*JESÚS*» es la puerta al «*PADRE*».

"Yo soy la puerta; el que por mí entrare, será salvo; y entrará, y saldrá, y hallará pastos. Jesús le dijo: Yo soy el camino, y la verdad, y la vida; nadie viene al Padre, sino por mí."
(Juan 10:9, 14:6).

«Tu Padre te ama, Tu Padre es Dios no llames a nadie padre en esta tierra».

"Y no llaméis padre vuestro a nadie en la tierra; porque uno es vuestro Padre, el que está en los cielos." (Mateo 23:9).

Porque hay un sinnúmero de religiones y de Iglesias que llaman padre o papá a sus Pastores o líderes, sé que debe haber amor y respeto hacia las autoridades. (Romanos 13).

«¿Pero a llamar papá y/o comprometerse con hombres?»

"Así ha dicho Jehová: Maldito el varón que confía en el hombre, y pone carne por su brazo, y su corazón se aparta de Jehová." (Jeremías 17:5).

Los hombres han demostrado que son insuficientes, el único hombre con estatura perfecta fue «*EL CRISTO*» y el mismo dijo: «sólo Dios es bueno y Él es Dios, Tu Padre es Dios a Él debes exaltar, sólo Él es bueno»: *"Jesús le dijo: ¿Por qué me llamas bueno? Ninguno hay bueno, sino sólo uno, Dios. sino sólo Dios."* (Marcos 10:18, Lucas 18:19extc).

«TU PADRE TE AMA Y TE PERDONA, EL HOMBRE TE ABORRECE Y CONDENA»

Porque hay hombres de Dios y hay hombres que parecen ser de Dios y el hombre que es de Dios tiene el corazón de Dios y es aquel que predica, «*La Verdad*» y no »*la mentira*« para sacar provecho de las ovejas.

> *"Estos son murmuradores, querellosos, que andan según sus propios deseos, cuya boca habla cosas infladas, adulando a las personas para sacar provecho."* (Judas 1:16).

Es aquel que lleva las ovejas al Padre, no aquel que lleva las ovejas a su vientre y/o concupiscencias, es aquel que profetiza la realidad espiritual, no aquel que habla de cuentos de hadas.

De cierto que estos burladores ya tienen su paga y su condenación que es el lago de fuego y azufre: *"No todo el que me dice: Señor, Señor, entrará en el reino de los cielos, sino el que hace la voluntad de mi Padre que está en los cielos. Muchos me dirán en aquel día: Señor, Señor, ¿no profetizamos en tu nombre, y en tu nombre echamos fuera demonios, y en tu nombre hicimos muchos milagros? Y entonces les declararé: Nunca os conocí; apartaos de mí, hacedores de maldad."* (Mateo 7:21-23).

«Y es triste que todos los que no creyeron a la verdad recibirán la misma condenación»:

> *"Por esto Dios les envía un poder engañoso, para que crean la mentira, a fin de que sean condenados todos los que no creyeron a la verdad, sino que se complacieron en la injusticia."* (2Tesalonicenses 2:11-12).

«¡IGLESIA DESPIERTA!» Que el tiempo se acaba, oye la voz de tu Padre que te ama, que espera por ti, para celebrar tu llegada, no importa si estabas perdido «a eso vino El Cristo a buscar lo que se había perdido»: *"Porque el Hijo del Hombre vino a buscar y a salvar lo que se había perdido."* (Lucas 19:10).

No importa lo que digan de ti en la Iglesia ya sea con tu llegada al reino de Dios o con tu regreso: *"Entonces se enojó, y no quería entrar. Salió por tanto su padre, y le rogaba que entrase. Más él, respondiendo, dijo al padre: He aquí, tantos años te sirvo, no habiéndote desobedecido jamás, y nunca me has dado ni un cabrito para gozarme con mis amigos. Pero cuando vino este tu hijo, que ha consumido tus bienes con rameras, has hecho matar para él el becerro gordo. Él entonces le dijo: Hijo, tú siempre estás conmigo, y todas mis cosas son tuyas. Más era necesario hacer fiesta y regocijarnos, porque este tu hermano era muerto, y ha revivido; se había perdido, y es hallado."* (Lucas 15:28-32).

«Y aunque algunos terrenales no se agraden de quien se salva o de quien regresó, Tu Padre te ama, aquel Padre que está en los cielos que dio a su único Hijo para salvación»:

"Porque de tal manera amó Dios al mundo, que ha dado a su Hijo unigénito, para que todo aquel que en él cree, no se pierda, más tenga vida eterna." (Juan 3:16).

Y hoy el Hijo está a su diestra intercediendo por ti y por mí sin cesar. ¡Él Te Ama! Y quiere que nunca más lo dudes y que te regocijes siempre, porque Él se goza en ti:

"Jehová está en medio de ti, poderoso, él salvará; se gozará sobre ti con alegría, callará de amor, se regocijará sobre ti con cánticos. Luego les dijo: Id, comed grosuras, y bebed vino dulce, y enviad porciones a los que no tienen nada preparado; porque día santo es a nuestro Señor; no os entristezcáis, porque el gozo de Jehová es vuestra fuerza." (Sofonías 3:17, Nehemías 8:10).

"Y no hay condenación para los que estamos en Cristo Jesús." (Romanos 8:1).

»Hay otros como ya dije que no se van alegrar de tu llegada, pero tú procura dejar esa tierra de mortandad que es el mundo«: *"!!Oh almas adúlteras! ¿No sabéis que la amistad del mundo es enemistad contra Dios? Cualquiera, pues, que quiera ser amigo del mundo, se constituye enemigo de Dios."* (Santiago 4:4).

«Y ven a la tierra de abundancia que es»: «*EL REINO DE LOS CIELOS*».

Esto procede de manera individual y esos al igual que tú y yo ellos van a dar explicaciones, porque aquel que no ama a su hermano el amor del Padre no está en el:

> *"Si alguno dice: Yo amo a Dios, y aborrece a su hermano, es mentiroso. Pues el que no ama a su hermano a quien ha visto, ¿cómo puede amar a Dios a quien no ha visto? El que ama a su hermano, permanece en la luz, y en él no hay tropiezo."* (1Juan 4:20, 2:10).

Pero cuando El Padre, los ángeles y Jesús te vean llegar a Casa no te pedirán explicaciones, ni te van a escuchar, porque la orden es: *"Pero el padre dijo a sus siervos: Sacad el mejor vestido, y vestidle; y poned un anillo en su mano, y calzado en sus pies. Y traed el becerro gordo y matadlo, y comamos y hagamos fiesta; porque este mi hijo muerto era, y ha revivido; se había perdido, y es hallado. Y comenzaron a regocijarse."* (Lucas 15:22-24).

«Porque has regresado a Tu Casa, porque nuestras moradas son celestiales»:

> *"En la casa de mi Padre muchas moradas hay; si así no fuera, yo os lo hubiera dicho; voy, pues, a preparar lugar para vosotros."* (Juan 14:2).

»Porque somos peregrinos y extranjeros en esta tierra«:

> *"Mas vosotros sois linaje escogido, real sacerdocio, nación santa, pueblo adquirido por Dios, para que anunciéis las virtudes de aquel que os llamó de las tinieblas a su luz admirable; vosotros que en otro tiempo no erais pueblo, pero que ahora sois pueblo de Dios; que en otro tiempo no habíais alcanzado misericordia, pero ahora habéis alcanzado misericordia. Amados, yo os ruego como a extranjeros y peregrinos, que os abstengáis de los deseos carnales que batallan contra el alma,"* (1Pedro 2:9-11).

«No somos de aquí»:

> *"Yo les he dado tu palabra; y el mundo los aborreció, porque no son del mundo, como tampoco yo soy del mundo. No*

son del mundo, como tampoco yo soy del mundo. Padre, aquellos que me has dado, quiero que donde yo estoy, también ellos estén conmigo, para que vean mi gloria que me has dado; porque me has amado desde antes de la fundación del mundo." (Juan 17:14, 16, 24).

»Nuestra vida aquí es momentánea, aún hay tiempo para entrar por la puerta estrecha que es la que lleva a la vida eterna, porque la ancha nos lleva a la condenación eterna«:

"Entrad por la puerta estrecha; porque ancha es la puerta, y espacioso el camino que lleva a la perdición, y muchos son los que entran por ella; porque estrecha es la puerta, y angosto el camino que lleva a la vida, y pocos son los que la hallan." (Mateo 7:13-14).

Y El Padre no quiere la muerte del que muere, él quiere que se proceda a un arrepentimiento y viviremos eternamente: *"¿Quiero yo la muerte del impío? dice Jehová el Señor. ¿No vivirá, si se apartare de sus caminos? Porque no quiero la muerte del que muere, dice Jehová el Señor; convertíos, pues, y viviréis."* (Ezequiel 18:23, 32).

Y nos dirá en aquel día entra buen siervo: *"Y su señor le dijo: Bien, buen siervo y fiel; sobre poco has sido fiel, sobre mucho te pondré; entra en el gozo de tu señor."* (Mateo 25:21).

Y sólo diremos:

«¡SANTO!

¡SANTO!

¡SANTO!»

Y arrojaremos nuestras coronas al único *REY de reyes, SEÑOR de señores:* «*JESÚS EL JUSTO, EL VERBO, EL LEÓN DE LA TRIBU DE JUDÁ*» Y ¡Amén!

A ti mi hermano, mi hermana, hombre del mundo te habla El Padre que está en los cielos, si estas alejado de Él, si has entrado en un estado de tibieza espiritual, si no le conoces aún, este es el momento, esta es la hora de cobijarse bajo sus alas y Él nos dará el reposo eterno, el descanso eterno, sólo confía en aquel que ya ha vencido al mundo.

Bendigo tu vida en este y todos los días y que la paz que sobrepasa todo entendimiento con la reconciliación y aceptación de Jesús en tu vida y con tu entrada al Reino de los cielos recaiga sobre ti y que Cristo Jesús te de la victoria en este y todos los días de tu vida. ¡Aleluya! y ¡Amén!

Ps; «Si aún no has aceptado a Jesús como tu único y verdadero Salvador te invito a hacer esta breve Oración»: »La Palabra de Dios dice que con el corazón se cree para justicia, pero con la boca se confiesa para la salvación«.

Repite conmigo esta Oración ya sea para salvación o para hacer un nuevo pacto con El Cristo de La Gloria.

«Señor Jesús, yo reconozco que eres el hijo de Dios, yo reconozco que soy un pecador, yo te pido que me perdones por mis pecados y por mi vana manera de vivir y que inscriba mi nombre en el Libro De La Vida y te prometo que nunca más/jamás me apartaré de Ti».

Sí hiciste esta Oración en este momento hay una fiesta en los cielos por ti mi hermano, mi hermana y sólo te puedo decir que eres una nueva criatura y que has pasado de muerte a vida. «¡Bienvenido al Reino de los Cielos! ¡Amén y Amén!» ¡Bendigo Tu Vida! ¡En El Nombre De Jesús Siempre! y ¡Amén!

Octubre 15, 2012

=3=

Bien He Visto La Aflicción De Mi Pueblo

"Dijo luego Jehová: Bien he visto la aflicción de mi pueblo que está en Egipto, y he oído su clamor a causa de sus exactores; pues he conocido sus angustias, confirmando los ánimos de los discípulos, exhortándoles a que permaneciesen en la fe, y diciéndoles: Es necesario que a través de muchas tribulaciones entremos en el reino de Dios. Muchas son las aflicciones del justo, Pero de todas ellas le librará Jehová. Estas cosas os he hablado para que en mí tengáis paz. En el mundo tendréis aflicción; pero confiad, yo he vencido al mundo." (Éxodo 3:7, Hechos 14:22, Salmo 34:19, Juan 16:33).

Vivimos en tiempos difíciles, postreros, en la última hora y en él principio de dolores:

"Porque se levantará nación contra nación, y reino contra reino; y habrá terremotos en muchos lugares, y habrá hambres y alborotos; principios de dolores son estos. Y todo esto será principio de dolores." (Marcos 13:8, Mateo 24:8).

Donde las tinieblas están arropando esta sociedad y donde la inmoralidad ha llegado muy alto:

"Porque he aquí que tinieblas cubrirán la tierra, y oscuridad las naciones;" (Isaías 60:2extc).

Cuando leo La Palabra de Dios y en especial los evangelios y se dice como en los días de Noé:

"Mas como en los días de Noé, así será la venida del Hijo del Hombre. Porque como en los días antes del diluvio estaban comiendo y bebiendo, casándose y dando en casamiento, hasta el día en que Noé entró en el arca, y no entendieron hasta que vino el diluvio y se los llevó a todos, así será también la venida del Hijo del Hombre." (Mateo 24:37-39).

Veo y entiendo lo que ese justo padecía al estar rodeado de tanta inmoralidad, de tanta maldad, de tanta gente impía y despreciada por sus comportamientos ante un Dios «*TODO PODEROSO*», aquel que es tardo en la ira y aquel que renueva sus misericordias cada mañana:

> *"Por la misericordia de Jehová no hemos sido consumidos, porque nunca decayeron sus misericordias. Nuevas son cada mañana; grande es tu fidelidad."* (Lamentaciones 3:22-23).

Pero en aquellos días el Padre espero unos 154 años para el arrepentimiento de aquellos inmorales, pero estos creían que como hoy en día, todas las cosas iban a permanecer iguales hasta que vino el diluvio y se los llevo a todos:

> *"y no entendieron hasta que vino el diluvio y se los llevó a todos,"* (Mateo 24:39extc).

«ASÍ COMO HOY MUCHOS RETARDAN SU LLEGADA»

"Pero del día y la hora nadie sabe, ni aun los ángeles de los cielos, sino sólo mi Padre. sabiendo primero esto, que en los postreros días vendrán burladores, andando según sus propias concupiscencias, y diciendo: ¿Dónde está la promesa de su advenimiento? Porque desde el día en que los padres durmieron, todas las cosas permanecen así como desde el principio de la creación." (Mateo 24:36, 2Pedro 3:3-4).

Nosotros clamamos por las tantas cosas que tenemos que ver y padecer, una sociedad que cada día va de mal en peor, una sociedad corrompida, una sociedad que le llama a lo malo bueno y a lo bueno malo: *"!!Ay de los que a lo malo dicen bueno, y a lo bueno malo; que hacen de la luz tinieblas, y de las tinieblas luz; que ponen lo amargo por dulce, y lo dulce por amargo!"* (Isaías 5:20).

«Una sociedad que se ha ido tras la idolatría».

"Mientras Pablo los esperaba en Atenas, su espíritu se enardecía viendo la ciudad entregada a la idolatría." (Hechos 17:16).

Dándole la espalda a un *«DIOS VERDADERO»* Prefiriendo creer al padre de la mentira y al príncipe de las tinieblas:

"Vosotros sois de vuestro padre el diablo, y los deseos de vuestro padre queréis hacer. El ha sido homicida desde el principio, y no ha permanecido en la verdad, porque no hay verdad en él. Cuando habla mentira, de suyo habla; porque es mentiroso, y padre de mentira. en los cuales el dios de este siglo cegó el entendimiento de los incrédulos, para que no les resplandezca la luz del evangelio de la gloria de Cristo, el cual es la imagen de Dios." (Juan 8:44, 2Corintios 4:4).

Cuando ando en las calles de esta ciudad veo el vacío en las personas, la tristeza en los corazones y por otro lado la inmoralidad, el morbo, donde quiera que miro veo el pecado y el mismo está llegando al tope, yo mismo he sido víctima de esta inmoralidad.

Un día iba como cada sábado de voluntario a limpiar «EL SANTUARIO DE LA CASA DE PAPÁ» Sábado en la mañana abordo el tren y más adelante aborda otro tripulante, «pero este no creo que era cualquier tripulante, era un enviado de Satanás y las tinieblas, tenía un espíritu de homosexualidad». Este personaje y yo hacemos contacto visual, yo le saludo y más adelante veo que este enviado me sigue mirando y yo no le pongo mucha atención, sino que sigo leyendo un libro que leía, pero sentía que este enviado estaba haciendo algo, cuando lo vuelvo a ver se estaba tocando sus genitales y saboreándose la boca, sólo dije: «¿Dios mío qué es esto?» Pero a la vez no me sorprendió, ya he sido avisado por el mismo Dios por diferentes bocas proféticas, de que los homosexuales van a tener un poderío extremo en esta sociedad:

«La Visión; Pastor David Wilkerson; págs. 43-44».

Y ya lo estoy viendo y que estos iban a molestar sexualmente a otros, mujeres a mujeres y hombres a hombres, yo ya recibí mi parte y no solamente esto hermanos, he visto hombres besándose con hombres, mujeres con mujeres.

«YO SABÍA QUE ESTA CIUDAD *"NY"* ES DEGENERADA, PERO
NO TANTO COMO ME HA TOCADO VIVIR ÚLTIMAMENTE»

«Pero allá en los cielos hay un Dios que todo lo observa»:

> *"Jehová está en su santo templo; Jehová tiene en el cielo su trono; Sus ojos ven, sus párpados examinan a los hijos de los hombres."* (Salmo 11:4).

»Y pronto le dará la paga a estos degenerados, perversos e impíos«:

> *"Porque la paga del pecado es muerte,"* (Romanos 6:23extc).

Si no proceden a su arrepentimiento, porque El Señor no quiere la muerte del que muere, Él quiere que todos procedan a un arrepentimiento: *"¿Quiero yo la muerte del impío? dice Jehová el Señor. ¿No vivirá, si se apartare de sus caminos? Porque no quiero la muerte del que muere, dice Jehová el Señor; convertíos, pues, y viviréis."* (Ezequiel 18:23, 32).

Y sí aún hay un remanente que nos mantenemos con la ayuda de Dios nos mantendremos fieles, porque Él nunca nos ha dejado, ni nos dejará: *"enseñándoles que guarden todas las cosas que os he mandado; y he aquí yo estoy con vosotros todos los días, hasta el fin del mundo. Amén."* (Mateo 28:20).

Y así como antes del éxodo pasaron 454 años de maltrato al pueblo de Dios y hoy Él ha escuchado nuestro clamor, porque Él ha dicho: «Clama A Mí Y Yo Te Responderé»:

> *"Clama a mí, y yo te responderé, y te enseñaré cosas grandes y ocultas que tú no conoces."* (Jeremías 33:3).

«¡Iglesia! Espera y soporta las embestidas de este mundo que tu Redentor ¡Vive! Levanta tu cabeza que tu redención está cerca».

"Yo sé que mi Redentor vive, Y al fin se levantará sobre el polvo; Cuando estas cosas comiencen a suceder, erguíos y levantad vuestra cabeza, porque vuestra redención está cerca." (Job 19:25, Lucas 21:28).

«Aquí sólo somos peregrinos y extranjeros, no somos de este mundo»:

"Amados, yo os ruego como a extranjeros y peregrinos, que os abstengáis de los deseos carnales que batallan contra el alma, Yo les he dado tu palabra; y el mundo los aborreció, porque no son del mundo, como tampoco yo soy del mundo. No son del mundo, como tampoco yo soy del mundo." (1Pedro 2:11, Juan 17:14, 16).

«NUESTRO PASO POR ÉSTE MUNDO ES MOMENTÁNEO, PERO TENEMOS UNA MISIÓN QUE DESARROLLLAR»

«¿Ya somos salvo? ¡Sí!»:
"Pero Dios, que es rico en misericordia, por su gran amor con que nos amó, aun estando nosotros muertos en pecados, nos dio vida juntamente con Cristo (por gracia sois salvos), Porque por gracia sois salvos por medio de la fe; y esto no de vosotros, pues es don de Dios; no por obras, para que nadie se gloríe. Porque somos hechura suya, creados en Cristo Jesús para buenas obras, las cuales Dios preparó de antemano para que anduviésemos en ellas." (Efesios 2:4-5, 8-10).
«¿Es por fe? ¡Sí!»: *"Y Jesús le dijo: Ninguno que poniendo su mano en el arado mira hacia atrás, es apto para el reino de Dios. Pero sin fe es imposible agradar a Dios; porque es necesario que el que se acerca a Dios crea que le hay, y que es galardonador de los que le buscan. He aquí que aquel cuya alma no es recta, se enorgullece; más el justo por su fe vivirá. Porque en el evangelio la justicia de Dios se revela por fe y para fe, como está escrito: Más el justo por la fe vivirá."* (Lucas 9:62, Hebreos 11:6, Habacuc 2:4, Romanos 1:17).
Pero la misma sin obras es muerta: *"Así también la fe, si no tiene obras, es muerta en sí misma."* (Santiago 2:17).
Sé que son muchas y/o han sido muchas las embestidas en estos últimos tiempos, pero vendrán muchas más, porque han sido liberados demonios de la faz de la tierra, que nunca antes habían sido liberados. Resiste y

mantén tu mirada hacia el que te sostiene que es «EL CRISTO DE LA GLORIA, aunque estés y/o estemos débiles allí es que Él es fuerte, todo lo puedo en Cristo que nos fortalece»:

"Y me ha dicho: Bástate mi gracia; porque mi poder se perfecciona en la debilidad. Por tanto, de buena gana me gloriaré más bien en mis debilidades, para que repose sobre mí el poder de Cristo. Por lo cual, por amor a Cristo me gozo en las debilidades, en afrentas, en necesidades, en persecuciones, en angustias; porque cuando soy débil, entonces soy fuerte. Todo lo puedo en Cristo que me fortalece." (2Corintios 12:9-10, Filipenses 4:13). Él se va a glorificar una vez más en medio de esta generación perversa, llena de víboras en donde vivimos, porque Él ha escuchado nuestro clamor, «mantengámonos como Moisés mirando al invisible»: *"Por la fe dejó a Egipto, no temiendo la ira del rey; porque se sostuvo como viendo al Invisible."* (Hebreos 11:27).

«Pero todo lo que hace es tangible, porque Él es Fiel y Verdadero»:

"He aquí el Amén, el testigo fiel y verdadero, el principio de la creación de Dios, dice esto: Entonces vi el cielo abierto; y he aquí un caballo blanco, y el que lo montaba se llamaba Fiel y Verdadero, y con justicia juzga y pelea." (Apocalipsis 3:14extc, 19:11).

Y él nunca llega tarde y nunca se tarda, regocíjate «HIJA DE SION»:

"Canta, oh hija de Sion; da voces de júbilo, oh Israel; gózate y regocíjate de todo corazón, hija de Jerusalén. Regocíjate, oh estéril, la que no daba a luz; levanta canción y da voces de júbilo, la que nunca estuvo de parto; porque más son los hijos de la desamparada que los de la casada, ha dicho Jehová." (Sofonías 3:14, Isaías 54:1).

«Lo que ves a tu alrededor todo esto pasará»: *"Respondiendo él, les dijo: ¿Veis todo esto? De cierto os digo, que no quedará aquí piedra sobre piedra, que no sea derribada."* (Mateo 24:2).

«Pero su Palabra no pasará»:
"El cielo y la tierra pasarán, pero mis palabras no pasarán." (Mateo 24:35).

Porque al igual que Él, «SU PALABRA ES ETERNA» y su Palabra está: «en él ¡SÍ! y en él ¡AMÉN!»: *"porque todas las promesas de Dios son en él Sí, y en él Amén, por medio de nosotros, para la gloria de Dios."* (2Corintios 1:20).

Él lo que promete lo cumple y Su Palabra no retorna vacía y una vez más

Él es «*Fiel y Verdadero*» y Él no es hombre para arrepentirse, ni hijo de hombre para cambiar de idea:

"*así será mi palabra que sale de mi boca; no volverá a mí vacía, sino que hará lo que yo quiero, y será prosperada en aquello para que la envié. Dios no es hombre, para que mienta, Ni hijo de hombre para que se arrepienta. El dijo, ¿y no hará? Habló, ¿y no lo ejecutará? He aquí, he recibido orden de bendecir; El dio bendición, y no podré revocarla.*" (Isaías 55:11, Númcros 23:19-20).

Él dijo y hará, Él promete y libertará, porque no hay justo desamparado y el hombre no quedará postrado por siempre: "*Cuando el hombre cayere, no quedará postrado, Porque Jehová sostiene su mano. Joven fui, y he envejecido, Y no he visto justo desamparado, Ni su descendencia que mendigue pan.*" (Salmo 37:24-25).

«Porque Jehová es nuestro ayudador»:

"*No temas, porque yo estoy contigo; no desmayes, porque yo soy tu Dios que te esfuerzo; siempre te ayudaré, siempre te sustentaré con la diestra de mi justicia. Porque yo Jehová soy tu Dios, quien te sostiene de tu mano derecha, y te dice: No temas, yo te ayudo.*" (Isaías 41:10, 13).

Y la mano poderosa de Dios siempre nos va a levantar y a socorrer, porque ya Él ha vencido al mundo: "*Estas cosas os he hablado para que en mí tengáis paz. En el mundo tendréis aflicción;pero confiad, yo he vencido al mundo.*" (Juan 16:33).

¡Bendigo Tu Vida! ¡En El Nombre De Cristo Jesús Siempre!
y ¡Amén!

Febrero 4, 2013

DE LOS HIJOS AL PADRE

"Y por cuanto sois hijos, Dios envió a vuestros corazones el Espíritu de su Hijo, el cual clama: !!Abba, Padre!" (Gálatas 4:6)

=4=

Oración

"*Clama a mí, y yo te responderé, y te enseñaré cosas grandes y ocultas que tú no conoces. si se humillare mi pueblo, sobre el cual mi nombre es invocado, y oraren, y buscaren mi rostro, y se convirtieren de sus malos caminos; entonces yo oiré desde los cielos, y perdonaré sus pecados, y sanaré su tierra.*" (Jeremías 33:3, 2Crónicas 7:14).

Siendo la oración gramaticalmente hablando: «la palabra o el conjunto de palabras con autonomía, sintáctica o sea es una de sentido que expresa una coherencia gramatical completa».

Pero hoy no te vengo hablar de este tipo de oración sino de «*La Oración*», como el vínculo o instrumento que elevamos al Padre de las luces, siendo éste tan vital en nuestra relación con el Padre, que los discípulos le pidieron al Amado Jesús: "*enséñanos a orar*" (Lucas 11:1).

Y aun Jesús se apartaba a solas para buscar el rostro del Padre: "*Mas él se apartaba a lugares desiertos, y oraba.*" (Lucas 5:16).

Estuve buscando algunas definiciones sobre lo que es oración, encontré algunas, pero no me satisfacían, hasta que encontré una que realmente se hizo testigo con mi Espíritu. La misma es del Predicador/escritor «John Bunyan, escritor del: "*El progreso del peregrino*"». Ésta definición la obtuvo en la cárcel de Bedford 1662, »éste fue arrestado por predicar sin licencia en las calles de Londres y allí desde la cárcel escribió una sincera y honesta definición de oración«:

Oración: «es abrir el corazón o el alma a Dios en una forma»;

I. *Sincera*
II. *Sencilla*
III. *Afectuosa*

Por medio de Cristo con la ayuda y en el Poder del Espíritu Santo, para cosas como las que Dios ha prometido o que son conforme a La Palabra de Dios para el bien de La Iglesia, sometiéndonos en Fe a La Voluntad de Dios. (1Corintios 2:9).

El mismo Señor como vimos en los versos de introducción «Jeremías 33:3, 2Crónicas 7:14» nos manda a: *"Clamar* y a *Humillarnos"*
Así como lucho Jacob con el Ángel en «Génesis 32:26» diciéndole: *"no te dejaré sino me bendices."* »Esta oración podría considerarse intercesora o de intercesión«.
Así mismo como Eliseo le dice a Elías cuando veía y sabía que su señor le sería quitado:
"no te dejaré." (2Reyes 2:4)
Pero la misma debe y está llena de ciertos componentes más allá de los que vimos en tan acertada definición del Predicador John Bunyan como fueron;

I. *Sinceridad*
II. *Sensibilidad*
III. *Afecto/Afección*

Debe haber y/o crearse un ambiente o atmósfera de privacidad, de secreto, de intimidad, de entrar en lo oculto, *«Porque es allí en lo secreto que Dios comienza a obrar a nuestro favor»*:

"y tu Padre que está en lo secreto, te lo recompensará en público." (Mateo 6:6extc).

Como en «2Reyes 4:4-5» el aceite de la viuda: *"cerrando la puerta."* Allí comenzó Dios a obrar a su favor.
La mujer sunamita que había servido a Eliseo y se le concedió un hijo,

pero el mismo muere más adelante y ella lo coloca en la cama del varón de Dios, o sea: «*lo dejó en lo secreto y cerró la puerta*» (2Reyes 4:16, 21).

Y no habló con nadie del particular, ni siquiera con su marido cuando le dijo dónde iba, sólo le dijo: «*¡Paz¡*». No le declaró nada por igual al sirviente de Eliseo, cuando éste le pregunta si todo está bien con su marido e hijo, sólo le contesta: «*¡Bien!*».

Siendo Eliseo una tipificación de *Dios/Jesús*, porque no fue hasta que le vio que le derramó su corazón y le dijo lo que había acontecido: "*Venid a mí todos los que estáis trabajados y cargados, y yo os haré descansar.*" (Mateo 11:28).

Y Eliseo va a la habitación donde estaba el niño y "*cierra la puerta*" (2Reyes 4:33). Y el niño vuelve a la vida.

"*Porque para Dios no hay nada IMPOSIBLE*" (Lucas 1:37).

Es por eso que la oración debe tener «*Fe y Confianza*» en uno solo, Dios, porque Dios es galardonador de aquellos que diligentemente le buscan. (Hebreos 11:6).

Jesús habló en «Mateo 6:6-7» de no ser repetitivos, resaltando una vez más lo secreto:

"*Mas tú, cuando ores, entra en tu aposento, y cerrada la puerta, ora a tu Padre que está en secreto; y tu Padre que ve en lo secreto te recompensará en público.*"

Pero esto ha de ser de acuerdo a una sola cosa: «*Su Voluntad*», con los motivos correctos, "*no para gastar en vuestros deleites*" (Santiago 4:3-4).

Y debemos venir ante Él "*confiadamente*" (Hebreos 4:16).

El mismo Padre nos manda a;

I. *Pedir*

II. *Buscar*

III. *Llamar:*

"*Y yo os digo: Pedid, y se os dará; buscad, y hallaréis; llamad y se os abrirá.*" (Lucas 11:9).

«Cuando pedimos le pedimos a Jesús mismo, Él es nuestro intercesor. (Hebreos 7:25).

Cuando buscamos estamos buscando en los tesoros del cielo y el rostro del Padre y cuando tocamos, tocamos las puertas del cielo».

Por eso la oración del justo puede mucho. (Santiago 5:16).

Estas no caducan y están como olor fragante delante de Dios en copas de oro. (Apocalipsis 5:8, 8:3-4).

Tanto así que estas serán arrojadas a la tierra como parte del juicio de Dios y provocarán truenos, voces, relámpagos y un terremoto. (Apocalipsis 8:5).

Por eso debemos entender algunos elementos finales que deben y habrán de estar al momento de venir ante *"El Trono De La Gracia:"*

I. «Ser sinceros»: "Dios no puede ser burlado y Él pesa los corazones" (Gálatas 6:7, Proverbios 24:12).

II. «Tener intimidad»: *"Él nos anhela celosamente"* (Santiago 4:5).

III. «Afecto/hijos al Padre»: *"Abba Padre"* (Romanos 8:15, Gálatas 4:6).

IV. «Confianza»: *"Pedid pero no tenéis va relacionado con la intimidad, no habéis pedido en mi Nombre"* (Santiago 4:3, Juan 16:24).

V. «Humillación»: *"El mismo Dios nos manda a humillarnos y a orar como pueblo, como lo que somos un solo cuerpo, entonces él oirá desde los cielos"* (2Crónicas 7:14).

VI. *"A Clamar:"* (Jeremías 33:3).

VII. *"A entrar en lo secreto:"* (Mateo 6:6)

VIII. «A tener continuidad, a no desfallecer»: "Orad sin cesar, la viuda y el juez" (1Tesalonicenses 5:17, Lucas 18:1-8).

IX. «Saber a quién le oramos y quién es El que está escuchando»: *"Pues si vosotros, siendo malos, sabéis dar buenas dádivas a vuestros hijos, ¿cuánto más vuestro Padre que está en los cielos dará buenas cosas a los que le pidan?"* (Mateo 7:11).

X. «Fe»: "La Fe sin obras es muerta, sin Fe es imposible agradar a Dios" (Santiago 2:20, 26, Hebreos 11:6).

XI. Obra/Acción: «sólo una»: *"el ir a Sus Pies"* (Mateo 11:28).

XII. Voluntad/Kairos: «Todo se desarrolla de acuerdo a *"Su Voluntad* y en *Su Tiempo. Él es Principio y Fin, Alpha y Omega,"* Él conoce todas las cosas, las que convienen y las que no convienen».

Oración

"Venga tu reino. Hágase tu voluntad, como en el cielo, así también en la tierra." (Mateo 6:10).

Y ¡Amén!

Marzo 8, 2016

ESPERANZA

"Y ahora, Señor, ¿qué esperaré? Mi esperanza está en ti. Porque en esperanza fuimos salvos; pero la esperanza que se ve, no es esperanza; porque lo que alguno ve, ¿a qué esperarlo? Bendito el Dios y Padre de nuestro Señor Jesucristo, que según su grande misericordia nos hizo renacer para una esperanza viva, por la resurrección de Jesucristo de los muertos," (Salmo 39:7, Romanos 8:24, 1Pedro 1:3)

=5=
Una Esperanza Viva
(Un Memorial A Mi Madre: Mayo 9, 2015)

"Él, mirándole fijamente, y atemorizado, dijo: ¿Qué hay, Señor? Y le dijo: Tus oraciones y tus limosnas han subido como un memorial delante de Dios." (Hechos 10:4).

Este fue el mensaje que El Espíritu Santo me trajo en apenas unas horas antes de este memorial a mi madre. No tenía notas sola La Palabra de Dios y El Espíritu Santo. Dejé que Él me guiara como lo hizo en su entierro, pero creo y más que creer que de esta mujer virtuosa y esforzada merece no que se hable de su memoria, sino de lo que un Dios Vivo, puede hacer en una vida.

Todo esto fue muy inesperado, porque mi madre Esperanza era una de estas mujeres que crees que nunca van a morir, mujeres fuertes, seres maravillosos, llenas de dulzura, amor, compasión y entre otras tantas cualidades que un ser humano puede tener. Pero, así como dije en aquel día no es más que:

«La Presencia Divina de un Dios que es Grande y se Engrandece en sus hijos e hijas, sus escogidos».

Voy a tratar con la ayuda del Espíritu Santo una vez más de ser lo más fiel posible en lo que dije aquel día, sin poner parámetros quizás El Espíritu Santo quiere arrojar más verdad.

Recientemente tuve un sueño donde le decía a un Pastor que por su testimonio llegarían cientos, miles a los Pies de Cristo, si esto es parte de ese sueño o no, no lo sé, pero tengo estas notas engavetadas por severos meses y desde hace unos días El Señor mismo me ha estado inquietando que vuelva a escribir mensajes que han estados estancados y este sería el primero de muchos más.

Hoy voy hablarles de;

(1) *"Memoria y memorial:"* (Hechos 10:4).
(2) *"Honra;"* (1Samuel 2:30, Proverbios 3:9-10, Josué 24:15).
(3) *"Virtud:"* (Proverbios 31:10).
(4) *"Oración:"* (Apocalipsis 5:8, 8:4).
(5) *"De la muerte delante de los Ojos de Dios:"* (Salmo 116:15).
(6) *"De una esperanza viva:"* (1Pedro 1:3-7).
(7) *"De la resurrección de los muertos:"* (1Tesalonicenses 4:15-16).

"Él, mirándole fijamente, y atemorizado, dijo: ¿Qué hay, Señor? Y le dijo: Tus oraciones y tus limosnas han subido como un memorial delante de Dios."

Llega un momento en nuestras vidas que Dios mismo exalta nuestras oraciones y obras aun el Reino de Dios no es por obras sino por Gracia, pero el mismo Dios honra a los que le honran aun sea después de la muerte: *"porque yo honraré a los que me honran, y los que me desprecian serán tenidos en poco. Honra a Jehová con tus bienes, Y con las primicias de todos tus frutos; Y serán llenos tus graneros con abundancia, Y tus lagares rebosarán de mosto."*

Dios es un Dios que no tiene parámetros ni Principio ni Fin, por eso Él es Alfa y Omega, Él es Soberano y por eso Él mismo deposita sobre algunos «*Virtud*», como esta mujer que tuvo las características de la mujer virtuosa, mujer diseñada con el Propósito de Dios dentro de ella misma: *"Mujer virtuosa, ¿quién la hallará? Porque su estima sobrepasa largamente a la de las piedras preciosas."*

Una mujer que luchó y oró constantemente por su casa, sus seres amados, hermanos en Cristo y personas en particular: *"Y cuando hubo tomado el libro, los cuatro seres vivientes y los veinticuatro ancianos se postraron delante del Cordero; todos tenían arpas, y copas de oro llenas de incienso, que son las oraciones de los santos; Y de la mano del ángel subió a la presencia de Dios el humo del incienso con las oraciones de los santos."*

Es decir que las oraciones no caducan suben con olor fragante ante La Presencia del Dios del universo y en su tiempo traerá el resultado y lo digo yo porque antes de todo tuve un sueño donde me tocaba predicar y ella misma me entregaba el micrófono y me decía: *«¡Toma mi hijo ve a predicar!»*. Lo que yo no sabía que iba ser en esta condición, pero Mi Amado, Mi Jesús me otorgó el privilegio de predicar en su funeral, durante su entierro, durante este memorial.

¡ALELUYA! ¡ESO SÓLO LO HACE DIOS!

Ella estaba ausente en el cuerpo, pero presente en El Espíritu. Recuerdo aquel día del entierro fue más rápido que para el memorial sólo tuve 20 minutos para recibir La Palabra de Dios» Es allí mis amados cuando conocemos a Dios, reconocemos su Voz«

Me dijo: *"Predica sobre"* «Génesis 3:19»:

"Con el sudor de tu rostro comerás el pan hasta que vuelvas a la tierra, porque de ella fuiste tomado; pues polvo eres, y al polvo volverás."

Y «La Gloria de Dios, El Gozo Del Señor y La Paz Del Príncipe de Paz inundo aquel lugar».

Muchos fueron los eventos antes, durante y después, yo vine con una mentalidad de verle, orar por ella, ver su recuperación y regresar al lugar donde vivo «USA» Pero los planes de Dios fueron otros, así como en Isaías 55:8: *"Porque mis pensamientos no son vuestros pensamientos, ni vuestros caminos mis caminos, dijo Jehová."*

Allí entendí que el sueño estaba relacionado al lanzamiento de este ministerio y ya en los últimos días de su enfermedad no aceptaba su partida, pero unos días antes escuche una mujer llorando en nuestra casa y busque por todas partes y no vi a nadie, ya en ese momento entendí que había llegado la hora. Fue ya el 29 de Abril, 2015 que ella entró en un coma y ya el 30 de abril dejaba este mundo. «Porque esa es La Grandeza de nuestro Dios en Diciembre, 2014 mi padre era él que iba a morir, pero aún ¡No! Me *dijo Dios porque a él le falta poner en orden su casa y su corazón y le daba 10 años más de vida por el particular.* Yo creía que esta vez iba ser igual, pero»:

"Estimada es a los ojos de Jehová La muerte de sus santos."
(Salmo 116:15).

El Padre nos anhela celosamente y doy Fe y Testimonio que ella descansa hasta aquel día que suene la trompeta, porque esa es «*LA ESPERANZA VIVA*» que tiene que vivir en cada uno de nosotros que no somos de aquí, somos peregrinos y extranjeros, nuestra estadía es momentánea para La Glorificación de aquel que «*nos creó, nos escogió y nos amó*» desde antes de la fundación del mundo, nuestras moradas son celestiales, caminaremos en calles de oro, fuimos creados con un solo propósito:

«*TRAERLE Y DARLE TODA LA GLORIA Y HONRA A ÉL, PORQUE DE*
ÉL ES TODA LA GLORIA Y HONRA POR LOS SIGLOS DE LOS SIGLOS».

Mi hermano, mi hermana «El Espíritu Santo está aquí ahora mismo y de seguro sentirás lo mismo que yo estoy sintiendo, un quebrantamiento doloroso pero necesario, porque Él que comenzó *"La Buena Obra"* la terminará».

¡GLORIA!

«Y ÉSTA ES, LA ESPERANZA VIVA»:
"Bendito el Dios y Padre de nuestro Señor Jesucristo, que según su grande misericordia nos hizo renacer para una esperanza viva, por la resurrección de Jesucristo de los muertos, para una herencia incorruptible, incontaminada e inmarcesible, reservada en los cielos para vosotros, que sois guardados por el poder de Dios mediante la fe, para alcanzar la salvación que está preparada para ser manifestada en el tiempo postrero. En lo cual vosotros os alegráis, aunque ahora por un poco de tiempo, si es necesario, tengáis que ser afligidos en diversas pruebas, para que sometida a prueba vuestra fe, mucho más preciosa que el oro, el cual aunque perecedero se prueba con fuego, sea hallada en alabanza, gloria y honra cuando sea manifestado Jesucristo,"

»¡Y AQUÍ HAY MÁS DE LA ESPERANZA VIVA!«:

"Por lo cual os decimos esto en palabra del Señor: que nosotros que vivimos, que habremos quedado hasta la venida del Señor, no precederemos a los que durmieron. Porque el Señor mismo con voz de mando, con voz de arcángel, y con trompeta de Dios, descenderá del cielo; y los muertos en Cristo resucitarán primero. Luego nosotros los que vivimos, los que hayamos quedado, seremos arrebatados juntamente con ellos en las nubes para recibir al Señor en el aire, y así estaremos siempre con el Señor. Por tanto, alentaos los unos a los otros con estas palabras."

«Y simplemente esta mujer Honró, con sus oraciones y su vida antes de la muerte a Aquel que la Honró, Aquel que La Amó, Aquel que depositó en ella virtud porque ella solamente dijo»:

"¡Pero Yo Y Mi Casa Serviremos A Jehová!"

Mis hermanos Les Bendigo con el Amor que sobrepasa todo entendimiento, el Amor de Aquel que lo dio todo por nosotros allí En La Cruz Del Calvario, Aquel que muriendo nos dio vida en abundancia y eterna.

"JESÚS ES SU NOMBRE"

Y un día allí estaremos diciendo por los siglos de los siglos; ¡SANTO! ¡SANTO! ¡SANTO!

Agosto 30, 2015

= 6 =

En El Horno De Hierro, En El Horno De Aflicción
"muchas son las aflicciones del justo"

"Pero a vosotros Jehová os tomó, y os ha sacado del horno de hierro, de Egipto, para que seáis el pueblo de su heredad como en este día. He aquí te he purificado, y no como a plata; te he escogido en horno de aflicción. Muchas son las aflicciones del justo, Pero de todas ellas le librará Jehová." (Deuteronomio 4:20, Isaías 48:10, Salmo 34:19).

Hoy en día veo tantos hermanos pasar por tantas pruebas, aflicciones, tribulaciones y persecuciones y no han sabido responder a las mismas.

Siendo;

(1) Pruebas: *«situación o circunstancia triste y difícil, en una situación que permite comprobar una cualidad o la calidad de una persona».*

(2) Aflicciones: *«tristeza, pena, congoja, sentimiento de tristeza o angustia, molestia o sufrimiento físico».*

(2.1) Congoja: *«sufrimiento y preocupación intensos provocados por un peligro o amenaza, angustia o agobio físico».*

(3) Tribulaciones: *«pena, disgusto o preocupación muy grande, congoja, situación adversa o desfavorable».*

(4) Persecuciones: *«acción de seguir a una persona, conjunto de acciones y castigos físicos que sufren las personas que defienden una doctrina, una religión o unas ideas determinadas, acoso molesto a alguien para que acceda a algo».*

Siendo estas mencionadas y prometidas por El Rey de reyes tanto como en el: «Viejo Pacto, como en el Nuevo Pacto», para mantenernos cerca de Él: *"Tú, que me has hecho ver muchas angustias y males, Volverás a darme vida, Y de nuevo me levantarás de los abismos de la tierra. Despreciado y desechado entre los hombres, varón de dolores, experimentado en quebranto; y como que escondimos de él el rostro, fue menospreciado, y no lo estimamos. Estas cosas os he hablado para que en mí tengáis paz. En el mundo tendréis aflicción; pero confiad, yo he vencido al mundo. confirmando los ánimos de los discípulos, exhortándoles a que permaneciesen en la fe, y diciéndoles: Es necesario que a través de muchas tribulaciones entremos en el reino de Dios."* (Salmo 71:20, Isaías 53:3, Juan 16:33, Hechos 14:22).

«PORQUE SI NOS DESCUIDAMOS PODEMOS OLVIDAR DE QUIENES SOMOS Y A QUIÉN NOS DEBEMOS»

"Bienaventurado aquel siervo al cual, cuando su señor venga, le halle haciendo así. De cierto os digo que sobre todos sus bienes le pondrá. Pero si aquel siervo malo dijere en su corazón: Mi señor tarda en venir; y comenzare a golpear a sus consiervos, y aun a comer y a beber con los borrachos, vendrá el señor de aquel siervo en día que éste no espera, y a la hora que no sabe, y lo castigará duramente, y pondrá su parte con los hipócritas; allí será el lloro y el crujir de dientes." (Mateo 24:46-51).

Creo que uno y/o el mayor de los problemas es y/o son tantas doctrinas y tantos engañadores que han salido por el mundo, tantas falsas doctrinas, cuando hay un solo Evangelio:

"Porque muchos engañadores han salido por el mundo, que no confiesan que Jesucristo ha venido en carne. Quien esto hace es el engañador y el anticristo. Mirad por vosotros mismos, para que no perdáis el fruto de vuestro trabajo, sino que recibáis galardón completo. Cualquiera que se extravía, y no persevera en la doctrina de Cristo, no tiene a Dios; el que persevera en la doctrina de Cristo, ése sí tiene al Padre y al Hijo. Si alguno viene a vosotros, y no trae esta doctrina, no lo recibáis en casa, ni le digáis: !!Bienvenido! Porque el que le dice: !!Bienvenido! participa en sus malas obras. No que haya otro, sino que hay algunos que os perturban y quieren pervertir el evangelio de Cristo. Como te rogué que te quedases en Efeso,

cuando fui a Macedonia, para que mandases a algunos que no enseñen diferente doctrina," (2Juan 1:7-11, Gálatas 1:7, 1Timoteo 1:3).

Estos están llevando un mensaje emocional en el cual no está todo »*El Consejo De Dios*« ni «*El Espíritu Santo*» No hay un fundamento en La Palabra, tiene un fundamento pero no en La Palabra, sino en las cosas de este mundo, donde muchos han puesto su confianza, mas no en Jesús *"El Maestro."* Ya sabemos la parábola del hombre que edificó su casa sobre la arena y no en la Roca que es Cristo Jesús: *"Cualquiera, pues, que me oye estas palabras, y las hace, le compararé a un hombre prudente, que edificó su casa sobre la roca. Descendió lluvia, y vinieron ríos, y soplaron vientos, y golpearon contra aquella casa; y no cayó, porque estaba fundada sobre la roca. Pero cualquiera que me oye estas palabras y no las hace, le compararé a un hombre insensato, que edificó su casa sobre la arena; y descendió lluvia, y vinieron ríos, y soplaron vientos, y dieron con ímpetu contra aquella casa; y cayó, y fue grande su ruina."* (Mateo 7:24-27).

Se lo dice este siervo que ha pasado y aún está pasando por distintas pruebas, pero El Espíritu que está sobre mí y a de estar sobre ti mi hermano(a) es El Espíritu que levantó un hombre de entre los muertos llamado Cristo Jesús y ese es El Espíritu correcto aquel Espíritu de: «*Dominio Propio, Amor y Poder*». (Romanos 10:9, 2Timoteo 1:7).

Siendo:

(1) *"Dominio Propio:"* «Aquella reacción que debemos tener los hijos de Dios de mantener la calma bajo cualquier circunstancia que llegue a nuestras vidas, en especial en momentos difíciles y/o inesperados, allí sabremos qué tipo de cristianos somos». (2Tesalonicenses 2:15).

(2) «*Amor*»: *"El amor es sufrido, es benigno; el amor no tiene envidia, el amor no es jactancioso, no se envanece; no hace nada indebido, no busca lo suyo, no se irrita, no guarda rencor; no se goza de la injusticia, mas se goza de la verdad. Todo lo sufre, todo lo cree, todo lo espera, todo lo soporta. El amor nunca deja de ser; pero las profecías se acabarán, y cesarán las lenguas, y la ciencia acabará."* (1Corintios 13:4-8). (3) «*Poder*»: *"pero recibiréis poder, cuando haya venido sobre vosotros el Espíritu Santo, Porque no me avergüenzo del evangelio, porque es poder de Dios. esto es, a nosotros, es poder de Dios."* (Hechos 1:8, 1Corintios 1:18, Romanos 1:16extcs).

Aunque la tierra sea removida, no temeré, porque mis pies están sobre «La Peña, Roca Fuerte, Torre Fuerte» es Su Nombre, mi ayuda viene de Él y no de los hombres: *"Alzaré mis ojos a los montes; ¿De dónde vendrá mi socorro? Mi socorro viene de Jehová, Que hizo los cielos y la tierra. Desde la angustia invoqué a JAH, Y me respondió JAH, poniéndome en lugar espacioso. Jehová está conmigo; no temeré Lo que me pueda hacer el hombre. Jehová está conmigo entre los que me ayudan; Por tanto, yo veré mi deseo en los que me aborrecen. Mejor es confiar en Jehová Que confiar en el hombre. Mejor es confiar en Jehová Que confiar en príncipes."* (Salmos 121:1-2, 118:5-9).

«EN MOMENTOS DIFÍCILES ALABO Y ORO, EN MOMENTOS BUENOS ALABO Y ORO»

"Y se levantaron los levitas de los hijos de Coat y de los hijos de Coré, para alabar a Jehová el Dios de Israel con fuerte y alta voz." (2Crónicas 20:19).

No desfallezcan hermanos todo pasará, pero «*Su Palabra*» no pasará. (Marcos 13:31).

No somos de aquí, somos peregrinos y extranjeros. (1Pedro 2:11).

Nuestra estadía aquí es momentánea, sólo estamos aquí para «*Su Gloria*» no nuestra gloria,

«*Su Gloria manifestar*».
"Por mí, por amor de mí mismo lo haré, para que no sea amancillado mi nombre, y mi honra no la daré a otro." (Isaías 48:11).

Nuestras moradas son celestiales, no terrenales, nuestros tesoros deben y están escondidos en los cielos: *"En la casa de mi Padre muchas moradas hay; si así no fuera, yo os lo hubiera dicho; voy, pues, a preparar lugar para vosotros. No os hagáis tesoros en la tierra, donde la polilla y el orín corrompen, y donde ladrones minan y hurtan; sino haceos tesoros en el cielo, donde ni la polilla ni el orín corrompen, y donde ladrones no minan ni hurtan. Porque donde esté vuestro tesoro, allí estará también vuestro corazón."* (Juan 14:2, Mateo 6:19-21).

No importa las circunstancias que estemos atravesando, a través de Él somos más que vencedores y todo lo podemos en Él que nos fortalece y nada absolutamente nada nos va a separar del amor, de Su Amor, aunque estemos atravesando el valle de muerte allí Él estará con nosotros, cuando somos débiles, entonces «*ÉL ES FUERTE*»:

"Antes, en todas estas cosas somos más que vencedores por medio de aquel que nos amó. Todo lo puedo en Cristo que me fortalece. ¿Quién nos separará del amor de Cristo? ¿Tribulación, o angustia, o persecución, o hambre, o desnudez, o peligro, o espada? Aunque ande en valle de sombra de muerte, No temeré mal alguno, porque tú estarás conmigo; Tu vara y tu cayado me infundirán aliento. Si subiere a los cielos, allí estás tú; Y si en el Seol hiciere mi estrado, he aquí, allí tú estás. Por lo cual, por amor a Cristo me gozo en las debilidades, en afrentas, en necesidades, en persecuciones, en angustias; porque cuando soy débil, entonces soy fuerte." (Romanos 8:37, Filipenses 4:13, Romanos 8:35, Salmos 23:4, 139:8, 2Corintios 12:10).

«GLORIA A TU NOMBRE PADRE,
PORQUE NOS LLEVA DE LA MANO»

No te condenes mi hermano(a), la condenación es del diablo y no hay condenación para los que fuimos llamados por Él, aquellos que andamos conforme al Espíritu mas no a la carne, porque en Él todo obra para bien, para aquellos que le amamos y fuimos llamados para su propósito:

"Ahora, pues, ninguna condenación hay para los que están en Cristo Jesús, los que no andan conforme a la carne, sino conforme al Espíritu. Y sabemos que a los que aman a Dios, todas las cosas les ayudan a bien, esto es, a los que conforme a su propósito son llamados." (Romanos 8:1, 28).

«No nos sorprendamos: *"de las pruebas, aflicciones, tribulaciones y persecuciones"* por las que estamos atravesando, Él es poderoso para librarnos si clamamos a Él».

"Amados, no os sorprendáis del fuego de prueba que os ha sobrevenido, como si alguna cosa extraña os aconteciese, En aquel día hubo una gran persecución contra la iglesia que estaba en Jerusalén; y todos fueron esparcidos por las tierras de Judea y de Samaria, salvo los apóstoles. Y Saulo asolaba la iglesia, y entrando casa por casa, arrastraba a hombres y a mujeres, y los entregaba en la cárcel. !!Oh Dios nuestro! ¿no los juzgarás

tú? *Porque en nosotros no hay fuerza contra tan grande multitud que viene contra nosotros; no sabemos qué hacer, y a ti volvemos nuestros ojos. Jehová os dice así: No temáis ni os amedrentéis delante de esta multitud tan grande, porque no es vuestra la guerra, sino de Dios. No habrá para qué peleéis vosotros en este caso; paraos, estad quietos, y ved la salvación de Jehová con vosotros. para que vengan de la presencia del Señor tiempos de refrigerio, Como el padre se compadece de los hijos, Se compadece Jehová de los que le temen."* (1Pedro 4:12, Hechos 8:1extc, 8:3, 2Crónicas 20:12, 15, 17extcs, Hechos 3:19extc, Salmo 103:13).

¡Mi hermano! ¡Mi hermana! Resiste todas las pruebas, las aflicciones, las tribulaciones y/o persecuciones, El Padre es conocedor de todas las cosas: *"Mirad las aves del cielo, que no siembran, ni siegan, ni recogen en graneros; y vuestro Padre celestial las alimenta. ¿No valéis vosotros mucho más que ellas? Y si la hierba del campo que hoy es, y mañana se echa en el horno, Dios la viste así, ¿no hará mucho más a vosotros, hombres de poca fe? ¿Quién hay entre vosotros que teme a Jehová, y oye la voz de su siervo? El que anda en tinieblas y carece de luz, confíe en el nombre de Jehová, y apóyese en su Dios."* (Mateo 6:26, 30, Isaías 50:10).

Y Él te dará la salida, el éxodo de donde te encuentras, El Espíritu Santo te va ayudar. Dios está moldeando tú carácter y mi carácter para sus servicios manifestar a través de nosotros sus hijos y siervos, no importa cuál es tu circunstancia considéralo parte del entrenamiento «*Santo*», entrenamiento »*Divino de Dios*«, para y con nosotros como cuerpo de Cristo, pues aun El Cristo padeció por nosotros siendo Varón Perfecto (Isaías 53:3).

Así nosotros padeceremos junto con Él: *"Y ellos salieron de la presencia del concilio, gozosos de haber sido tenidos por dignos de padecer afrenta por causa del Nombre."* (Hechos 5:41).

Les amo y Bendigo sus vidas, reciban un beso y un abrazo santo.

¡En Cristo Jesús Siempre!

Que Él nos de La Victoria en este y todos los días de nuestras vidas y ¡Amén!

Enero 31, 2015

=7=

¡Sí! Soy El Guarda De Mi Hermano
"El Amor Del Padre"

"Y Jehová dijo a Caín: ¿Dónde está Abel tu hermano? Y él respondió: No sé. ¿Soy yo acaso guarda de mi hermano? Y aconteció que al cabo de los siete días vino a mí palabra de Jehová, diciendo: Hijo de hombre, yo te he puesto por atalaya a la casa de Israel; oirás, pues, tú la palabra de mi boca, y los amonestarás de mi parte. Cuando yo dijere al impío: De cierto morirás; y tú no le amonestares ni le hablares, para que el impío sea apercibido de su mal camino a fin de que viva, el impío morirá por su maldad, pero su sangre demandaré de tu mano. Pero si tú amonestares al impío, y él no se convirtiere de su impiedad y de su mal camino, él morirá por su maldad, pero tú habrás librado tu alma. Si el justo se apartare de su justicia e hiciere maldad, y pusiere yo tropiezo delante de él, él morirá, porque tú no le amonestaste; en su pecado morirá, y sus justicias que había hecho no vendrán en memoria; pero su sangre demandaré de tu mano. Pero si al justo amonestares para que no peque, y no pecare, de cierto vivirá, porque fue amonestado; y tú habrás librado tu alma. Vino a mí palabra de Jehová, diciendo: Hijo de hombre, habla a los hijos de tu pueblo, y diles: Cuando trajere yo espada sobre la tierra, y el pueblo de la tierra tomare un hombre de su territorio y lo pusiere por atalaya, y él viere venir la espada sobre la tierra, y tocare trompeta y avisare al pueblo, cualquiera que oyere el sonido de la trompeta y no se apercibiere, y viniendo la espada lo hiriere, su sangre será sobre su cabeza. El sonido de la trompeta oyó, y no se apercibió; su sangre será sobre él; mas el que se apercibiere librará su vida. Pero si el atalaya viere venir la espada y no tocare la trompeta, y el pueblo no se apercibiere, y viniendo *la espada, hiriere de él a alguno, éste fue tomado por causa de su pecado, pero demandaré su sangre de mano del atalaya. A ti, pues, hijo de hombre, te he puesto por atalaya a la casa de Israel, y oirás la palabra de mi boca, y los amonestarás de mi parte. Cuando yo dijere al impío: Impío, de cierto morirás; si tú no hablares para que se guarde el impío de su camino, el impío morirá por su pecado, pero su sangre yo la demandaré de tu mano. Y si tú avisares al impío de su camino para que se aparte de él, y él no se apartare de su camino, él morirá por su pecado, pero tú libraste tu vida. Tú, pues, hijo de hombre, di a la casa de Israel: Vosotros habéis hablado así, diciendo: Nuestras rebeliones y nuestros pecados están sobre nosotros, y a causa de ellos somos consumidos; ¿cómo, pues, viviremos? Diles: Vivo yo, dice Jehová el Señor, que no quiero la muerte del impío, sino que se vuelva el impío de su camino, y que viva. Volveos, volveos de vuestros malos caminos; ¿por qué moriréis, oh casa de Israel? Y tú, hijo de hombre, di a los hijos de tu pueblo: La justicia del justo no lo librará el día que se rebelare; y la impiedad del impío no le será estorbo el día que se volviere de su impiedad; y el justo no podrá vivir por su justicia el día que pecare. Cuando yo dijere al justo: De cierto vivirás, y él confiado en su justicia hiciere iniquidad, todas sus justicias no serán recordadas, sino que morirá por su iniquidad que hizo. Y cuando yo dijere al impío: De cierto morirás; si él se convirtiere de su pecado, e hiciere según el derecho y la justicia, si el impío restituyere la prenda, devolviere lo que hubiere robado, y caminare en los estatutos de la vida, no haciendo iniquidad, vivirá ciertamente y no morirá. No se le recordará ninguno de sus pecados que había cometido; hizo según el derecho y la justicia; vivirá ciertamente. Luego dirán los hijos de tu pueblo: No es recto el camino del Señor; el camino de ellos es el que no es recto. Cuando el justo se apartare de su justicia, e hiciere iniquidad, morirá por ello. Y cuando el impío se apartare de su impiedad, e hiciere según el derecho y la justicia, vivirá por ello. Y dijisteis: No es recto el camino del Señor. Yo os juzgaré, oh casa de Israel, a cada uno conforme a sus caminos. Y dará a luz un hijo, y llamarás su nombre JESÚS, porque él salvará a su pueblo de sus pecados."* (Génesis 4:9, Ezequiel 3:16-21, 33:1-20, Mateo 1:21).

En el principio todo lo que Dios creó era bueno, la palabra bueno es mencionada en la creación unas 7 veces en el primer capítulo. (Génesis 1:4, 10, 12, 18, 21, 25, 31).

Y aun Dios creó al hombre conforme a su imagen, conforme a su semejanza. (Génesis 1:26-27)

Pero al hombre abrir sus oídos a un ser extraño llamado la serpiente antigua, Satanás, llegó la desobediencia y entró en el hombre la misma acompañada de un espíritu de independencia y por ende el pecado, el cual paso a todas las generaciones:

> *"Por tanto, como el pecado entró en el mundo por un hombre, y por el pecado la muerte, así la muerte pasó a todos los hombres, por cuanto todos pecaron."* (Romanos 5:12).

Trayendo un segundo acontecimiento como resultado del mismo; la muerte, porque el pecado es igual a muerte. (Romanos 6:23).

Creo y más que creer, cuando cayeron tanto Adán como Eva ella estaba embarazada de Caín y este absorbió toda esa destrucción de la que viene acompañada el pecado:

> *"He aquí, el impío concibió maldad, Se preñó de iniquidad, Y dio a luz engaño. (Salmo 7:14).*

El pecado ya estaba con y en él. Este quería agradar a Dios, pero con los motivos equivocados, esto no está documentado si El Señor rechazo su ofrenda más de una vez, porque este tenía una motivación, pero era equivocada: *"pero no miró con agrado a Caín y a la ofrenda suya. Y se ensañó Caín en gran manera, y decayó su semblante. Entonces Jehová dijo a Caín: ¿Por qué te has ensañado, y por qué ha decaído tu semblante? Si bien hicieres, ¿no serás enaltecido? y si no hicieres bien, el pecado está a la puerta; con todo esto, a ti será su deseo, y tú te enseñorearás de él."* (Génesis 4:5-7).

«Así podemos haber muchos con la motivación equivocada, porque esto no sé trata de tratar, esto se trata de obedecer los mandatos de nuestro Amo que nos hizo esclavos por amor, Dios mira el corazón y este es el *"1r Gran Mandamiento:"* amarás a Jehová tu Dios con tu corazón»:

> *"Y amarás a Jehová tu Dios de todo tu corazón, y de toda tu alma, y con todas tus fuerzas."* (Deuteronomio 6:5).

Por eso de todas las cosas nos manda a cuidar nuestros corazones porque de él mana la vida.

> *"Sobre toda cosa guardada, guarda tu corazón; Porque de él mana la vida."* (Proverbios 4:23)

Porque ya Él removió el corazón de piedra que solíamos tener y nos dio un corazón de carne.

> *"Os daré corazón nuevo, y pondré espíritu nuevo dentro de vosotros; y quitaré de vuestra carne el corazón de piedra, y os daré un corazón de carne."* (Ezequiel 36:26).

Y El Padre no puede ser burlado: *"No os engañéis; Dios no puede ser burlado: pues todo lo que el hombre sembrare, eso también segará. Porque el que siembra para su carne, de la carne segará corrupción; mas el que siembra para el Espíritu, del Espíritu segará vida eterna."* (Gálatas 6:7-8).

Por lo tanto, éste en su o sus intentos fallidos se generó, se creó en él un espíritu que ya venía de su padre el diablo, envidia y celos se apoderaron de él y este decide invitar a su hermano a caminar por el campo. Abel que sí tenía el Espíritu correcto aquel Espíritu que está lleno de bondad e ingenuidad y acepta la invitación y es allí donde Caín mata a su hermano y éste estaba tan lleno de ira antes y después fue peor, porque tiene las agallas, la desfachatez de decirle al Creador: «¿Seré acaso guarda de mi hermano?» Y quizás Dios aún esperaba un arrepentimiento de éste y es allí que Dios le dice lo que Él ya sabía y lo que él había cometido.

«Pero hoy mi hermano y mi hermana yo vengo En El Nombre De Jesús a decirles que:

¡SÍ SOY GUARDA DE CADA UNO DE USTEDES, Y QUE SU SANGRE NO RECAERÁ SOBRE MIS MANOS O CABEZA!»

Éste mensaje fue consultado al Padre mismo y Él me dijo que hablará de: *"Hermandad, de Amor y de Corrección."* De lo cual El Pueblo de Dios no quiere escuchar y/o recibir, hoy les digo y me digo a mí mismo Dios no tiene favoritos, Dios viene por una Iglesia limpia, sin mancha y sin arrugas:

"a fin de presentársela a sí mismo, una iglesia gloriosa, que no tuviese mancha ni arruga ni cosa semejante, sino que fuese santa y sin mancha." (Efesios 5:27).

Hoy en día todos queremos hacer lo que queremos y cuando el hermano que nos ama nos hablá de esa área o de ese punto ciego, lo que primero que sale de nuestras bocas o de la mayoría de nosotros es: *«¿Quién eres tú para juzgarme?»* No se juzga siempre y sí así fuera El Maestro Jesús nos mandó a juzgar con *«JUSTO JUICIO»: "No juzguéis según las apariencias, sino juzgad con justo juicio."* (Juan 7:24).

Pero no se juzga a nadie se le dice la verdad

"SIN VERDAD NO HAY AMOR"

Claro hay algunos que tienen la motivación equivocada, pero tenemos o debemos de tener discernimiento para saber quién es quién, probad los espíritus: *"Amados, no creáis a todo espíritu, sino probad los espíritus si son de Dios; porque muchos falsos profetas han salido por el mundo."* (1Juan 4:1).

«Dios nos ama por eso nos corrige y va utilizar el hermano(a) que probablemente no queremos que nos corrija y/o el método que menos esperamos».

David era rey de Israel y pecó con Betsabé, se acostó con la misma, mató a su esposo un hombre fiel e inocente. Eso fue y es pecado y no mostró arrepentimiento por todo un año hasta que vino un hombre de Dios, el profeta Natán e hizo uso de una parábola para ilustrar dicho evento y cuando David le preguntó: *«¿Quién es éste hombre?»*

Natán le dijo: *»Tú eres el hombre«* (2Samuel 12:1-13).

«NECESITAMOS MÁS NATANES QUE NOS DIGAN, QUE LES DIGAN A LOS LÍDERES, PASTORES, HOMBRES EN AUTORIDAD: *"¡TÚ ERES EL HOMBRE!"*»

El rey David no le dijo: *«¿Quién eres tú para juzgarme?»* Él se arrepintió inmediatamente y por eso Dios tuvo misericordia de él, porque El Padre no rechaza un corazón contrito y humillado: *"Los sacrificios de Dios son el espíritu quebrantado; Al corazón contrito y humillado no despreciarás tú, oh Dios."* (Salmo 51:17).

Así dijeron de Moisés: *«¿Quién te crees que eres?»* En más de una ocasión y este fue el guarda de sus hermanos hasta que los sacó de Egipto y luego en el desierto, pero le dijeron: «*¿Quién eres para reinar sobre nosotros?*» O sea «*¿Quién eres para juzgarnos?*» (Hechos 7:27).

Y así hay muchos que no muestran arrepentimiento por eso no crecen y ya Dios los entregó a sus pecados, porque es tanta la dureza que hay en sus corazones que no hay arrepentimiento y ya Dios no les puede ayudar:

> «*Hay algunos que creen que pueden continuar en pecado, probando aún la Gracia de Dios una y otra vez, entrado en ellos una dureza de corazón por su continúo pecar. Ellos creen que ellos pueden seguir pecando en contra de la bondad del Padre sin haber ningún daño. Pero gradualmente, sus corazones se vuelve impenitentes, lo que crea un estado de no arrepentimiento. Ellos terminarán con un corazón endurecido, acumulando una ira venidera en contra de ellos mismos. Estos no pueden culpar a Dios, Él ha tratado fielmente de prevenirles con bendiciones de bondad, pero ellos lo han rechazado todo. Ese puede ser el peor pecado que cualquiera pueda cometer*».

(It Is Finish "Consumado Es";
Pastor David Wilkerson, pág. 186).

Una vez más lo digo Dios no tiene favoritos, todos vamos a compadecer en el «*Gran Trono Blanco*» por nuestras buenas y malas obras: "*Y vi un gran trono blanco y al que estaba sentado en él, de delante del cual huyeron la tierra y el cielo, y ningún lugar se encontró para ellos. Y vi a los muertos, grandes y pequeños, de pie ante Dios; y los libros fueron abiertos, y otro libro fue abierto, el cual es el libro de la vida; y fueron juzgados los muertos por las cosas que estaban escritas en los libros, según sus obras. Y el mar entregó los muertos que había en él; y la muerte y el Hades entregaron los muertos que había en ellos; y fueron juzgados cada uno según sus obras. Y la muerte y el Hades fueron lanzados al lago de fuego. Esta es la muerte segunda. Y el que no se halló inscrito en el libro de la vida fue lanzado al lago de fuego. Porque es necesario que todos nosotros comparezcamos ante el tribunal de Cristo, para que cada uno reciba según lo que haya hecho mientras estaba en el cuerpo, sea bueno o sea malo.*" (Apocalipsis 20:11-15, 2Corintios 5:10).

Hay un Cielo y hay un infierno, éste es el momento, este el tiempo de hacer las cosas bien para con Dios, Él es Misericordioso, Él no quiere la muerte del que muere, Él quiere que nos arrepintamos y viviremos. (Ezequiel 18:23, 32).

A eso vino Jesús a convéncenos de nuestros pecados. (Mateo 1:21).

Porque el que dice que no peca es un mentiroso: *"Si decimos que no tenemos pecado, nos engañamos a nosotros mismos, y la verdad no está en nosotros."* (1Juan 1:8).

Debemos anhelar hacer su Voluntad: *"Venga tu reino. Hágase tu voluntad, como en el cielo, así también en la tierra."* (Mateo 6:10).

Debemos de anhelar volver al primer amor: *"Pero tengo contra ti, que has dejado tu primer amor."* (Apocalipsis 2:4). «Eso incluye al orador».

Estuve en esa condición terrible hace apenas unos días atrás y El Espíritu Santo me dijo:

«¡No Más! Tú vas a poner esas distracciones a un lado, llámense como se llamen; sea falta de dinero, falta de trabajo aun tu matrimonio y me vas a ver a mí, a un Cristo Glorificado y cenaremos juntos en la mesa que he preparado para ti delante de tus angustiadores»:

"He aquí, yo estoy a la puerta y llamo; si alguno oye mi voz y abre la puerta, entraré a él, y cenaré con él, y él conmigo. Aderezas mesa delante de mí en presencia de mis angustiadores; Unges mi cabeza con aceite; mi copa está rebosando." (Apocalipsis 3:20, Salmo 23:5).

«CUANDO TODO EN MI ALREDEDOR ESTÁ EN CAOS, YO SÉ QUE MI PADRE ME AMA»

Tenemos que volver al primer amor hermanos, tenemos que volver a tener hambre y sed de Él, del amado que lo dio todo por nosotros, de aquel que nos anhela celosamente:

"¿O pensáis que la Escritura dice en vano: El Espíritu que él ha hecho morar en nosotros nos anhela celosamente?" (Juan 3:16, Santiago 4:5).

Ese primer amor que se basa en una relación con Jesús, como un *Esposo* con su esposa y sólo así podemos establecer una relación con El Padre por ende con los que nos rodean, mi pueblo no quiere la corrección y perece por no usar el conocimiento. (Oseas 4:6).

Porque sí tenemos el conocimiento del Santo a nuestro alcance en nuestras manos que es: «La Palabra misma»:

"Porque Jehová al que ama castiga, Como el padre al hijo a quien quiere. Porque el Señor al que ama, disciplina, Y azota a todo el que recibe por hijo. Si soportáis la disciplina, Dios os trata como a hijos; porque ¿qué hijo es aquel a quien el padre no disciplina? Pero si se os deja sin disciplina, de la cual todos han sido participantes, entonces sois bastardos, y no hijos." (Proverbios 3:12, Hebreos 12:6-8).

Sólo quieren los beneficios y sólo estamos aquí por su Gracia y para su Gloria manifestar o Él no dijo: «*¿Estad quietos y sabrán que yo soy Dios?*» (Salmo 46:10).

Imaginémonos como será aquel día cuando dejemos este mundo corrupto, dañado, deteriorado, perverso y podrido, igual que nuestros cuerpos y entremos en La Presencia de Su Gloria, con cuerpos renovados y estemos en su Presencia y Él nos diga: «*pasa a tu descanso, porque tuviste muchas aflicciones allí en la tierra, pero de todas te libre*». (Salmo 34:19).

Porque eran necesarias para mantenerte cerca de Mí y formar ese carácter necesario para atraer otros a mí: *"He aquí, llamarás a gente que no conociste, y gentes que no te conocieron correrán a ti, por causa de Jehová tu Dios, y del Santo de Israel que te ha honrado."* (Isaías 55:5).

No tengo nada en contra de la familia, los hermanos, los amigos, gracias a Dios por ellos y todas las bendiciones, «pero nosotros no somos de aquí, somos pelegrinos y extranjeros»:

"Yo les he dado tu palabra; y el mundo los aborreció, porque no son del mundo, como tampoco yo soy del mundo. No son del mundo, como tampoco yo soy del mundo. Amados, yo os ruego como a extranjeros y peregrinos, que os abstengáis de los deseos carnales que batallan contra el alma," (Juan 17:14, 16, 1Pedro 2:11).

«Tenemos una familia Celestial, tenemos una mejor Patria, somos de la Familia de Dios, de aquel que nos amó primero a nosotros y por eso les amamos, de aquel que nos conoció desde antes de la fundación del mundo»: *"según nos escogió en él antes de la fundación del mundo, para que fuésemos santos y sin mancha delante de él, en amor habiéndonos predestinado para ser adoptados hijos suyos por medio de Jesucristo, según el puro afecto de su voluntad,"* (Efesios 1:4-5).

»De aquel que nos conoció y nos puso nombre desde el vientre de nuestras madres«:

> *"Antes que te formase en el vientre te conocí, y antes que nacieses te santifiqué, te di por profeta a las naciones. Porque tú formaste mis entrañas; Tú me hiciste en el vientre de mi madre. Pero tú eres el que me sacó del vientre; El que me hizo estar confiado desde que estaba a los pechos de mi madre."* (Jeremías 1:5, Salmo 139:13, 22:9).

¡A ÉL Y SÓLO A ÉL SEA LA GLORIA!

Tenemos que romper toda amistad con el mundo: *"!!Oh almas adúlteras! ¿No sabéis que la amistad del mundo es enemistad contra Dios? Cualquiera, pues, que quiera ser amigo del mundo, se constituye enemigo de Dios."* (Santiago 4:4).

Tenemos que dejar todo lo que nos aleja de Él, llámese como se llame, tiene que haber una separación, tiene que haber una sujeción, si no vamos a vivir contaminados y «Sin Santidad Nadie Verá El Rostro del Señor»: *"Seguid la paz con todos, y la santidad, sin la cual nadie verá al Señor."* (Hebreos 12:14).

Sólo los limpios y puros de corazón verán su rostro: *"El limpio de manos y puro de corazón; El que no ha elevado su alma a cosas vanas, Ni jurado con engaño. Bienaventurados los de limpio corazón, porque ellos verán a Dios."* (Salmo 24:4, Mateo 5:8).

«Dios es amor, sobre todas las cosas»: *"El que no ama, no ha conocido a Dios; porque Dios es amor."* (1Juan 4:8).

»Pero también fuego consumidor«: *"Porque Jehová tu Dios es fuego consumidor, Dios celoso."* (Deuteronomio 4:24).

Hay una ira venidera, es tiempo de volvernos al Señor y amarle con todo nuestro corazón, porque Él es celoso, es tiempo de reparar los fundamentos, de tomar decisiones.

¿Cómo lograremos eso?

«¡CON ARREPENTIMIENTO!»

Nadie es bueno todos nos quedamos cortos de La Gracia de Dios, «no somos más que trapos llenos de inmundicia ante su Presencia»: *"Como está escrito: No hay justo, ni aun uno; No hay quien entienda, No hay quien busque a Dios. Todos se desviaron, a una se hicieron inútiles; No hay quien haga lo bueno, no hay ni siquiera uno. por cuanto todos pecaron, y están destituidos de la gloria de Dios, Si bien todos nosotros somos como suciedad, y todas nuestras justicias como trapo de inmundicia; y caímos todos nosotros como la hoja, y nuestras maldades nos llevaron como viento."* (Romanos 3:10-12, 23, Isaías 64:6).

Iglesia despierta es Dios quien nos hablá, porque nos ama, Él no quiere que nadie perezca, sino que procedamos a un arrepentimiento y viviremos (Ezequiel 18:23, 32).

No sólo en la tierra de los vivientes, sino por la eternidad, una eternidad con el Rey de reyes, donde sólo vamos hacer aquello para lo cual fuimos creados, diseñados, para alabarle, amarle, glorificándole en aquel día. No habrá más lágrimas, Él hace nueva todas las cosas, seremos su pueblo y Él será nuestro Dios:

"Enjugará Dios toda lágrima de los ojos de ellos; y ya no habrá muerte, ni habrá más llanto, ni clamor, ni dolor; porque las primeras cosas pasaron. Y el que estaba sentado en el trono dijo: He aquí, yo hago nuevas todas las cosas. Y me dijo: Escribe; porque estas palabras son fieles y verdaderas. Y me dijo: Hecho está. Yo soy el Alfa y la Omega, el principio y el fin. Al que tuviere sed, yo le daré gratuitamente de la fuente del agua de la vida. El que venciere heredará todas las cosas, y yo seré su Dios, y él será mi hijo." (Apocalipsis 21:4-7).

«Pero por otro lado hay un listado de personajes que no entrarán allí en su Presencia»:

"Pero los cobardes e incrédulos, los abominables y homicidas, los fornicarios y hechiceros, los idólatras y todos los mentirosos tendrán su parte en el lago que arde con fuego y azufre, que es la muerte segunda. Mas los perros estarán fuera, y los hechiceros, los fornicarios, los homicidas, los idólatras, y todo aquel que ama y hace mentira. ¿No sabéis que los injustos no heredarán el reino de Dios? No erréis; ni los fornicarios, ni los idólatras, ni los adúlteros, ni los afeminados, ni los que se echan con varones, ni los ladrones, ni los avaros, ni los borrachos, ni los maldicientes, ni los estafadores, heredarán el reino de Dios." (Apocalipsis 21:8, 22:15, 1Corintios 6:9-10).

»Nosotros no queremos ser partes de ese listado que será excluido del descanso eterno, ya fuimos lavados y comprados a precio de sangre«: *"Y esto erais algunos; mas ya habéis sido lavados, ya habéis sido santificados, ya habéis sido justificados en el nombre del Señor Jesús, y por el Espíritu de nuestro Dios."* (1Corintios 6:11).

«Sólo hubo un sacrificio por todos nuestros pecados»: *"Porque si pecáremos voluntariamente después de haber recibido el conocimiento de la verdad, ya no queda más sacrificio por los pecados, sino una horrenda expectación de juicio, y de hervor de fuego que ha de devorar a los adversarios. El que viola la ley de Moisés, por el testimonio de dos o de tres testigos muere irremisiblemente. ¿Cuánto mayor castigo pensáis que merecerá el que pisoteare al Hijo de Dios, y tuviere por inmunda la sangre del pacto en la cual fue santificado, e hiciere afrenta al Espíritu de gracia? Pues conocemos al que dijo: Mía es la venganza, yo daré el pago, dice el Señor. Y otra vez: El Señor juzgará a su pueblo. !!Horrenda cosa es caer en manos del Dios vivo!"* (Hebreos 10:26-31).

Guardemos nuestra salvación con temor y temblor y cuando vemos más que aquel día se acerca: *"Por tanto, amados míos, como siempre habéis obedecido, no como en mi presencia solamente, sino mucho más ahora en mi ausencia, ocupaos en vuestra salvación con temor y temblor, Amados, por la gran solicitud que tenía de escribiros acerca de nuestra común salvación, me ha sido necesario escribiros exhortándoos que contendáis ardientemente por la fe que ha sido una vez dada a los santos. y tanto más, cuanto veis que aquel día se acerca."* (Filipenses 2:12, Judas 1:3, Hebreos 10:25extc).

Pero es tiempo de volver a creerle a Él, esto no es con mente humana, es con la mente de Cristo: *"Porque ¿quién conoció la mente del Señor? ¿Quién le instruirá? Mas nosotros tenemos la mente de Cristo."* (1Corintios 2:16).

No es apoyándonos en nuestro propio entendimiento: *"Fíate de Jehová de todo tu corazón, Y no te apoyes en tu propia prudencia."* (Proverbios 3:5).

«¡HÁGASE TU VOLUNTAD, COMO EN EL CIELO, ASÍ TAMBIÉN EN LA TIERRA!»

Eso te incluye a ti mi hermano(a), levantemos manos y corazones limpios, santos y sinceros ante su Presencia y nos visitará con una nueva y fresca unción.

¡TE NECESITAMOS SEÑOR!

"!!Oh Dios nuestro! ¿no los juzgarás tú? Porque en nosotros no hay fuerza contra tan grande multitud que viene contra nosotros; no sabemos qué hacer, y a ti volvemos nuestros ojos. y dijo: Oíd, Judá todo, y vosotros moradores de Jerusalén, y tú, rey Josafat. Jehová os dice así: No temáis ni os amedrentéis delante de esta multitud tan grande, porque no es vuestra la guerra, sino de Dios." (2Crónicas 20:12, 15).

«TIENE QUE HABER UNA SUJECIÓN Y ARREPENTIMIENTO PARA DIOS CAMBIARNOS PARA QUE HAYA UN VERDADERO AVIVAMIENTO»

Vengo donde Ti Señor con manos vacías, porque no tengo nada que ofrecer, pero sé que Tú Señor Jesús me vas a llenar con Todo Tu Ser. Gracias Padre por Tu Amor, Favor y por esta Salvación Tan Grande.

¡En El Nombre De Jesús Siempre! Y ¡Amén!

Septiembre 19, 2014

=8=

La Tristeza Que Produce Arrepentimiento

"Porque la tristeza que es según Dios produce arrepentimiento para salvación, de que no hay que arrepentirse; pero la tristeza del mundo produce muerte." (2Corintios 7:10).

Después de todos los eventos y circunstancias ocurridos aquí en USA, especialmente en la ciudad de New York por el paso de la tormenta »Sandy« Veo mucha tristeza por donde quiera, veo algo de arrepentimiento en ciertos sectores, pero aún veo un grupo de personas que no ha entendido la magnitud y gravedad de este asunto y hasta algunos hermanos en Cristo le acreditan esto a la casualidad, otros a la naturaleza *«¿Gente de Dios con este pensar?»* ¡Esto es grave!

"Aun la cigüeña en el cielo conoce su tiempo, y la tórtola y la grulla y la golondrina guardan el tiempo de su venida; pero mi pueblo no conoce el juicio de Jehová. He aquí, la tempestad de Jehová sale con furor; la tempestad que se prepara, sobre la cabeza de los impíos reposará." (Jeremías 8:7, 30:23).

Lo que sí puedo decir que *«EL PADRE»* ¡Ya! se levantó de su trono y viene en un torbellino:

"Jehová es tardo para la ira y grande en poder, y no tendrá por inocente al culpable. Jehová marcha en la tempestad y el torbellino, y las nubes son el polvo de sus pies."
(Nahúm 1:3).

Así como los días de Sodoma y Gomorra el pecado ya llegó al tope:

"Entonces Jehová le dijo: Por cuanto el clamor contra Sodoma y Gomorra se aumenta más y más, y el pecado de ellos se ha agravado en extremo, descenderé ahora, y veré si han consumado su obra según el clamor que ha venido hasta mí; y si no, lo sabré." (Génesis 18:20-21).

Y comenzó a dejar que la naturaleza que ha sido sujeta a vanidad se manifieste y se liberte y muestre que tanto ella como el Espíritu mismo que está en nosotros anhela su libertad:

"Porque el anhelo ardiente de la creación es el aguardar la manifestación de los hijos de Dios. Porque la creación fue sujetada a vanidad, no por su propia voluntad, sino por causa del que la sujetó en esperanza; porque también la creación misma será libertada de la esclavitud de corrupción, a la libertad gloriosa de los hijos de Dios. Porque sabemos que toda la creación gime a una, y a una está con dolores de parto hasta ahora; y no sólo ella, sino que también nosotros mismos, que tenemos las primicias del Espíritu, nosotros también gemimos dentro de nosotros mismos, esperando la adopción, la redención de nuestro cuerpo." (Romanos 8:19-23).

Esta es una de las tantas tormentas y situaciones que se avecinan a este mundo que no ha querido el cambio de sus designios, si no que ha ido de mal en peor, engañando y siendo engañado:

"mas los malos hombres y los engañadores irán de mal en peor, engañando y siendo engañados." (2Timoteo 3:13).

Aún hay Predicadores y/o Pastores o el título que se hayan puesto ellos y/o los hombres, «sin falta de respeto sé que estos fueron llamados por Dios y los dones son irrevocables». (Romanos 11:29).

Ahora que ellos hayan torcido el llamamiento de Dios por sus designios, deseos personales y/o concupiscencias es otra cosa: *"No todo el que me dice:*

Señor, Señor, entrará en el reino de los cielos, sino el que hace la voluntad de mi Padre que está en los cielos. Muchos me dirán en aquel día: Señor, Señor, ¿no profetizamos en tu nombre, y en tu nombre echamos fuera demonios, y en tu nombre hicimos muchos milagros? Y entonces les declararé: Nunca os conocí; apartaos de mí, hacedores de maldad." (Mateo 7:21-23).

Pero ellos van estar frente a un Dios Poderoso y Juez para darles explicaciones de sus buenas y malas obras: *"Porque es necesario que todos nosotros comparezcamos ante el tribunal de Cristo, para que cada uno reciba según lo que haya hecho mientras estaba en el cuerpo, sea bueno o sea malo."* (2Corintios 5:10).

Y no solamente por esto sino por ser instrumento para llevar a todo un pueblo, aquel pueblo que sigue y siguió a estos hombres al camino del infierno, estos son Apóstatas.

Siendo un Apóstata: «Aquella persona que reniega de la fe cristiana o de las creencias en que ha sido educado, con sus afirmaciones contra la religión se ganó la condición de apóstata, porque hace tiempo que dejaron el camino de la verdad, paz y justicia por las obras de la carne, por la vanagloria de este mundo».

Por otro lado veo una ciudad que hoy después de dicha tragedia está celebrando el día de »Las Brujas o Halloween« Sabiendo que es una fiesta pagana y de las tinieblas, las personas de esta área donde me encuentro están actuando como lo que pasó no fue nada, como que lo que pasó no es digno que una nación y/o ciudad se arrepienta delante del «CREADOR DIOS» y no solamente los ignorantes sino los que tenemos el conocimiento del Espíritu Santo, debemos arrepentirnos diariamente. Esta sociedad realmente está y estará como en los días de Noé, éste hombre de Dios que anuncio el diluvio por severos años y nadie le creyó hasta que no hubo más oportunidad y llegó el diluvio y se los llevo a todos: *"Mas como en los días de Noé, así será la venida del Hijo del Hombre. Porque como en los días antes del diluvio estaban comiendo y bebiendo, casándose y dando en casamiento, hasta el día en que Noé entró en el arca, y no entendieron hasta que vino el diluvio y se los llevó a todos, así será también la venida del Hijo del Hombre."* (Mateo 24:37-39).

Dios no quiere la muerte del que muere: *"¿Quiero yo la muerte del impío? dice Jehová el Señor. ¿No vivirá, si se apartare de sus caminos? Porque no quiero la muerte del que muere, dice Jehová el Señor; convertíos, pues, y viviréis."* (Ezequiel 18:23, 32).

«EL PADRE ES UN PADRE CORREGIDOR Y AL QUE AMA PERSIGUE Y AZOTA» (Proverbios 3:12, Hebreos 12:6, Apocalipsis 3:19).

Él quiere el arrepentimiento y la reconciliación a través del *«CRISTO DE LA GLORIA»*.

> *"Porque hay un solo Dios, y un solo mediador entre Dios y los hombres, Jesucristo hombre,"* (1Timoteo 2:5).

Pero tantos los líderes de esta sociedad como los líderes dentro de las Iglesias son culpables porque le están sirviendo al sistema del mundo y brindando y sirviendo a la mesa un evangelio de tolerancia, cuando hay una Iglesia flotando en el pecado, llena de inmoralidad, de sexualidad, de homosexualidad, donde se están exaltando al hombre, el nombre de las posesiones económicas, materiales. «¿Dónde está la predicación de *"LA VENIDA DE JESÚS"*?». Ya no se predica sobre eso, cuando *"LA MANO DE DIOS"* ya está escribiendo en la pared. (Daniel 5:5).

Dios es amor, Cristo es amor sí es cierto es una de sus tantas características, «pero también es fuego consumidor»: *"porque nuestro Dios es fuego consumidor."* (Hebreos 12:29).

Hay tantos de estos hombres que desde el Púlpito están diciéndole al mundo:

> *«¡Relax! ¡Yo estoy bien! ¡Tú estás bien! ¡Relax! ¡Todo va estar bien!»*

Cuando vemos los sistemas económicos desplomándose, cuando vemos los sistemas climáticos cambiándose y precipitándose, cuando vemos que el cumplimiento de *«LA PALABRA»* de Dios está en proceso:

> *"Entonces habrá señales en el sol, en la luna y en las estrellas, y en la tierra angustia de las gentes, confundidas a causa del bramido del mar y de las olas; desfalleciendo los hombres por el temor y la expectación de las cosas que sobrevendrán en la tierra; porque las potencias de los cielos serán conmovidas."* (Lucas 21:25-26).

Estos hombres son capaces de decir que solo estas son cosas que suceden y «¿Qué de las señales?» Y «¿Qué del arrepentimiento?» Y ¿Qué de que a eso vino Cristo Jesús a decir que deberíamos cambiar nuestro estilo de vida y dejar a un lado el pecado?».

"Desde entonces comenzó Jesús a predicar, y a decir: Arrepentíos, porque el reino de los cielos se ha acercado." (Mateo 4:17).

Estos hombres sólo predican que: «*EL CRISTO* retarda su llegada»:

"El Señor no retarda su promesa, según algunos la tienen por tardanza, sino que es paciente para con nosotros, no queriendo que ninguno perezca, sino que todos procedan al arrepentimiento." (2Pedro 3:9).

Porque no vale la tristeza sino, hay que proceder a un arrepentimiento, porque en un lado de la ciudad hay tristeza, muertes, caos, falta de energía, devastación y al en otro lado alegría y una sociedad que se ha ido en pos del paganismo, la idolatría de una fiesta de las mismas tinieblas, olvidando lo que pasó apenas unos días atrás.

¡Iglesia!!! Es tiempo de despertar de hablar, predicar este «*BENDITO EVANGELIO*», que al igual que todos daremos explicaciones de nuestras buenas y malas obras. (2Corintios 5:10).

Llegará un día que no habrá más señales, sino que todas las señales se habrán cumplido y sonará la trompeta y llegará «*EL CRISTO DE LA GLORIA*» con sus millares de ángeles en las nubes a buscar a su Iglesia: *"He aquí que viene con las nubes, y todo ojo le verá, y los que le traspasaron; y todos los linajes de la tierra harán lamentación por él. Sí, amén. Entonces verán al Hijo del Hombre, que vendrá en una nube con poder y gran gloria."* (Apocalipsis 1:7, Lucas 21:27).

Y ese día los sistemas mundiales se darán cuenta de lo insignificante e inferiores que han sido queriendo igualarse o engrandecerse ante un «*DIOS TODO PODEROSO*», porque esta sociedad está llena de orgullo, altivez, prepotencia y demás, pero Dios los observa desde los cielos:

"Jehová está en su santo templo; Jehová tiene en el cielo su trono; Sus ojos ven, sus párpados examinan a los hijos de los hombres." (Salmo 11:4).

«Y se ríe de ellos»:

"El que mora en los cielos se reirá; El Señor se burlará de ellos." (Salmo 2:4).

»Y por esa altivez cayó del cielo Lucifer«:

"Hijo de hombre, levanta endechas sobre el rey de Tiro, y dile: Así ha dicho Jehová el Señor: Tú eras el sello de la perfección, lleno de sabiduría, y acabado de hermosura. En Edén, en el huerto de Dios estuviste; de toda piedra preciosa era tu vestidura; de cornerina, topacio, jaspe, crisólito, berilo y ónice; de zafiro, carbunclo, esmeralda y oro; los primores de tus tamboriles y flautas estuvieron preparados para ti en el día de tu creación. Tú, querubín grande, protector, yo te puse en el santo monte de Dios, allí estuviste; en medio de las piedras de fuego te paseabas. Perfecto eras en todos tus caminos desde el día que fuiste creado, hasta que se halló en ti maldad. A causa de la multitud de tus contrataciones fuiste lleno de iniquidad, y pecaste; por lo que yo te eché del monte de Dios, y te arrojé de entre las piedras del fuego, oh querubín protector. Se enalteció tu corazón a causa de tu hermosura, corrompiste tu sabiduría a causa de tu esplendor; yo te arrojaré por tierra; delante de los reyes te pondré para que miren en ti. Con la multitud de tus maldades y con la iniquidad de tus contrataciones profanaste tu santuario; yo, pues, saqué fuego de en medio de ti, el cual te consumió, y te puse en ceniza sobre la tierra a los ojos de todos los que te miran. Todos los que te conocieron de entre los pueblos se maravillarán sobre ti; espanto serás, y para siempre dejarás de ser. Y les dijo: Yo veía a Satanás caer del cielo como un rayo." (Ezequiel 28:12-19, Lucas 10:18).

«Y para estos no hay cabida en *EL REINO DE DIOS*»:

"Pero los cobardes e incrédulos, los abominables y homicidas, los fornicarios y hechiceros, los idólatras y todos los mentirosos tendrán su parte en el lago que arde con fuego y azufre, que es la muerte segunda. Mas los perros estarán fuera, y los hechiceros, los fornicarios, los homicidas, los idólatras, y todo aquel que ama y hace mentira." (Apocalipsis 21:8, 22:15).

«¡Sociedad! Dios te está avisando, esta fue y será la primera de muchas tormentas que el mismo Dios permitirá, serán golpeados los sistemas políticos, sociales, monetarios, será destruido todo fundamento que el hombre ha escogido dejando a Dios a un lado, pero aún no es el fin»: *"Y oiréis de guerras y rumores de guerras; mirad que no os turbéis, porque es necesario que todo esto acontezca; pero aún no es el fin."* (Mateo 24:6).

Pero Dios ya está de «PIE» para juzgar, aún «*EL ARCA a través de CRISTO JESÚS*» tiene las puertas abiertas, es tiempo de escuchar la «*VOZ DE DIOS*».

Tú que no conoces a Dios, mira lo que está pasando a tu alrededor; destrucción y más destrucción se aproxima. El hombre ha hablado de: «PAZ y SEGURIDAD».

«¿Pero cuál paz? y ¿Cuál seguridad?»:

> *"Destrucción viene; y buscarán paz, y no la habrá.*
> *que cuando digan: Paz y seguridad vendrá sobre ellos*
> *destrucción repentina, como los dolores a la mujer encinta,*
> *y no escaparán."* (Ezequiel 7:25, 1Tesalonicenses 5:3).

«LA ÚNICA PAZ QUE SE PUEDE OBTENER VIENE DE MI AMADO JESÚS»:

> *"La paz os dejo, mi paz os doy; yo no os la doy como el*
> *mundo la da. No se turbe vuestro corazón, ni tenga miedo.*
> *Estas cosas os he hablado para que en mí tengáis paz. En*
> *el mundo tendréis aflicción; pero confiad, yo he vencido al*
> *mundo."* (Juan 14:27, 16:33).

Pero ya el hombre »FARAÓN« se está dando cuenta que sus brujos, gurús o como se llamen se están enfrentando a «*LA MANO PODEROSA DE DIOS*»:

> *"Entonces los hechiceros dijeron a Faraón: Dedo de Dios es*
> *éste."* (Éxodo 8:19extc).

Es tiempo de escuchar «*LA SANA DOCTRINA*», sí lo que estás escuchando son palabras que lo que hacen es alimentar: »TU CARNE, TU

EGO Y TU PECADO« Esta no es la voz de Dios, es la voz del mentiroso y destructor que al igual que Dios quiere tu alma, pero no para salvación, sino para condenación, esa es la voz de Satanás, vete y escucha «*LA SANA DOCTRINA*», aquella que te confronta y expone tus pecados porque la luz está pasando y las tinieblas tiene que retroceder:

"La luz en las tinieblas resplandece, y las tinieblas no prevalecieron contra ella. porque las tinieblas van pasando, y la luz verdadera ya alumbra." (Juan 1:5, 1Juan 2:8extc).

Porque el día de «*SALVACIÓN*» ésta aquí y es ahora, en el hoy, porque «*EN EL REINO DE LOS CIELOS*» no hay mañana, este sufre violencia y sólo los violentos lo arrebatan.

"Desde los días de Juan el Bautista hasta ahora, el reino de los cielos sufre violencia, y los violentos lo arrebatan." (Mateo 11:12).

Porque no sólo basta con tristeza, ni fallecimiento del momento: *"desfalleciendo los hombres por el temor y la expectación de las cosas que sobrevendrán en la tierra; porque las potencias de los cielos serán conmovidas."* (Lucas 21:26).

Ni orar o como hacen otros »rezar« Buscando el favor de Dios, es cambiar nuestra manera vana de vivir: *"Haced morir, pues, lo terrenal en vosotros: fornicación, impureza, pasiones desordenadas, malos deseos y avaricia, que es idolatría; Pero ahora dejad también vosotros todas estas cosas: ira, enojo, malicia, blasfemia, palabras deshonestas de vuestra boca. y revestido del nuevo, el cual conforme a la imagen del que lo creó se va renovando hasta el conocimiento pleno,"* (Colosenses 3:5, 8, 10).

«*Y DEJAR QUE JESÚS SEA EL REY*»

Hay algunos hermanos que están siendo removidos, yo me incluyo, pero no olvidemos que le servimos a un «*¡DIOS VIVO!*» Que resucitó de entre los muertos, que ya descendió de la cruz, a un «*DIOS*» que los que empieza lo termina, a un «*DIOS*» que no es hombre para mentir, ni hijo de hombre para arrepentirse, a un «*DIOS*» que su «*PALABRA*» no retorna vacía, a un «*DIOS*» que sus promesas están »en él ¡SÍ! y en él ¡AMÉN!« A un «*DIOS*» que sobre toda las cosas permanece «*FIEL*», pero es necesario que seamos probados como el oro, como la plata:

"Dijo luego Jehová: Bien he visto la aflicción de mi pueblo que está en Egipto, y he oído su clamor a causa de sus exactores; pues he conocido sus angustias, Muchas son las aflicciones del justo, Pero de todas ellas le librará Jehová. Porque tú nos probaste, oh Dios; Nos ensayaste como se afina la plata. Nos metiste en la red; Pusiste sobre nuestros lomos pesada carga. Y meteré en el fuego a la tercera parte, y los fundiré como se funde la plata, y los probaré como se prueba el oro. El invocará mi nombre, y yo le oiré, y diré: Pueblo mío; y él dirá: Jehová es mi Dios. Estas cosas os he hablado para que en mí tengáis paz. En el mundo tendréis aflicción; pero confiad, yo he vencido al mundo. En lo cual vosotros os alegráis, aunque ahora por un poco de tiempo, si es necesario, tengáis que ser afligidos en diversas pruebas, para que sometida a prueba vuestra fe, mucho más preciosa que el oro, el cual aunque perecedero se prueba con fuego, sea hallada en alabanza, gloria y honra cuando sea manifestado Jesucristo, Amados, no os sorprendáis del fuego de prueba que os ha sobrevenido, como si alguna cosa extraña os aconteciese, sino gozaos por cuanto sois participantes de los padecimientos de Cristo, para que también en la revelación de su gloria os gocéis con gran alegría. Si sois vituperados por el nombre de Cristo, sois bienaventurados, porque el glorioso Espíritu de Dios reposa sobre vosotros. Ciertamente, de parte de ellos, él es blasfemado, pero por vosotros es glorificado. Así que, ninguno de vosotros padezca como homicida, o ladrón, o malhechor, o por entremeterse en lo ajeno; pero si alguno padece como cristiano, no se avergüence, sino glorifique a Dios por ello. Porque es tiempo de que el juicio comience por la casa de Dios; y si primero comienza por nosotros, ¿cuál será el fin de aquellos que no obedecen al evangelio de Dios? Y: Si el justo con dificultad se salva, ¿En dónde aparecerá el impío y el pecador? De modo que los que padecen según la voluntad de Dios, encomienden sus almas al fiel Creador, y hagan el bien." (Éxodo 3:7, Salmo 34:19, 66:10-11, Zacarías 13:9, Juan 16:33, 1Pedro 1:6-7, 4:12-19).

«DIOS TIENE QUE ACESORARSE QUE NO QUEDE NADA DE NOSOTROS, QUE ESTEMOS BIEN MUERTOS, PARA ÉL COMENZAR HACER, PARA QUE SU GLORIA PASE A TRAVÉS DE NOSOTROS»

¡Iglesia!!! Resiste que mientras se pone peor para el mundo y los del mundo, significa que para nosotros se pone mejor, porque: «*¡JESÚS EL REY está cerca!*»

Levantaos vuestras cabezas que se aproxima «*EL REY DE GLORIA*», levantaos vuestra cabeza que nuestra redención está cerca:

> *"Alzad, oh puertas, vuestras cabezas, Y alzaos vosotras, puertas eternas, Y entrará el Rey de gloria. ¿Quién es este Rey de gloria? Jehová el fuerte y valiente, Jehová el poderoso en batalla. Alzad, oh puertas, vuestras cabezas, Y alzaos vosotras, puertas eternas, Y entrará el Rey de gloria. ¿Quién es este Rey de gloria? Jehová de los ejércitos, El es el Rey de la gloria. Selah Cuando estas cosas comiencen a suceder, erguíos y levantad vuestra cabeza, porque vuestra redención está cerca."* (Salmo 24:7-10, Lucas 21:28).

«¡DIOS CAMBIA TODO EN UN SOLO DÍA!»

¡Iglesia! Recuerda que sólo somos peregrinos y extranjeros y que no somos de aquí y que nuestro Padre tiene muchas moradas para nosotros allá en los cielos: *"Mas vosotros sois linaje escogido, real sacerdocio, nación santa, pueblo adquirido por Dios, para que anunciéis las virtudes de aquel que os llamó de las tinieblas a su luz admirable; vosotros que en otro tiempo no erais pueblo, pero que ahora sois pueblo de Dios; que en otro tiempo no habíais alcanzado misericordia, pero ahora habéis alcanzado misericordia. Amados, yo os ruego como a extranjeros y peregrinos, que os abstengáis de los deseos carnales que batallan contra el alma, En la casa de mi Padre muchas moradas hay; si así no fuera, yo os lo hubiera dicho; voy, pues, a preparar lugar para vosotros. Yo les he dado tu palabra; y el mundo los aborreció, porque no son del mundo, como tampoco yo soy del mundo. No ruego que los quites del mundo, sino que los guardes del mal. No son del mundo, como tampoco yo soy del mundo. Santifícalos en tu verdad; tu palabra es verdad. Como tú me enviaste al mundo, así yo los he enviado al mundo. Padre, aquellos que me has dado, quiero que donde yo estoy, también ellos estén conmigo, para que vean mi gloria que me has dado; porque me has amado desde antes de la fundación del mundo."* (1Pedro 2:9-11, Juan 14:2, 17:14-18, 24).

Hagamos bien nuestro trabajo, aquel de predicar este «*BENDITO EVANGELIO*» a tiempo y a fuera de tiempo, de levantar esas rodillas endebles y esas manos caídas, para los que han de ser salvos sean añadidos: "*que prediques la palabra; que instes a tiempo y fuera de tiempo; redarguye, reprende, exhorta con toda paciencia y doctrina. Por lo cual, levantad las manos caídas y las rodillas paralizadas; Y los que creían en el Señor aumentaban más, gran número así de hombres como de mujeres;*" (2Timoteo 4:2, Hebreos 12.12, Hechos 5:14).

Sé que es triste todo lo que está pasando, pero como ya dije antes, éste es sólo el comienzo de lo que se aproxima, pero no temáis que «*EL CRISTO*», es experto apareciendo en medio de las tormentas y calmándolas: "*Mas él les dijo: Yo soy; no temáis. Pero se levantó una gran tempestad de viento, y echaba las olas en la barca, de tal manera que ya se anegaba. Y él estaba en la popa, durmiendo sobre un cabezal; y le despertaron, y le dijeron: Maestro, ¿no tienes cuidado que perecemos? Y levantándose, reprendió al viento, y dijo al mar: Calla, enmudece. Y cesó el viento, y se hizo grande bonanza. Y les dijo: ¿Por qué estáis así amedrentados? ¿Cómo no tenéis fe? Entonces temieron con gran temor, y se decían el uno al otro: ¿Quién es éste, que aun el viento y el mar le obedecen?*" (Juan 6:20, Marcos 4:37-41).

No quitemos nuestra mirada de Jesús para que no nos hundamos, siempre mantengamos nuestras miradas al consumador de la vida: "*Pero en seguida Jesús les habló, diciendo: ¡¡Tened ánimo; yo soy, no temáis! Entonces le respondió Pedro, y dijo: Señor, si eres tú, manda que yo vaya a ti sobre las aguas. Y él dijo: Ven. Y descendiendo Pedro de la barca, andaba sobre las aguas para ir a Jesús. Pero al ver el fuerte viento, tuvo miedo; y comenzando a hundirse, dio voces, diciendo: ¡¡Señor, sálvame! Al momento Jesús, extendiendo la mano, asió de él, y le dijo: ¡¡Hombre de poca fe! ¿Por qué dudaste? Y cuando ellos subieron en la barca, se calmó el viento. Entonces los que estaban en la barca vinieron y le adoraron, diciendo: Verdaderamente eres Hijo de Dios. puestos los ojos en Jesús, el autor y consumador de la fe, quien por el gozo puesto delante de él soportó la cruz, menospreciando la vergüenza, y se ha sentado a la diestra del trono de Dios.*" (Mateo 14:27-33, Hebreos 12:2).

¡Iglesia! No nos detengamos, porque hasta ahora nuestro «*PADRE*» trabaja:

"Y Jesús les respondió: Mi Padre hasta ahora trabaja, y yo trabajo." (Juan 5:17).

Así que manos a la obra, que nuestro galardón es grande y nuestras riquezas son en gloria:

"Gozaos y alegraos, porque vuestro galardón es grande en los cielos; porque así persiguieron a los profetas que fueron antes de vosotros. Mi Dios, pues, suplirá todo lo que os falta conforme a sus riquezas en gloria en Cristo Jesús." (Mateo 5:12, Filipenses 4:19).

No como muchos hermanos y Pastores que han almacenado las riquezas donde la polilla y el orín corrompen: *"No os hagáis tesoros en la tierra, donde la polilla y el orín corrompen, y donde ladrones minan y hurtan; sino haceos tesoros en el cielo, donde ni la polilla ni el orín corrompen, y donde ladrones no minan ni hurtan. Porque donde esté vuestro tesoro, allí estará también vuestro corazón."* (Mateo 6:19-21).

«QUE NO NOS BASTE CON TRISTEZA, SINO CON LA TRISTEZA QUE PRODUCE ARREPENTIMIENTO»

A ti hombre del mundo deja las obras infructuosas de las tinieblas y recibe a «*JESÚS*» en tú vida, porque la vida del hombre es como un soplo, como una de las vigilias de la mañana que hoy era y ya no son, la vida se va en un segundo y no sabemos cuándo será ese segundo, todo tiene su tiempo debajo del cielo, sólo hay una forma de estar en paz con el «*DIOS TODO PODEROSO*» y es a través de su amado hijo «*JESÚS*» Nadie llega al Padre sino es a través del Hijo y nadie llega al Hijo sino es a través del Padre, porque «*JESÚS*» es la puerta al Padre, Él dijo: «*YO SOY EL CAMINO Y LA VERDA Y LA VIDA*».

A ti mi hermano, mi hermana, no te conformes a este siglo, no te conformes a este tiempo, despierta tú que duermes y te alumbrará *CRISTO*.

Sí ya estas cobijado Bajo la Sombra Del Altísimo, entonces ya moras bajo la sombra del Omnipotente, esperando que nunca te dejes de cobijar debajo de sus alas y si tú mi hermano, mi hermana, estas alejado de Él, éste es el día de reconciliación y salvación y a ti hombre del mundo que aún no le conoces por igual, sí quieres dar tu vida a «*CRISTO*», sólo tienes que decir esta breve pero poderosa oración, porque al tú confesar a «*JESÚS*» como tu Único y Verdadero Salvador, Él también te confesará y reconocerá delante del Padre.

Repite conmigo: «Señor *JESÚS* yo reconozco que eres el Hijo de Dios, que moriste por mí en la cruz y que yo soy un pecador, yo te pido en esta hora que me perdones por vivir alejado de ti, en una vana manera de vivir y que inscriba mi nombre en el *"LIBRO DE LA VIDA"* y yo te prometo que nunca jamás me apartaré de Ti». ¡Amén! Y ¡Amén!
Si hiciste esta oración:

¡BIENVENIDO AL REINO DE LOS CIELOS!

Y ahora mismo hay una fiesta por ti en los cielos, porque cuando un pecador se arrepiente, esto produce gozo en los cielos».

¡BENDIGO TU VIDA EN CRISTO JESÚS SIEMPRE! Y ¡AMÉN!

Noviembre 1, 2012

=9=

Adulam

"*Yéndose luego David de allí, huyó a la cueva de Adulam; y cuando sus hermanos y toda la casa de su padre lo supieron, vinieron allí a él. Y se juntaron con él todos los afligidos, y todo el que estaba endeudado, y todos lo que se hallaban en amargura de espíritu, y fue hecho jefe de ellos; y tuvo consigo como cuatrocientos hombres. Pero en seguida Jesús les habló, diciendo: ¡¡Tened ánimo; yo soy, no temáis!*" (1Samuel 22:1-2, Mateo 14:27).

Adulam fue la cueva donde David y algunos hombres «400» se escondieron y/o refugiaron, pero además la palabra Adulam significa: «*Lugar de refugio, De Aflicciones, De Tranquilidad*».

Hay momentos en tú vida, en mi vida, hermano mío, que El mismo Señor va permitir cosas inexplicables en nuestras vidas, aun estando bajo "*Sus Alas y Cobertura:*"

"*Porque mis pensamientos no son vuestros pensamientos, ni vuestros caminos mis caminos, dijo Jehová.*" (Isaías 55:8).

Pero El Señor es un experto apareciendo en medio de las tormentas: "*Y levantándose, reprendió al viento, y dijo al mar: Calla, enmudece. Y cesó el viento, y se hizo grande bonanza. Y les dijo: ¿Por qué estáis así amedrentados? ¿Cómo no tenéis fe?*" (Marcos 4:39-40).

El mismo permite y permitirá: «*aflicciones, circunstancias y situaciones*», porque sólo así Él hace que dependamos más de Él: "*El Señor no retarda su promesa, según algunos tienen por tardanza, sino que es paciente para* con nosotros, no queriendo que ninguno perezca, sino que todos procedan al arrepentimiento." (2Pedro 3:9).

"pues nada hay imposible para Dios" (Lucas 1:37).

Y la obra renovadora es lograda por estar en lugares diferentes a los habituales y sólo así Él se podrá y se va a glorificar; «afligiéndonos, endeudándonos, amargándonos» Porque sólo Él puede cambiar las cosas: *"En lugar de vuestra doble confusión y de vuestra deshonra, os alabaran en sus heredades; por lo cual en sus tierras poseerán doble honra, y tendrán perpetuo gozo. Enjugará Dios toda lágrima de los ojos de ellos; y ya no habrá muerte, ni habrá más llanto, ni clamor, ni dolor; porque las primeras cosas pasaron. y lo vil y menospreciado del mundo escogió Dios;* (Isaías 61:7, Apocalipsis 21:4, 1Corintios 1:28extc)

Él puede cambiar las cosas en un solo día: *"Mas, oh amados, no ignoréis esto: que para con el Señor un día es como mil años, y mil años como un día. He aquí, llamaras a gente que no conociste, y gentes que no te conocieron correrán a ti, por causa de Jehová tu Dios, y del Santo de Israel que te ha honrado."* (2Pedro 3:8, Isaías 55:5).

Adulam es el lugar donde Dios nos lleva, este es un escondite, refugio, lugar de sufrimiento, lugar donde Él mismo Señor nos lleva para darnos crecimiento y madurez espiritual.

«HAY PROCESOS Y TRATOS DOLOROSOS Y DIFÍCILES PERO NECESARIOS»

"La mujer cuando da a luz, tiene dolor, porque ha llegado su hora; pero después que ha dado a luz un niño, ya no se acuerda de la angustia, por el gozo de que haya nacido un hombre en el mundo." (Juan 16:21).

Él que todo lo sabe, lo permite, porque sólo así Él podrá hacer la obra en nosotros, aquella obra de renovación, del alma, mente y corazón:

"pero los que esperan a Jehová tendrán nuevas fuerzas; levantarán alas como las águilas; correrán, y no se cansarán; caminarán, y no se fatigarán." (Isaías 40:31).

Él que todo lo sabe, lo permite, porque sólo así Él podrá glorificarse a través de nosotros, hasta llevarnos a confesar lo que Él ha puesto en nuestros corazones, confesarlo con nuestras bocas, que todo lo que somos es por Él, de donde Él nos sacó y a donde nos llevó.

> *"Y me hizo sacar del pozo de la desesperación, del lodo cenagoso; Puso mis pies sobre peña, y enderezó mis pasos."* (Salmo 40:2).

Siendo un testimonio vivo, de que Dios sí transforma y hace nuevas todas las cosas:

> *"De modo que si alguno está en Cristo, nueva criatura es; las cosas viejas pasaron; he aquí todas son hechas nuevas."* (2Corintios 5:17).

«SÓLO ASÍ PODREMOS LLEVAR Y MOSTRAR LA CRUZ DEL CRISTO CON GLORIA Y HONRA Y SIN RETROCESO» (Hebreos 10:34-36, Isaías 55:5-6).

Así como a éste varón de Dios, David que era su ungido le fue necesario entrar en «Adulam» para luego salir, renovado, cambiado: *"Y el que estaba sentado en el trono dijo: He aquí, yo hago nuevas todas las cosas."* (Apocalipsis 21:5extc).

Y no sólo a él, a éste se le unieron »400 hombres« en igual condición y/o peores y no sólo esto, le hicieron su líder, «Porque a pesar de las circunstancias y/o situaciones, los que te rodean siempre verán la unción que El Santo ha puesto sobre ti, por eso te seguirán, aun aquellos que no conoces, ni conociste, porque siguen lo que ven en ti»: *"El Espíritu de Jehová el Señor esta sobre mí, porque me ungió Jehová; me ha enviado a predicar buenas nuevas a los abatidos, a vendar a los quebrantados de corazón, a publicar libertad a los cautivos, y a los presos apertura de la cárcel:"* (Isaías 61:1, Isaías 55:5).

Pero hoy en día es tan carente la disposición de hombres de valores y compromisos para las cosas del Señor, nadie o pocos quieren entrar a «*La Cueva de Adulam*» Prefieren las cosas fáciles del mundo:

"¿No sabéis que la amistad con el mundo es enemistad contra Dios?" (Santiago 4:4extc)

"Otra vez le llevó el diablo a un monte muy alto, y le mostró todos los reinos del mundo y la gloria de ellos, y le dijo: Todo esto te daré, si postrado me adorares." (Mateo 4:8-9).

»HAY Y HABRÁN MOMENTOS QUE AUN ESTANDO EN LOS CAMINOS DEL SEÑOR, SERÁ NECESARIO ENTRAR EN LA CUEVA« (1Reyes 19:9, 13-14).

Así como pasó con Noé, que fue sacado de una tierra perversa para conservarle a él y a los suyos metiéndole en la cueva, en esta ocasión del «Arca» Pero de seguro en aquel tiempo el mismo Dios trató con este y los suyos hasta llevarlos a un nuevo lugar, renovado, un nuevo comienzo. (Génesis, capítulos; 7-9).

Así como llevó a Moisés al desierto por 40 años para hacerle manso para la misión que El Padre tenía preparado para este. (Éxodo, capítulos; 3-5).

Porque El Padre es corregidor con los que son llamados conforme a su propósito. (Proverbios 3:11-12, Romanos 8:28)

«¡PERO LUEGO NOS EXHIBE Y MUESTRA LO QUE ÉL HACE CON LOS QUE ÉL AMA Y LE AMÁN!»

Por eso después de Adulam viene la transformación interna, la cual se manifiesta externamente, en nuestro accionar.

Pero todo es posible primero porque El Padre lo permite y hay circunstancias que nos llevan a Adulam.

"Para que fuese David tuvo que haber un Saúl."

Y luego nos saca de allí libres y victoriosos.

Mi hermano, mi hermana resiste los procesos del Señor que son necesarios. (Santiago 1:2-5, Hebreos 10:34-39).

Que al final de ella y/o durante la misma Él te dirá:

Adulam

"¡Yo Soy" no temáis! (Mateo 14:27).

Te Bendigo con toda Bendición en este y todos los días y esperando que ¡nunca! te apartes de La Sombra Del Altísimo.

¡En El Nombre De Jesús Siempre! y ¡Amén!

Junio 16, 2011

AFIRMACIONES

"de cierto te bendeciré, y multiplicaré tu descendencia como las estrellas del cielo y como la arena que está a la orilla del mar; y tu descendencia poseerá las puertas de sus enemigos. diciendo: De cierto te bendeciré con abundancia y te multiplicaré grandemente." (Génesis 22:17, Hebreos 6:14)

=10=

El Ángel De Jehová Acampará A Tu Alrededor

"El ángel de Jehová acampa alrededor de los que le temen, Y los defiende. No te sobrevendrá mal, Ni plaga tocará tu morada. Pues a sus ángeles mandará acerca de ti, Que te guarden en todos tus caminos." (Salmos 34:7, 91:10-11).

Veo una nación «USA», que poco a poco entra en caos, pero ¡Iglesia! No temas porque Dios está con nosotros:

"¿Qué, pues, diremos a esto? Si Dios es por nosotros, ¿quién contra nosotros?"
(Romanos 8:31).

Él está con nosotros como «PODEROSO GIGANTE»:

"Mas Jehová está conmigo como poderoso gigante; por tanto, los que me persiguen tropezarán, y no prevalecerán; serán avergonzados en gran manera, porque no prosperarán; tendrán perpetua confusión que jamás será olvidada." (Jeremías 20:11).

Él es nuestro ayudador que nos lleva de la mano: "No temas, porque yo estoy contigo; no desmayes, porque yo soy tu Dios que te esfuerzo; siempre te ayudaré, siempre te sustentaré con la diestra de mi justicia." (Isaías 41:10).

Él nos cuida y nos cuidará pero es tiempo de entrar en un mayor compromiso y decisión en todo lo que es «EL REINO DE LOS CIELOS».

"Mas buscad primeramente el reino de Dios y su justicia, y todas estas cosas os serán añadidas." (Mateo 6:33).

Él ya pagó un alto precio allí en «LA CRUZ» cuando murió por ti y por mí por ende ninguno de sus pequeñitos se va a perder: "Cuando estaba con ellos en el mundo, yo los guardaba en tu nombre; a los que me diste, yo los guardé, y ninguno de ellos se perdió, sino el hijo de perdición, para que la Escritura se cumpliese." (Juan 17:12).

Nadie va a perecer porque «EL ÁNGEL DE JEHOVÁ, SU AMADO JESÚS» acampa a nuestro alrededor, Él nos va a cuidar.

¡Iglesia! Prepárate porque esto apenas acaba de empezar, pero confiemos en aquel que ha vencido al mundo. (Juan 16:33).

He visto la mano, la mano de Dios obrar a mí favor, a favor de mis hermanos, no he visto a ninguno desamparado ni que mendigue pan: "Joven fui, y he envejecido, Y no he visto justo desamparado, Ni su descendencia que mendigue pan." (Salmo 37:25).

Creo que todo el tiempo que tengo caminando con El Señor no había sentido, ni vivido, ni connotado lo tan real que son sus promesas que si ellas son en él: "¡SÍ!" y en él "¡AMÉN!" (2Corintios 1:20).

Vivimos en un tiempo y espacio muy delicado, donde cada día lo espiritual se hace más real, donde con temor y temblor debemos cuidar nuestra salvación:

"Por tanto, amados míos, como siempre habéis obedecido, no como en mi presencia solamente, sino mucho más ahora en mi ausencia, ocupaos en vuestra salvación con temor y temblor," (Filipenses 2:12).

El Padre es un Dios Vivo, un Dios Real, no desfallezcamos a pesar de lo que vemos a nuestro alrededor, caminamos por fe: "(porque por fe andamos, no por vista); Pero sin fe es imposible agradar a Dios; porque es necesario que el que se acerca a Dios crea que le hay, y que es galardonador de los que le buscan." (2Corintios 5:7, Hebreos 11:6).

Y lo que se ve fue hecho de lo que no se veía: "Por la fe entendemos haber sido constituido el universo por la palabra de Dios, de modo que lo que se ve fue hecho de lo que no se veía." (Hebreos 11:3).

Digamos al débil fuerte es, que no se quede nadie atrás porque el pueblo de Dios avanza:

"Entonces Jehová dijo a Moisés: ¿Por qué clamas a mí? Di
a los hijos de Israel que marchen." (Joel 3:10, Éxodo 14:15).

Y el ángel estará a nuestro frente como a nuestras espaldas: *"Y el ángel de Dios que iba delante del campamento de Israel, se apartó e iba en pos de ellos; y asimismo la columna de nube que iba delante de ellos se apartó y se puso a sus espaldas,"* (Éxodo 14:19).

Él cuidará de nosotros no temamos: *"Jehová está conmigo; no temeré Lo que me pueda hacer el hombre. de manera que podemos decir confiadamente: El Señor es mi ayudador; no temeré Lo que me pueda hacer el hombre."* (Salmo 118:6, Hebreos 13:6).

"Y avancemos que nuestra redención está cerca." (Lucas 21:28).

Espíritu Santo de Dios te siento tan cerca desde hace varios días, sé que eres real, sé que solo tú da esta paz y sé que tus ángeles acampan a nuestro alrededor, sé que nuestro *"PADRE"* es nuestro ayudador: *"Bienaventurado aquel cuyo ayudador es el Dios de Jacob, Cuya esperanza está en Jehová su Dios,"* (Salmo 146:5).

Siendo sólo hombres nos has vestido de esplendor: «¿Qué es el hombre para que tú *"DIOS"* tengas memoria y cuidado del él?»

"Cuando veo tus cielos, obra de tus dedos, La luna y las estrellas que tú formaste, Digo: ¿Qué es el hombre, para que tengas de él memoria, Y el hijo del hombre, para que lo visites? Le has hecho poco menor que los ángeles, Y lo coronaste de gloria y de honra. Le hiciste señorear sobre las obras de tus manos; Todo lo pusiste debajo de sus pies: Ovejas y bueyes, todo ello, Y asimismo las bestias del campo, Las aves de los cielos y los peces del mar; Todo cuanto pasa por los senderos del mar. !!Oh Jehová, Señor nuestro, Cuán grande es tu nombre en toda la tierra!" (Salmo 8:3-9).

Pero a tu imagen y semejanza nos creaste, para tu Gloria y Honra mostrar y aunque con una condición caída nos encontramos, mandaste a tu Ángel, a tu Ángel llamado Jesús El Cristo De La Gloria, lo llamaste para el pecado llevar, por eso hoy en día tú nos vas a cuidar, aunque se levante el mar y los vientos soplen estaremos quietos y sabremos que eres Dios:

"*Estad quietos, y conoced que yo soy Dios; Seré exaltado entre las naciones; enaltecido seré en la tierra.*" (Génesis 1:26, Salmo 46:10).

Y sabremos que eres más dulce que la miel:

"*Gustad, y ved que es bueno Jehová; Dichoso el hombre que confía en él.*" (Salmo 34:8).

Danos ánimo pronto, confianza, decisión y que recordemos que todo tiene su tiempo debajo del cielo: "*Todo tiene su tiempo, y todo lo que se quiere debajo del cielo tiene su hora. Tiempo de nacer, y tiempo de morir; tiempo de plantar, y tiempo de arrancar lo plantado; tiempo de matar, y tiempo de curar; tiempo de destruir, y tiempo de edificar; tiempo de llorar, y tiempo de reír; tiempo de endechar, y tiempo de bailar; tiempo de esparcir piedras, y tiempo de juntar piedras; tiempo de abrazar, y tiempo de abstenerse de abrazar; tiempo de buscar, y tiempo de perder; tiempo de guardar, y tiempo de desechar; tiempo de romper, y tiempo de coser; tiempo de callar, y tiempo de hablar; tiempo de amar, y tiempo de aborrecer; tiempo de guerra, y tiempo de paz. ¿Qué provecho tiene el que trabaja, de aquello en que se afana? Yo he visto el trabajo que Dios ha dado a los hijos de los hombres para que se ocupen en él. Todo lo hizo hermoso en su tiempo; y ha puesto eternidad en el corazón de ellos, sin que alcance el hombre a entender la obra que ha hecho Dios desde el principio hasta el fin. Yo he conocido que no hay para ellos cosa mejor que alegrarse, y hacer bien en su vida; y también que es don de Dios que todo hombre coma y beba, y goce el bien de toda su labor. He entendido que todo lo que Dios hace será perpetuo; sobre aquello no se añadirá, ni de ello se disminuirá; y lo hace Dios, para que delante de él teman los hombres. Aquello que fue, ya es; y lo que ha de ser, fue ya; y Dios restaura lo que pasó.*" (Eclesiastés 3:1-15).

Que nuestro paso por aquí es momentáneo, pero tenemos Tu Gloria para mostrar:

"Yo les he dado tu palabra; y el mundo los aborreció, porque no son del mundo, como tampoco yo soy del mundo. No son del mundo, como tampoco yo soy del mundo."
(Génesis 1:26, Juan 17:14, 16).

"Porque hubiese desmayado sino supiere que veré tu bondad en la tierra de los vivientes."
(Salmo 27:13).

Si no supiera que en ti hay beneficios: *"Bendice, alma mía, a Jehová, Y bendiga todo mi ser su santo nombre. Bendice, alma mía, a Jehová, Y no olvides ninguno de sus beneficios. El es quien perdona todas tus iniquidades, El que sana todas tus dolencias; El que rescata del hoyo tu vida, El que te corona de favores y misericordias; El que sacia de bien tu boca De modo que te rejuvenezcas como el águila. Jehová es el que hace justicia Y derecho a todos los que padecen violencia."* (Salmo 103:1-6).

Que tú cuidas de tu cuerpo, como cabeza que eres, porque si la unción descendía por la barba de Aarón: *"Es como el buen óleo sobre la cabeza, El cual desciende sobre la barba, La barba de Aarón, Y baja hasta el borde de sus vestiduras;"* (Salmo 133:2).

«QUE SERÁ EN TI QUE ERES EL GRAN GALARDÓN»
(Mateo 5:12).

¡Iglesia! Confía que, aunque no veas, tenemos un Ángel a nuestro alrededor, lo que se ve fue hecho de lo que no se veía. (Hebreos 11:3).

Y si Abraham El Padre de la Fe salió de su tierra sin saber dónde iba confiando en aquel que le llamó, aquel que lo llevaba a tierra lejana, cuyo arquitecto era el mismo Dios. (Hebreos 11:8-10).

Y si Moisés se mantuvo creyendo y sosteniéndose en el invisible. (Hebreos 11:27).

Así tu vida fue diseñada por Dios desde antes de la fundación del mundo:

"según nos escogió en él antes de la fundación del mundo, para que fuésemos santos y sin mancha delante de él,"
(Efesios 1:4).

Sólo es cuestión de tiempo para que las cosas se materialicen y manifiesten en tu vida:

"Porque somos hechura suya, creados en Cristo Jesús para buenas obras, las cuales Dios preparó de antemano para que anduviésemos en ellas." (Efesios 2:10).

«¡DIOS EN UN SOLO DÍA CAMBIA TODO, EN UN SOLO DÍA HONRÓ A RAHAB
"LA RAMERA"»:

"Por la fe Rahab la ramera no pereció juntamente con los desobedientes, habiendo recibido a los espías en paz. Mas Josué dijo a los dos hombres que habían reconocido la tierra: Entrad en casa de la mujer ramera, y haced salir de allí a la mujer y a todo lo que fuere suyo, como lo jurasteis. Y los espías entraron y sacaron a Rahab, a su padre, a su madre, a sus hermanos y todo lo que era suyo; y también sacaron a toda su parentela, y los pusieron fuera del campamento de Israel. Y consumieron con fuego la ciudad, y todo lo que en ella había; solamente pusieron en el tesoro de la casa de Jehová la plata y el oro, y los utensilios de bronce y de hierro. Mas Josué salvó la vida a Rahab la ramera, y a la casa de su padre, y a todo lo que ella tenía; y habitó ella entre los israelitas hasta hoy, por cuanto escondió a los mensajeros que Josué había enviado a reconocer a Jericó." (Hebreos 11:31, Josué 6:22-25).

«Entrando en heredad en el linaje *SANTO* en el linaje de *JESÚS*»:

"Salmón engendró de Rahab a Booz, Booz engendró de Rut a Obed, y Obed a Isaí. Isaí engendró al rey David, y el rey David engendró a Salomón de la que fue mujer de Urías. Salomón engendró a Roboam, Roboam a Abías, y Abías a Asa. Asa engendró a Josafat, Josafat a Joram, y Joram a Uzías. Uzías engendró a Jotam, Jotam a Acaz, y Acaz a Ezequías. Ezequías engendró a Manasés, Manasés a Amón, y Amón a Josías. Josías engendró a Jeconías y a sus hermanos, en el tiempo de la deportación a Babilonia. Después de la deportación a Babilonia, Jeconías engendró a Salatiel, y Salatiel a Zorobabel. Zorobabel engendró a Abiud, Abiud a Eliaquím, y Eliaquím a Azor. Azor engendró a Sadoc, Sadoc a Aquím, y Aquím a Eliud. Eliud engendró a Eleazar, Eleazar a Matán, Matán a Jacob; y Jacob engendró a José, marido de María, de la cual nació Jesús, llamado el Cristo." (Mateo 1:5-16).

«EN UN SOLO DÍA ÚNGIO DIOS A DAVID COMO REY»:

"Envió, pues, por él, y le hizo entrar; y era rubio, hermoso de ojos, y de buen parecer. Entonces Jehová dijo: Levántate y úngelo, porque éste es. Y Samuel tomó el cuerno del aceite, y lo ungió en medio de sus hermanos;

y desde aquel día en adelante el Espíritu de Jehová vino sobre David. Se levantó luego Samuel, y se volvió a Ramá." (1Samuel 16:12-13).

«EN UN SOLO DÍA, EN UN ABRIR Y CERRAR DE OJOS DEJAREMOS ÉSTE CUERPO Y ÉSTA TIERRA»:

"en un momento, en un abrir y cerrar de ojos, a la final trompeta; porque se tocará la trompeta, y los muertos serán resucitados incorruptibles, y nosotros seremos transformados." (1Corintios 15:52).

Luego de nuestra misión terminar, donde «*GRAN GALARDÓN*» nos ha de esperar y allá estará «*EL PADRE, EL GRAN YO SOY*» que nos dirá entra buen siervo:

"Y su señor le dijo: Bien, buen siervo y fiel; sobre poco has sido fiel, sobre mucho te pondré; entra en el gozo de tu señor." (Mateo 25:21).

«Pero recuerda al que más se le dé más se le demandará»: *"Mas el que sin conocerla hizo cosas dignas de azotes, será azotado poco; porque a todo aquel a quien se haya dado mucho, mucho se le demandará; y al que mucho se le haya confiado, más se le pedirá."* (Lucas 12:48).

No esconda el talento y/o los talentos que El Padre te dio: *"Pero llegando también el que había recibido un talento, dijo: Señor, te conocía que eres hombre duro, que siegas donde no sembraste y recoges donde no esparciste; por lo cual tuve miedo, y fui y escondí tu talento en la tierra; aquí tienes lo que es tuyo. Respondiendo su señor, le dijo: Siervo malo y negligente, sabías que siego donde no sembré, y que recojo donde no esparcí. Por tanto, debías haber dado mi dinero a los banqueros, y al venir yo, hubiera recibido lo que es mío con los intereses. Quitadle, pues, el talento, y dadlo al que tiene diez talentos. Porque al que tiene, le será dado, y tendrá más; y al que no tiene, aun lo que tiene le será quitado. Y al siervo inútil echadle en las tinieblas de afuera; allí será el lloro y el crujir de dientes."* (Mateo 25:24-30).

Inviértelos, porque a eso fuimos llamados a hacer su obra. Hay mucho que dicen que Dios no nos necesita ya sea La Iglesia o al hombre, claro que

Él nos necesita porque en El Reino De Los Cielos hay convenios, además fuimos creados por El Creador, para la tierra subyugar. (Génesis 1:28, Salmos 8:6-8, 115:16).

«IGLESIA, AUNQUE NO VEAS, CREE QUE "EL ÁNGEL DE JEHOVÁ" ESTÁ A NUESTRO ALREDEDOR, ÉL NOS CUIDA Y GUÍA»

Supe de un hermano que en ésta pasada tormenta "Sandy" un árbol iba a caer sobre su casa y

«La Mano Poderosa Del Ángel De Jehová» que no se ha acortado ni se va acortar hizo desviar el árbol: *"He aquí que no se ha acortado la mano de Jehová para salvar, ni se ha agravado su oído para oír; Entonces Jehová respondió a Moisés: ¿Acaso se ha acortado la mano de Jehová? Ahora verás si se cumple mi palabra, o no."* (Isaías 59:1, Números 11:23).

»Y puedo dar fe y testimonio que aunque no haya trabajo, dinero, provisión con todo eso nos alegraremos«: *"Aunque la higuera no florezca, Ni en las vides haya frutos, Aunque falte el producto del olivo, Y los labrados no den mantenimiento, Y las ovejas sean quitadas de la majada, Y no haya vacas en los corrales; Con todo, yo me alegraré en Jehová, Y me gozaré en el Dios de mi salvación. Jehová el Señor es mi fortaleza, El cual hace mis pies como de ciervas, Y en mis alturas me hace andar. Al jefe de los cantores, sobre mis instrumentos de cuerdas."* (Habacuc 3:17-19).

«Porque Él es nuestra porción»:

"Mi porción es Jehová, dijo mi alma; por tanto, en él esperaré." (Lamentaciones 3:24).

»Él está en medio de nosotros«. (Sofonías 3:17).

«Él es quien te esfuerza, Él es quien te guía y cuida». (Isaías 41:10, 13).

»Y aunque pase por las aguas no te ahogarás«: *"Cuando pases por las aguas, yo estaré contigo; y si por los ríos, no te anegarán. Cuando pases por el fuego, no te quemarás, ni la llama arderá en ti."* (Isaías 43:2).

«Él va delante de ti aplanando toda montaña »problema« Porque somos sus hijos y Él en nosotros tiene complacencia». (Mateo 3:17).

»Porque Él no mira tus fallas y/o virtudes Él mira Él Cristo que está en nosotros y eso lo hace tardo para la ira y grande en misericordia«:

"Jehová, tardo para la ira y grande en misericordia, que perdona la iniquidad y la rebelión, aunque de ningún modo tendrá por inocente al culpable; que visita la maldad de los padres sobre los hijos hasta los terceros y hasta los cuartos. Misericordioso y clemente es Jehová; Lento para la ira, y grande en misericordia. Clemente y misericordioso es Jehová, Lento para la ira, y grande en misericordia. Bueno es Jehová para con todos, Y sus misericordias sobre todas sus obras." (Números 14:18, Salmos 103:8, 145:8-9).

Es Jesús que vive en ti y en mí, El Jesús, El Cristo De La Gloria, el que intercede por ti y por mí constantemente, continuamente, El Jesús que está sentado hoy a la diestra del Padre:

> *"el cual, siendo el resplandor de su gloria, y la imagen misma de su sustancia, y quien sustenta todas las cosas con la palabra de su poder, habiendo efectuado la purificación de nuestros pecados por medio de sí mismo, se sentó a la diestra de la Majestad en las alturas,"* (Hebreos 1:3).

Porque amó tanto al mundo y a los suyos que envió a su único Hijo a morir por ti y por mí.
(Juan 3:16).

Ya Él pagó un precio muy alto allí en la cruz para que nadie se pierda:

"Despreciado y desechado entre los hombres, varón de dolores, experimentado en quebranto; y como que escondimos de él el rostro, fue menospreciado, y no lo estimamos. Ciertamente llevó él nuestras enfermedades, y sufrió nuestros dolores; y nosotros le tuvimos por azotado, por herido de Dios y abatido. Mas él herido fue por nuestras rebeliones, molido por nuestros pecados; el castigo de nuestra paz fue sobre él, y por su llaga fuimos nosotros curados. Al que no conoció pecado, por nosotros lo hizo pecado, para que nosotros fuésemos hechos justicia de Dios en él. Porque también Cristo padeció una sola vez por los pecados, el justo por los injustos, para llevarnos a Dios, siendo a la verdad muerto en la carne, pero vivificado en espíritu;" (Isaías 53:3-5, 2Corintios 5:21, 1Pedro 3:18).

«Por eso debemos de negarnos a nosotros mismo, diariamente y llevar nuestra cruz»:

"Entonces Jesús dijo a sus discípulos: Si alguno quiere venir en pos de mí, niéguese a sí mismo, y tome su cruz, y sígame." (Mateo 16:24).

Pero hay muchos que no quieren este mensaje escuchar, pero tú siembra la semilla y en su tiempo dará frutos al treinta, al sesenta y al ciento por uno. (Marcos 4:20).

Porque el crecimiento lo da Dios: *"Yo planté, Apolos regó; pero el crecimiento lo ha dado Dios."* (1Corintios 3:6).

Él que salva, sana y liberta es Cristo, porque muchos primeros serán postreros y postreros primeros y si no atiende a la primera señal atenderán a la postrera. (Mateo 19:30, Éxodo 4:8).

Y a otros aun lo que tienen se le quitará: *"Porque a cualquiera que tiene, se le dará, y tendrá más; pero al que no tiene, aun lo que tiene le será quitado."* (Mateo 13:12).

Y a otros»: *"A algunos que dudan, convencedlos. A otros salvad, arrebatándolos del fuego; y de otros tened misericordia con temor, aborreciendo aun la ropa contaminada por su carne."* (Judas 1:22-23).

Mantengámonos consagrados, santificados, porque ya hay uno que nos santificó y nos justificó, allí en el Calvario:

"En esa voluntad somos santificados mediante la ofrenda del cuerpo de Jesucristo hecha una vez para siempre. Y a los que predestinó, a éstos también llamó; y a los que llamó, a éstos también justificó; y a los que justificó, a éstos también glorificó." (Hebreos 10:10, Romanos 8:30).

Y aunque digamos en algunos momentos: ¿Por qué no has desamparado?

"Dios mío, Dios mío, ¿por qué me has desamparado? ¿Por qué estás tan lejos de mi salvación, y de las palabras de mi clamor? Cerca de la hora novena, Jesús clamó a gran voz, diciendo: Elí, Elí, ¿lama sabactani? Esto es: Dios mío, Dios mío, ¿por qué me has desamparado?" (Salmo 22:1, Mateo 27:46).

Esto no es así, porque El Padre abandonó al Hijo en la cruz porque éste llevaba todos los pecados del mundo. Sabemos en parte la magnitud de esto, pero no del todo, porque no nos toca a nosotros saber éstas cosas, pero sí se dé algo que «¡*EL VIVE!*» y cuida cada paso que damos, aunque no entendamos, pero cada trato de Dios es necesario porque aun Cristo en la cruz muerto, El Padre ganó, porque Él nunca ha perdido una batalla, ni la va a perder, si ya sabemos cómo termina «*El Libro Sagrado, El Manual De Vida, La Palabra de Dios, La Biblia*». Nosotros vencemos junto con El Cristo y el enemigo, diablo, Satanás es echado al lago de fuego y azufre.

¡IGLESIA! No desmaye Dios te lleva de la mano, hay circunstancias que Él permite, hay momentos de oscuridad que son necesarios, para luego el mostrarte la luz: "*Y el ángel de Dios que iba delante del campamento de Israel, se apartó e iba en pos de ellos; y asimismo la columna de nube que iba delante de ellos se apartó y se puso a sus espaldas, Mas vosotros sois linaje escogido, real sacerdocio, nación santa, pueblo adquirido por Dios, para que anunciéis las virtudes de aquel que os llamó de las tinieblas a su luz admirable;*" (Éxodo 14:19, 1Pedro 2:9)

"*porque el pecado es igual a muerte*" (Romanos 6:23).

Y hay salvación y vida eterna ¿Por qué desconfiar de un «*SER TODO PODEROSO* que es *FIEL y VERDADERO?*» (Apocalipsis 19:11).

¿Por qué confiar en un ser inferior? «Si mayor es el que está con nosotros que él que está en el mundo». (1Juan 4:4).

Siendo este el enemigo, el padre de la mentira, estando éste ya vencido y que no ha hecho nada por ti, bueno si una sola cosa, engañarte, arruinarte y a otros hasta la vida le ha quitado, por ende, el alma le ha quitado, porque ese es su trabajo destruir: "*He aquí que yo hice al herrero que sopla las ascuas en el fuego, y que saca la herramienta para su obra; y yo he creado al destruidor para destruir.*" (Isaías 54:16).

Para eso fue creado, de ti depende resistirle y él huirá de ti. (Santiago 4:7).

De ti depende por igual en estos tiempos difíciles que estamos y aún vendrán peores cosas, pero «*El Ángel De Jehová*», acampará a tú alrededor y Él te cuidará, ayudará y te dará la "*VICTORIA*" mientras el otro te va a engañar, matar y a condenar:

"*El ladrón no viene sino para hurtar y matar y destruir;*" (Juan 10:10extc) *"porque como león rugiente anda, buscando a quien devorar"* (1Pedro 5:8).

A sabiendas que le queda poco tiempo: *"Por lo cual alegraos, cielos, y los que moráis en ellos. !!Ay de los moradores de la tierra y del mar! porque el diablo ha descendido a vosotros con gran ira, sabiendo que tiene poco tiempo."* (Apocalipsis 12:12extc).

«Éste no es el tiempo de volver atrás»: *"Desde entonces muchos de sus discípulos volvieron atrás, y ya no andaban con él. Ciertamente, si habiéndose ellos escapado de las contaminaciones del mundo, por el conocimiento del Señor y Salvador Jesucristo, enredándose otra vez en ellas son vencidos, su postrer estado viene a ser peor que el primero. Porque mejor les hubiera sido no haber conocido el camino de la justicia, que después de haberlo conocido, volverse atrás del santo mandamiento que les fue dado."* (Juan 6:66, 2Pedro 2:20-21).

»De volver a los viejos rudimentos«: *"Mantengamos firme, sin fluctuar, la profesión de nuestra esperanza, porque fiel es el que prometió. Y considerémonos unos a otros para estimularnos al amor y a las buenas obras; no dejando de congregarnos, como algunos tienen por costumbre, sino exhortándonos; y tanto más, cuanto veis que aquel día se acerca. y haced sendas derechas para vuestros pies, para que lo cojo no se salga del camino, sino que sea sanado."* (Hebreos 10:23-25, 12:13).

«Porque El Cristo está cerca, vendrá como ladrón en la noche»: *"Pero el día del Señor vendrá como ladrón en la noche; en el cual los cielos pasarán con grande estruendo, y los elementos ardiendo serán deshechos, y la tierra y las obras que en ella hay serán quemadas."* (2Pedro 3:10).

»Porque el día, ni la hora nadie la sabe, mantente viendo al «INVISIBLE» al que te ayuda al que manda sus ángeles a tu alrededor«: *"Pues a sus ángeles mandará acerca de ti, Que te guarden en todos tus caminos."* (Salmo 91:11).

«Ni las plagas que recayeron sobre los egipcios, recaerán sobre ti y los tuyos»:

"No te sobrevendrá mal, Ni plaga tocará tu morada."
(Salmo 91:10).

Porque este varón de guerra hace diferencia entre los suyos y los que están en el mundo:

"Pero contra todos los hijos de Israel, desde el hombre hasta la bestia, ni un perro moverá su lengua, para que sepáis que Jehová hace diferencia entre los egipcios y los israelitas." (Éxodo 11:7).

Pero estemos apercibidos como las cinco vírgenes sensatas: *"Entonces el reino de los cielos será semejante a diez vírgenes que tomando sus lámparas, salieron a recibir al esposo. Cinco de ellas eran prudentes y cinco insensatas. Las insensatas, tomando sus lámparas, no tomaron consigo aceite; mas las prudentes tomaron aceite en sus vasijas, juntamente con sus lámparas. Y tardándose el esposo, cabecearon todas y se durmieron. Y a la medianoche se oyó un clamor: !!Aquí viene el esposo; salid a recibirle! Entonces todas aquellas vírgenes se levantaron, y arreglaron sus lámparas. Y las insensatas dijeron a las prudentes: Dadnos de vuestro aceite; porque nuestras lámparas se apagan. Mas las prudentes respondieron diciendo: Para que no nos falte a nosotras y a vosotras, id más bien a los que venden, y comprad para vosotras mismas. Pero mientras ellas iban a comprar, vino el esposo; y las que estaban preparadas entraron con él a las bodas; y se cerró la puerta. Después vinieron también las otras vírgenes, diciendo: !!Señor, señor, ábrenos! Mas él, respondiendo, dijo: De cierto os digo, que no os conozco. Velad, pues, porque no sabéis el día ni la hora en que el Hijo del Hombre ha de venir."* (Mateo 25:1-13).

Con aceite limpio y fresco siempre en nuestras lámparas, para cuando llegue:

«*EL NOVIO, EL MARIDO, EL ESPOSO A BUSCAR: LA NOVIA, LA DESPOSADA, LA ESPOSA*».

Nos encuentre haciendo su *"BUENA OBRA"* y no en los afanes de este mundo:

"Mirad también por vosotros mismos, que vuestros corazones no se carguen de glotonería y embriaguez y de los afanes de esta vida, y venga de repente sobre vosotros aquel día." (Lucas 21:34).

Que estemos como María a los pies del *"MAESTRO"* recibiendo la mejor parte y no como Marta de afanada. (Lucas 10:38-42).

Confiando que Él acampará a nuestro alrededor. Porque, aunque no es por obras sino por gracia, pero la fe sin obras está muerta. (Efesios 2:8-9, Santiago 2:26).

«Y hay trigo y cizaña»: *"Les refirió otra parábola, diciendo: El reino de los cielos es semejante a un hombre que sembró buena semilla en su campo; pero mientras dormían los hombres, vino su enemigo y sembró cizaña entre el trigo, y se fue. Y cuando salió la hierba y dio fruto, entonces apareció también la cizaña. Vinieron entonces los siervos del padre de familia y le dijeron: Señor, ¿no sembraste buena semilla en tu campo? ¿De dónde, pues, tiene cizaña? El les dijo: Un enemigo ha hecho esto. Y los siervos le dijeron: ¿Quieres, pues, que vayamos y la arranquemos? El les dijo: No, no sea que al arrancar la cizaña, arranquéis también con ella el trigo. Dejad crecer juntamente lo uno y lo otro hasta la siega; y al tiempo de la siega yo diré a los segadores: Recoged primero la cizaña, y atadla en manojos para quemarla; pero recoged el trigo en mi granero."* (Mateo 13:24-30).

»Y hay cabritos y ovejas«: *"y serán reunidas delante de él todas las naciones; y apartará los unos de los otros, como aparta el pastor las ovejas de los cabritos. Y pondrá las ovejas a su derecha, y los cabritos a su izquierda. Entonces el Rey dirá a los de su derecha: Venid, benditos de mi Padre, heredad el reino preparado para vosotros desde la fundación del mundo."* (Mateo 25:32-34).

"y pronto todo ojo le verá" (Apocalipsis 1:7).

Y sí Cristo está muy cerca, no como algunos lo tienen por tardanza, porque para Él mil años son como un día y un día como mil años: *"Porque mil años delante de tus ojos Son como el día de ayer, que pasó, Y como una de las vigilias de la noche. Mas, oh amados, no ignoréis esto: que para con el Señor un día es como mil años, y mil años como un día."* (Salmo 90:4, 2Pedro 3:8).

¡IGLESIA! Prepárate por nada esté afanosa:

"Por nada estéis afanosos, sino sean conocidas vuestras peticiones delante de Dios en toda oración y ruego, con acción de gracias." (Filipenses 4:6).

No quites tu mirada de «*JESÚS*» y de la cruz, haciendo como los hipócritas, porque ya ellos tienen su recompensa que es el lloro y el crujir de dientes. (Mateo 24:51).

No hagas como ellos y comiences a maltratar y a golpear a los demás siervos en lo que nuestro Señor llega y seas sorprendido cuando menos lo esperes: *"Mas si aquel siervo dijere en su corazón: Mi señor tarda en venir; y comenzare a golpear a los criados y a las criadas, y a comer y beber y embriagarse, vendrá el señor de aquel siervo en día que éste no espera, y a la hora que no sabe, y le castigará duramente, y le pondrá con los infieles. Aquel siervo que conociendo la voluntad de su señor, no se preparó, ni hizo conforme a su voluntad, recibirá muchos azotes. Mas el que sin conocerla hizo cosas dignas de azotes, será azotado poco; porque a todo aquel a quien se haya dado mucho, mucho se le demandará; y al que mucho se le haya confiado, más se le pedirá."* (Lucas 12:45-48).

«Y pierdas la corona de la vida»: *"Bienaventurado el varón que soporta la tentación; porque cuando haya resistido la prueba, recibirá la corona de vida, que Dios ha prometido a los que le aman."* (Santiago 1:12).

«PERDONA, OLVIDA Y AMA. PON TU CONFIANZA
EN EL CONSUMADOR DE LA VIDA» (Hebreos 12:2).

En el único que no falla, porque el fallar no está en su naturaleza, «El único que no engaña, El único que no odia, El único que no te dejará»: *"Aunque mi padre y mi madre me dejaran, Con todo, Jehová me recogerá."* (Salmo 27:10).

Porque «*EL ES FIEL Y VERDADERO*» y acampará a tú alrededor por toda la eternidad.

¡Mi hermano, mi hermana! Hombre del mundo. Deposita tu confianza en El único que sabe el principio y el fin, porque Él es el principio y el fin, espera en Él porque lo que esperan en Él se les renuevan las fuerzas como de águila, como de búfalo y Él es Fiel y sus promesas están en él: «¡SÍ! y en él ¡AMÉN!»

¡En El Nombre De Jesús Siempre! Y ¡Amén!

Noviembre 2, 2012

=11=

El Espíritu De Jehová El Señor Está Sobre Mí

"El Espíritu de Jehová el Señor está sobre mí, porque me ungió Jehová; me ha enviado a predicar buenas nuevas a los abatidos, a vendar a los quebrantados de corazón, a publicar libertad a los cautivos, y a los presos apertura de la cárcel; a proclamar el año de la buena voluntad de Jehová, y el día de venganza del Dios nuestro; a consolar a todos los enlutados; a ordenar que a los afligidos de Sion se les dé gloria en lugar de ceniza, óleo de gozo en lugar de luto, manto de alegría en lugar del espíritu angustiado; y serán llamados árboles de justicia, plantío de Jehová, para gloria suya. Reedificarán las ruinas antiguas, y levantarán los asolamientos primeros, y restaurarán las ciudades arruinadas, los escombros de muchas generaciones. Y extranjeros apacentarán vuestras ovejas, y los extraños serán vuestros labradores y vuestros viñadores. Y vosotros seréis llamados sacerdotes de Jehová, ministros de nuestro Dios seréis llamados; comeréis las riquezas de las naciones, y con su gloria seréis sublimes. En lugar de vuestra doble confusión y de vuestra deshonra, os alabarán en sus heredades; por lo cual en sus tierras poseerán doble honra, y tendrán perpetuo gozo. Porque yo Jehová soy amante del derecho, aborrecedor del latrocinio para holocausto; por tanto, afirmaré en verdad su obra, y haré con ellos pacto perpetuo. Y la descendencia de ellos será conocida entre las naciones, y sus renuevos en medio de los pueblos; todos los que los vieren, reconocerán que son linaje bendito de Jehová. En gran manera me gozaré en Jehová, mi alma se alegrará en mi Dios; porque me vistió con vestiduras de salvación, me rodeó de manto de justicia, como a novio me atavió, y como a novia adornada con sus joyas. Porque como la tierra produce su renuevo, y como el huerto hace brotar su semilla, así Jehová el Señor hará brotar justicia y alabanza delante de todas

las naciones. Saldrá una vara del tronco de Isaí, y un vástago retoñará de sus raíces. Y reposará sobre él el Espíritu de Jehová; espíritu de sabiduría y de inteligencia, espíritu de consejo y de poder, espíritu de conocimiento y de temor de Jehová. Y le hará entender diligente en el temor de Jehová. No juzgará según la vista de sus ojos, ni argüirá por lo que oigan sus oídos; sino que juzgará con justicia a los pobres, y argüirá con equidad por los mansos de la tierra; y herirá la tierra con la vara de su boca, y con el espíritu de sus labios matará al impío. Y será la justicia cinto de sus lomos, y la fidelidad ceñidor de su cintura. Vino a Nazaret, donde se había criado; y en el día de reposo entró en la sinagoga, conforme a su costumbre, y se levantó a leer. Y se le dio el libro del profeta Isaías; y habiendo abierto el libro, halló el lugar donde estaba escrito: El Espíritu del Señor está sobre mí, Por cuanto me ha ungido para dar buenas nuevas a los pobres; Me ha enviado a sanar a los quebrantados de corazón; A pregonar libertad a los cautivos, Y vista a los ciegos; A poner en libertad a los oprimidos; A predicar el año agradable del Señor. Los ciegos ven, los cojos andan, los leprosos son limpiados, los sordos oyen, los muertos son resucitados, y a los pobres es anunciado el evangelio; Y respondiendo Jesús, les dijo: Id, haced saber a Juan lo que habéis visto y oído: los ciegos ven, los cojos andan, los leprosos son limpiados, los sordos oyen, los muertos son resucitados, y a los pobres es anunciado el evangelio; Y yendo, predicad, diciendo: El reino de los cielos se ha acercado. Sanad enfermos, limpiad leprosos, resucitad muertos, echad fuera demonios; de gracia recibisteis, dad de gracia. El que ama a padre o madre más que a mí, no es digno de mí; el que ama a hijo o hija más que a mí, no es digno de mí; y el que no toma su cruz y sigue en pos de mí, no es digno de mí. El que halla su vida, la perderá; y el que pierde su vida por causa de mí, la hallará." (Isaías 61:1-11, 11:1-5, Lucas 4:16-19, Mateo 11:5, Lucas 7:22, Mateo 10:7-8, 37-39).

En estos tiempos tan difíciles que vivimos sería difícil y hasta contraproducente hablar y/o llevar buenas noticias. Pero no para nosotros los hijos de un «¡DIOS VIVO!» Porque no solamente son «Buenas sino que son *Buenas Nuevas»* Porque ya lo malo y viejo paso:

> *"He aquí que yo hago cosa nueva; pronto saldrá a luz; ¿no la conoceréis? Otra vez abriré camino en el desierto, y ríos en la soledad."* (Isaías 43:19).

Y el hombre de Dios tiene: «*EL ESPÍRITU SANTO*», El Espíritu del mismo Dios, por lo cual nuestro Espíritu es diferente, así como lo fue en Caleb y Josué: "*Y Josué hijo de Nun y Caleb hijo de Jefone, que eran de los que habían reconocido la tierra, rompieron sus vestidos, y hablaron a toda la congregación de los hijos de Israel, diciendo: La tierra por donde pasamos para reconocerla, es tierra en gran manera buena. Si Jehová se agradare de nosotros, él nos llevará a esta tierra, y nos la entregará; tierra que fluye leche y miel. Por tanto, no seáis rebeldes contra Jehová, ni temáis al pueblo de esta tierra; porque nosotros los comeremos como pan; su amparo se ha apartado de ellos, y con nosotros está Jehová; no los temáis.*" (Números 14:6-9).

Mientras el pueblo no creyó el informe de dos, sino que creyó al informe de diez:

"*Y les contaron, diciendo: Nosotros llegamos a la tierra a la cual nos enviaste, la que ciertamente fluye leche y miel; y este es el fruto de ella. Mas el pueblo que habita aquella tierra es fuerte, y las ciudades muy grandes y fortificadas; y también vimos allí a los hijos de Anac. Mas los varones que subieron con él, dijeron: No podremos subir contra aquel pueblo, porque es más fuerte que nosotros. Y hablaron mal entre los hijos de Israel, de la tierra que habían reconocido, diciendo: La tierra por donde pasamos para reconocerla, es tierra que traga a sus moradores; y todo el pueblo que vimos en medio de ella son hombres de grande estatura. También vimos allí gigantes, hijos de Anac, raza de los gigantes, y éramos nosotros, a nuestro parecer, como langostas; y así les parecíamos a ellos.*" (Números 13:27-28, 31-33).

Cayendo un espíritu de afligimiento sobre todo el pueblo en solo días, mientras estos dos traían «*Las Buenas Nuevas*» al pueblo, estos deciden ignorarlos y creen en lo que decían aquellos que no tenían el espíritu de Dios y su »*Fe*« se desvaneció y eso le costó la muerte a los espías malvados y al resto del pueblo 40 años divagando en el aquél desierto: "*Y los varones que Moisés envió a reconocer la tierra, y que al volver habían hecho murmurar contra él a toda la congregación, desacreditando aquel país, aquellos varones que habían hablado mal de la tierra, murieron de plaga delante de Jehová. Entonces Jehová dijo: Yo lo he perdonado conforme a tu dicho. Mas tan ciertamente como vivo yo, y mi gloria llena toda la tierra, todos los que vieron mi gloria y mis señales que he hecho en Egipto y en el desierto, y me han tentado ya diez veces, y no han oído mi voz, no verán la tierra de la cual juré a sus padres; no, ninguno de los que me han irritado la verá."* (Números 14:36-37, 20-23).

«Y A DIOS NO LE AGRADÓ, NI LE AGRADA AÚN, SIENDO UN DIOS FIEL Y SIN SOMBRA DE VARIEDAD» (Santiago 1:17).

»Que dudemos de Él y de lo que ya él prometió desde antes de la fundación del mundo y sí hermano eres un escogido para llevar las buenas nuevas a aquellos que están abatidos, sin fe, sin esperanza y sin Dios, aunque tu situación no sea la mejor, ya sea en;

> *TUS FINANZAS*
> *TU HOGAR*
> *TU FAMILIA*
> *TUS HIJOS«*

Vivimos por «FE y de FE»:
"sin fe es imposible agradar a Dios" (Hebreos 11:6).

Y recuerda que Dios te llamó, te convocó con un *«Propósito Santo»* El de llevar su: *"Palabra"* a aquellos que aún no saben ni pueden leer porque están a oscuras están bajo las densas tinieblas y su capitán »Satanás«.

No te apegues a tus situaciones y/o circunstancias, porque, así como a los «Doce Discípulos, el Señor nos: *capacitó, nos equipó con su Espíritu y nos dio potestad de hollar serpientes y escorpiones»*. (Lucas 10:19).

Y nos envió a reprender toda obra infructuosa de las tinieblas. (Efesios 5:11).

Nos dio un espíritu de; «AMOR, DE DOMINIO PROPIO, DE PODER» y no de cobardía. (2Timoteo 1:7).

Nos dio un espíritu diferente: *"Su Santo Espíritu."*

No te dejes confundir por los que vez o vives, porque: *"Dios creó lo que se ve de lo que no se veía, Dios te llama a llamar las cosas que no son, como si fuesen"* (Hebreos 11:3, Romanos 4:17).

«Dios te manda a tener FE»:

> *"Es, pues, la fe es la certeza de lo que se espera, la convicción de lo que no se ve."*
> (Hebreos 11:1).

»Siendo la certeza«:

«*EL CONOCIMIENTO SEGURO Y CLARO DE ALGUNA COSA, SIN TEMOR DE ERRAR*».

"Por eso en Él estamos seguro" (Salmo 91)

Nadie dijo que sería fácil y más en estos tiempos que son los tiempos postreros, tiempos últimos, tiempos del cumplimiento, por eso nos convidó y nos escogió, porque el convidado puede seguir siendo convidado y no muestra compromiso alguno, pero el escogido, es escogido por el mismo Dios, para una misión desempeñar: «*predicar a tiempo y a fuera de tiempo, para que sean añadidos los que han de ser salvos*». (2Timoteo 4:2, Hechos 2:47).

Por eso te digo, nadie dijo que sería fácil, pero sé que *"Él"* ya venció a este mundo y Él estará con nosotros hasta el fin del mismo. (Juan 16:33, Mateo 28:20).

Y nuestra misión es: «llevar su *"PALABRA"* es llevar *LAS BUENAS NUEVAS*».

Así que no te fijes tanto en lo que está delante de tus ojos. (1Samuel 16:7).

Porque antes que pidamos, Él que es conocedor no de algunas, sino de todas las cosas, El mismo Dios suplirá tus necesidades, tu misión es: «*Buscar El REINO DE LOS CIELOS y SU JUSTICIA*» y las demás cosas serán añadidas. (Mateo 6:33).

"porque el reino de Dios no es comida ni bebida, sino justicia, paz y gozo en el Espíritu Santo." (Romanos 14:17).

Y El mismo Dios en su tiempo suplirá tus necesidades y hará realidad todos tus sueños, anhelos y deseos más profundos que sólo «*Él y tú conocen*». Porque Él honra a los que le honran, más a los altivos y los que se resisten son mirados de lejos:

"Por tanto, Jehová el Dios de Israel dice: Yo había dicho que tu casa y la casa de tu padre andarían delante de mí perpetuamente; mas ahora ha dicho Jehová: Nunca yo tal haga, porque yo honraré a los que me honran, y los que me desprecian serán tenidos en poco. Porque Jehová es excelso, y atiende al humilde, Mas al altivo mira de lejos. Pero él

da mayor gracia. Por esto dice: Dios resiste a los soberbios, y da gracia a los humildes." (1Samuel 2:30, Salmo 138:6, Santiago 4:6).

Sé que muchos hermanos y me incluyo yo mismo, estamos pasando por momentos muy difíciles, pero seremos y somos probados como el oro. (1Pedro 1:7).

Y sé porque lose, que los que hemos comenzado tan abajo este año, «EL PODEROSO DIOS» llegará en el momento preciso, porque el Señor es experto apareciendo en medio de las tormentas: *"Pero en seguida Jesús les habló, diciendo: !!Tened ánimo; yo soy, no temáis!* «Y así como saco a Pedro de las aguas, así nos sacará a nosotros, Pedro se hundió porque quitó la mirada del *CRISTO DE LA GLORIA*»: *"Pero al ver el fuerte viento, tuvo miedo; y comenzando a hundirse, dio voces, diciendo: !!Señor, sálvame! Al momento Jesús, extendiendo la mano, asió de él, y le dijo: !!Hombre de poca fe! ¿Por qué dudaste?"* (Mateo 14:27, 30-31).

«Y eso nos pasa a todos, no es con fuerza humana, es con su *SANTO ESPÍRITU*». (Zacarías 4:6).

Porque somos; «débiles, flacos y pecadores» pero Él es;

«FUERTE,
PODEROSO y
SANTO».

Pero no importa mi hermano, mi hermana por lo que estés pasando, lloremos juntos:

"Gozaos con los que se gozan; llorad con los que lloran." (Romanos 12:15).

Pero tenemos una misión que llevar acabo, porque sólo somos extranjeros y peregrinos en esta tierra. (1Pedro 2:11).

Y nuestra recompensa no viene de hombres, ni de la tierra, porque la obra en Dios no es en vano. (1Corintios 15:58).

Y Dios no es injusto para olvidar lo que hacemos por su Reino. (Hebreos 6:10).

Y aunque es una obligación adquirida porque Él dio a su único hijo por nosotros, el cual pagó y llevó sobre él en la cruz del Calvario todas nuestras transgresiones, pecados, enfermedades, carencias y cárceles. (Juan 3:16, Isaías 53:4, Colosenses 2:14).

Así como el recibió de gracia, así dio de gracia, porque el pagó a precio de sangre tú libertad y la mía, seamos pues imitadores del «CRISTO» el justo que fue dado por los injustos. (1Pedro 3:18).

«NO TE DISTRAIGAS MI HERMANO EN LAS COSAS DE ESTE MUNDO, DESPOJÉMONOS DE TODO PESO» (Lucas 21:34, Hebreos 12:1).

»Ya les dije que sólo somos peregrinos y extranjeros en esta tierra, pero tenemos una misión que llevar acabo dar de gracia lo que de gracia hemos recibido«. (Mateo 10:8).

«Déjate usar varón y mujer de Dios, el mismo Dios fue quién te capacitó y te envía a libertar los cautivos del alma y de las cárceles». (Isaías 61:1).

Así como otro mensajero, otro enviado te libertó a ti, este es el tiempo de predicar «La Palabra» a tiempo y a fuera de tiempo, de enseñarle al mundo quienes somos, somos: "LA FAMILIA DE DIOS" un "DIOS GALADORNADOR", el cual nos dará recompensas eternas y en aquel día nos dirá; «PASA ADELANTE BUEN SIERVO FIEL», siempre que tu mayordomía haya pasado el grado.

«SOMOS PROBADOS PARA SER APROBADOS»

Recuerda que eres una nueva criatura y que las cosas viejas ya pasaron, ahora eres un «EMBAJADOR» del Reino de Dios, aquí en la tierra. No importa que tu familia o amigos te rechacen, predica y siembra y Dios es quién los juzgará por rechazarte y no a ti, sino a Él y a «Su Palabra» o esa semilla germinará y dará frutos en su tiempo, Cristo es quién;

«SANA
SALVA
LIBERTA».

Porque en aquel día nadie podrá alegar ignorancia, porque hay muchos que esperan por esa Palabra tú Palabra, esa Palabra de Dios, esa Palabra que tú Dios, mi Dios depositó en ti, en mí, en nosotros. Llevemos la Palabra a los más necesitados, porque esta es más que necesidades materiales, físicas son necesidades espirituales y en ti y en mí está: «*El Espíritu de Dios*». Él y las palabras son espíritus y éstas son y dan vida, porque el Espíritu vivifica:

> *"predica a tiempo y a fuera de tiempo, exhorta, sanad enfermos, limpiad leprosos, resucitad muertos, echad fuera demonios; de gracia recibiste, dad de gracia.*

¡Mi hermano, mi hermana, Pastor, Evangelista, Ministro, Iglesia! Todo hombre de Dios, espero que estas «*Palabras*» vivifiquen aquello que está y/o estaba muerto en ti, en mí, en nosotros, que no saquen de toda dejadez, de todo letargo, de toda congoja, de todo coma espiritual, porque:

> *"El Espíritu de Dios te ha ungido, está sobre ti, para que abras sus ojos, para que se conviertan de las tinieblas a la luz, y de la potestad de Satanás a Dios; para que reciban, por la fe que es en mí, perdón de pecados y herencia entre los santificados. Y en ningún otro hay salvación; porque no hay otro nombre bajo el cielo, dado a los hombres, en que podamos ser salvos."* (Isaías 61:1extc, Hechos 26:18, 4:12).

Te Bendigo con toda Bendición de lo Alto y esperando que ¡nunca! te dejes de cobijar bajo la Sombra Del Altísimo.

¡En El Nombre De Jesús Siempre! Y ¡Amén!

Abril 13, 2012

=12=

Regocíjate oh Estéril, La Que No Daba A Luz "a la Iglesia"

"Regocíjate, oh estéril, la que no daba a luz; levanta canción y da voces de júbilo, la que nunca estuvo de parto; porque más son los hijos de la desamparada que los de la casada, ha dicho Jehová. Porque está escrito: Regocíjate, oh estéril, tú que no das a luz; Prorrumpe en júbilo y clama, tú que no tienes dolores de parto; Porque más son los hijos de la desolada, que de la que tiene marido. Pero a Ana daba una parte escogida; porque amaba a Ana, aunque Jehová no le había concedido tener hijos. Y su rival la irritaba, enojándola y entristeciéndola, porque Jehová no le había concedido tener hijos. Así hacía cada año; cuando subía a la casa de Jehová, la irritaba así; por lo cual Ana lloraba, y no comía. Y se levantó Ana después que hubo comido y bebido en Silo; y mientras el sacerdote Elí estaba sentado en una silla junto a un pilar del templo de Jehová, ella con amargura de alma oró a Jehová, y lloró abundantemente. E hizo voto, diciendo: Jehová de los ejércitos, si te dignares mirar a la aflicción de tu sierva, y te acordares de mí, y no te olvidares de tu sierva, sino que dieres a tu sierva un hijo varón, yo lo dedicaré a Jehová todos los días de su vida, y no pasará navaja sobre su cabeza. Elí respondió y dijo: Ve en paz, y el Dios de Israel te otorgue la petición que le has hecho. Y ella dijo: Halle tu sierva gracia delante de tus ojos. Y se fue la mujer por su camino, y comió, y no estuvo más triste." (Isaías 54:1, Gálatas 4:27, 1Samuel 1:5-7, 9-11, 17-18).

Llegó el tiempo de dar frutos al treinta, al sesenta y al ciento por uno:

"Y éstos son los que fueron sembrados en buena tierra: los que oyen la palabra y la reciben, y dan fruto a treinta, a sesenta, y a ciento por uno." «Porque por sus frutos lo conoceréis»: *"Así que, por sus frutos los conoceréis."* (Marcos 4:20, Mateo 7:20).

Llegó la hora de parir, de ser productivos, de dejar de calentar la banca espiritual y de decir:
«PADRE HEME AQUÍ, ENVIAME A MÍ».

"Después oí la voz del Señor, que decía: ¿A quién enviaré, y quién irá por nosotros?
Entonces respondí yo: Heme aquí, envíame a mí." (Isaías 6:8).

De dejar a un lado los compromisos personales y de comenzar a buscar el «REINO DE DIOS Y SU JUSTICIA PRIMERAMENTE»:

"Mas buscad primeramente el reino de Dios y su justicia, y todas estas cosas os serán añadidas." (Mateo 6:33).

De poner en uso los dones, los talentos a la orden de aquel que los depositó en ti y en mí, a la orden de aquel que nos llamó a ti y a mí. Absolutamente nadie se va a quedar estéril, pero es tiempo de dejar a un lado nuestro sistema pesante y tomar y tener la mente de «CRISTO»:

"Porque ¿quién conoció la mente del Señor? ¿Quién le instruirá? Mas nosotros tenemos la mente de Cristo." (1Corintios 2:16).

Y preguntarnos: «¿Qué "JESÚS EL MAESTRO" haría en ciertos momentos?».
Porque hay uno que todo lo ve y lo examina todo desde los cielos:

"Jehová está en su santo templo; Jehová tiene en el cielo su trono; Sus ojos ven, sus párpados examinan a los hijos de los hombres." (Salmo 11:4).

»Hay uno que pesa los corazones«:

> *"Todo camino del hombre es recto en su propia opinión;*
> *Pero Jehová pesa los corazones."* (Proverbios 21:2).

«Hay uno que conoce los deseos de tu corazón»:

> *"Te dé conforme al deseo de tu corazón, Y cumpla todo tu*
> *consejo."* (Salmo 20:4).

»Y Él los hará realidad en su tiempo, "no en el tuyo"«:

> *"Porque mis pensamientos no son vuestros pensamientos, ni*
> *vuestros caminos mis caminos, dijo Jehová. Como son más*
> *altos los cielos que la tierra, así son mis caminos más altos*
> *que vuestros caminos, y mis pensamientos más que vuestros*
> *pensamientos."*
> (Isaías 55:8-9).

Deléitate en Él y Él hará: *"Deléitate asimismo en Jehová, Y él te concederá las peticiones de tu corazón."* (Salmo 37:4).

«Pero no sólo es por Fe, también es por obras, porque la misma sería muerta»:

> *"Porque como el cuerpo sin espíritu está muerto, así también*
> *la fe sin obras está muerta."*
> (Santiago 2:26).

«DIOS QUIERE Y NECESITA UN PUEBLO QUE LE
DIGA ADIOS AL MUNDO Y SÍ A ÉL Y SÓLO A ÉL»

»Él es aquel que da vida, porque Él es la vida«:

> *"En él estaba la vida, y la vida era la luz de los hombres."*
> (Juan 1:4).

¡ALELUYA!!!

Tú que crees que todo acabó, tú que no puedes más, tú que crees que El Padre no escucha tu clamor, pues Él te dice: «*CLAMA A MÍ Y YO TE RESPONDERÉ*»:

"Clama a mí, y yo te responderé, y te enseñaré cosas grandes y ocultas que tú no conoces." (Jeremías 33:3).

«ÉL SÍ TE ESCUCHA Y ANHELA VERTE CADA DÍA POSTRADO EN Y A SUS PIES CAER»

Hay muchos que quieren hacer obras, pero sin «*LA GRACIA DE DIOS*» y las obras sin *"LA GRACIA DE DIOS"* son vanas, porque son obras a través del hombre, sin «DIOS». Obras que son sólo admirables delante de los ojos de los hombres, más no delante de Dios, porque no es por obra es por *"GRACIA"* y no por cualquier gracia sino por la *"GRACIA DE DIOS:"*
"Y Jehová respondió a Samuel: No mires a su parecer, ni a lo grande de su estatura, porque yo lo desecho; porque Jehová no mira lo que mira el hombre; pues el hombre mira lo que está delante de sus ojos, pero Jehová mira el corazón." (1Samuel 16:7).
En las personas a veces hay una muy buena intención, pero sin Dios. Por ejemplo, mi Amada Casa: «TSC» Fuimos en misión, luego del huracán Sandy. El Señor le ha dado a esta Iglesia una visión y una misión de ayudar al necesitado en éste tiempo de angustia. De llevar un equipo de hermanos a las distintas áreas afectadas aquí en New York: »Queens, Long Island, Rockaway, Far Rockaway, Howard Beach, Staten Island, entre otras áreas afectadas«. Para limpieza, llevar comida, vestido, calzado, pero ante todo *"EL AMOR DEL PADRE"* Pues salí con la Iglesia y un grupo de hermanos a unos de estos lugares: »Far Rockaway« a llevar ayuda a aquella comunidad, fuimos directamente a una Iglesia hermana, a llevar las provisiones y pude ver un grupo de personas repartiendo café y comida en general, ¡eso estaba muy bien! Pero faltaba algo allí: «*EL AMOR DE CRISTO*». Porque no les acercamos y hasta bebimos café mis hermanos y yo, pero cuando un hermano le preguntó: «¿a qué Iglesia pertenecían?» nos dijeron: »a ninguna que decidieron un grupo de amigos hacerlo por la necesidad«. Pero allí recaemos en la posición anterior:

«NO ESTABA JESÚS EN SU DECISIÓN»

Esa obra es de hombres a pesar de su muy buena intención, pero si Dios no está en la visión, la misma es vana, porque todos nos quedamos corto de la gracia de Dios: *"Si Jehová no edificare la casa, En vano trabajan los que la edifican; por cuanto todos pecaron, y están destituidos de la gloria de Dios,"* (Salmo 127:1extc, Romanos 3:23).

Y el que hace ciertas obras en su propio esfuerzo terminará cansado y frustrado, esta es la hora de decir: «*¡HEME AQUÍ!*» De reconocer que fuera de Dios nada podemos hacer:

> *"Yo soy la vid, vosotros los pámpanos; el que permanece en mí, y yo en él, éste lleva mucho fruto; porque separados de mí nada podéis hacer."* (Juan 15:5).

Que todo lo puedo en Él: *"Todo lo puedo en Cristo que me fortalece."* (Filipenses 4:13).

Y si Dios es con nosotros quien contra nosotros: *"¿Qué, pues, diremos a esto? Si Dios es por nosotros, ¿quién contra nosotros?"* (Romanos 8:31).

Pero tienes que creerlo, que eres hechura, hechura de Dios que ya estas obras han sido preparadas de ante mano: *"Porque somos hechura suya, creados en Cristo Jesús para buenas obras, las cuales Dios preparó de antemano para que anduviésemos en ellas."* (Efesios 2:10).

Fueron las cosas que el mismo Dios diseño y preparó para aquellos que le aman, cosas que ojo no vio, ni oído oyó, ni ha subido al corazón del hombre: *"Antes bien, como está escrito: Cosas que ojo no vio, ni oído oyó, Ni han subido en corazón de hombre, Son las que Dios ha preparado para los que le aman."* (1Corintios 2:9).

Si eres vil y menospreciado, si eres rechazado, si no tienes honra, ni gloria, si eres una vergüenza, si no eres intelectual, si tú vida es un desastre: *"sino que lo necio del mundo escogió Dios, para avergonzar a los sabios; y lo débil del mundo escogió Dios, para avergonzar a lo fuerte; y lo vil del mundo y lo menospreciado escogió Dios, y lo que no es, para deshacer lo que es, a fin de que nadie se jacte en su presencia."* (1Corintios 1:27-29).

Prepárate porque Dios a ti te va a llamar: *"Entonces dije: !!Ay de mí! que soy muerto; porque siendo hombre inmundo de labios, y habitando en medio de pueblo que tiene labios inmundos, han visto mis ojos al Rey, Jehová de los ejércitos. Y voló hacia mí uno de los serafines, teniendo en su mano un carbón encendido, tomado del altar con unas tenazas; y tocando con él sobre mi boca, dijo: He aquí que esto tocó tus labios, y es quitada tu culpa,*

y limpio tu pecado. Después oí la voz del Señor, que decía: ¿A quién enviaré,
y quién irá por nosotros? Entonces respondí yo: Heme aquí, envíame a mí."
(Isaías 6:5-8).

«Porque a éstos ya Él los;

¡LOS PREDESTINÓ
LOS LLAMÓ Y
LOS GLORIFICÓ!»:
"Y a los que predestinó, a éstos también llamó; y a los que
llamó, a éstos también justificó; y a los que justificó, a éstos
también glorificó." (Romanos 8:30).

¡ALELUYAAA!!! ¡AL CORDERO INMOLADO DE DIOS!

A aquel que ¡vive! A aquel que es y en Él está nuestra salvación:

"Con todo, yo me alegraré en Jehová, Y me gozaré en el Dios
de mi salvación."
(Habacuc 3:18).

Ponte tu mejor traje que el Rey te llama: *"Dijo David: ¿Ha quedado*
alguno de la casa de Saúl, a quien haga yo misericordia por amor de Jonatán?
Y había un siervo de la casa de Saúl, que se llamaba Siba, al cual llamaron
para que viniese a David. Y el rey le dijo: ¿Eres tú Siba? Y él respondió: Tu
siervo. El rey le dijo: ¿No ha quedado nadie de la casa de Saúl, a quien haga
yo misericordia de Dios? Y Siba respondió al rey: Aún ha quedado un hijo
de Jonatán, lisiado de los pies. Entonces el rey le preguntó: ¿Dónde está? Y
Siba respondió al rey: He aquí, está en casa de Maquír hijo de Amiel, en
Lodebar. Entonces envió el rey David, y le trajo de la casa de Maquír hijo de
Amiel, de Lodebar. Y vino Mefi-boset, hijo de Jonatán hijo de Saúl, a David,
y se postró sobre su rostro e hizo reverencia. Y dijo David: Mefi-boset. Y él
respondió: He aquí tu siervo. Y le dijo David: No tengas temor, porque yo
a la verdad haré contigo misericordia por amor de Jonatán tu padre, y te
devolveré todas las tierras de Saúl tu padre; y tú comerás siempre a mi mesa.
Y él inclinándose, dijo: ¿Quién es tu siervo, para que mires a un perro muerto
como yo? Entonces el rey llamó a Siba siervo de Saúl, y le dijo: Todo lo que
fue de Saúl y de toda su casa, yo lo he dado al hijo de tu señor. Tú, pues, le

labrarás las tierras, tú con tus hijos y tus siervos, y almacenarás los frutos, para que el hijo de tu señor tenga pan para comer; pero Mefi-boset el hijo de tu señor comerá siempre a mi mesa. Y tenía Siba quince hijos y veinte siervos. Y respondió Siba al rey: Conforme a todo lo que ha mandado mi señor el rey a su siervo, así lo hará tu siervo. Mefi-boset, dijo el rey, comerá a mi mesa, como uno de los hijos del rey. Y tenía Mefi-boset un hijo pequeño, que se llamaba Micaía. Y toda la familia de la casa de Siba eran siervos de Mefi-boset. Y moraba Mefi-boset en Jerusalén, porque comía siempre a la mesa del rey; y estaba lisiado de ambos pies." (2Samuel 9:1-13).

Para que te sientes perpetuamente a su mesa, El mismo adereza mesa para ti delante de tus angustiadores:

> *"Aderezas mesa delante de mí en presencia de mis angustiadores; Unges mi cabeza con aceite; mi copa está rebosando." (Salmo 23:5).*

El maestro está aquí y te llama: *"El Maestro está aquí y te llama."* (Juan 11:28extc).

Allí en la desolación, en la tristeza, en la enfermedad, cuando ya no queda nada, cuando ya todo parece perdido, cuando ya todos se han ido:

> *"Entonces le dijo su mujer: ¿Aún retienes tu integridad? Maldice a Dios, y muérete." (Job 2:9).*

Allí llega «*EL MAESTRO, EL REY DE GLORIA*» y te dice: «no dudes o ¿Por qué dudaste? ¡Hombre de poca fe!»:

> *"Al momento Jesús, extendiendo la mano, asió de él, y le dijo: !!Hombre de poca fe! ¿Por qué dudaste?" (Mateo 14:31).*

Si yo tengo un plan perfecto para ti, un plan que te va hacer un bienaventurado:

> *"Bienaventurados los pobres en espíritu, porque de ellos es el reino de los cielos. Bienaventurados los que lloran, porque ellos recibirán consolación. Bienaventurados los mansos, porque ellos recibirán la tierra por heredad. Bienaventurados los que tienen hambre y sed de justicia, porque ellos serán saciados. Bienaventurados los misericordiosos, porque ellos alcanzarán misericordia. Bienaventurados los de limpio corazón, porque ellos verán*

a Dios. *Bienaventurados los pacificadores, porque ellos serán llamados hijos de Dios. Bienaventurados los que padecen persecución por causa de la justicia, porque de ellos es el reino de los cielos. Bienaventurados sois cuando por mi causa os vituperen y os persigan, y digan toda clase de mal contra vosotros, mintiendo. Bienaventurado el hombre que teme a Jehová, Y en sus mandamientos se deleita en gran manera. Bienaventurado el varón que no anduvo en consejo de malos, Ni estuvo en camino de pecadores, Ni en silla de escarnecedores se ha sentado;"*
(Mateo 5: 3-11, Salmos 112:1, 1:1).

Un plan que no falla, porque *«YO SOY EL QUE SOY»*.

"Y respondió Dios a Moisés: YO SOY EL QUE SOY. Y dijo: Así dirás a los hijos de Israel: YO SOY me envió a vosotros." (Éxodo 3:14).

Porque *"YO SOY"* conocedor de todas las cosas y *"YO SOY"* él que te engendró hoy, te puse nombre, mío eres tú: *"Ahora, así dice Jehová, Creador tuyo, oh Jacob, y Formador tuyo, oh Israel: No temas, porque yo te redimí; te puse nombre, mío eres tú."* (Isaías 43:1).

Y no te desampararé y no serás más un mendigo: *"Sean vuestras costumbres sin avaricia, contentos con lo que tenéis ahora; porque él dijo: No te desampararé, ni te dejaré; Joven fui, y he envejecido, Y no he visto justo desamparado, Ni su descendencia que mendigue pan."*
(Hebreos 13:5, Salmo 37:25).

Porque nacionalidad tienes: *"Así que ya no sois extranjeros ni advenedizos, sino conciudadanos de los santos, y miembros de la familia de Dios,"* (Efesios 2:19).

Has sido adoptado, has sido engendrado y Padre tienes, por eso puedes venir confiadamente ante *«EL TRONO DE LA GRACIA»*:

"Acerquémonos, pues, confiadamente al trono de la gracia, para alcanzar misericordia y hallar gracia para el oportuno socorro. Así que, hermanos, teniendo libertad para entrar en el Lugar Santísimo por la sangre de Jesucristo," (Hebreos 4:16, 10:19).

Y decir:
«ABBA PADRE»:

"Pues no habéis recibido el espíritu de esclavitud para estar otra vez en temor, sino que habéis recibido el espíritu de adopción, por el cual clamamos: !!Abba, Padre!" (Romanos 8:15)

¡ALELUYA!!!

Somos peregrinos y extranjeros: *"Amados, yo os ruego como a extranjeros y peregrinos, que os abstengáis de los deseos carnales que batallan contra el alma,"* (1Pedro 2:11).

Pero tenemos una obra que desarrollar, porque no tenemos un espíritu de cobardía, sino de amor, poder y dominio propio: *"Porque no nos ha dado Dios espíritu de cobardía, sino de poder, de amor y de dominio propio."* (2Timoteo 1:7).

Y «*LA PALABRA*» que ha sido dada a sus hijos es poder de Dios:

"Porque no me avergüenzo del evangelio, porque es poder de Dios para salvación a todo aquel que cree; al judío primeramente, y también al griego." (Romanos 1:16).

Tenemos una obra que realizar, que desarrollar, porque para los cobardes no hay cabida en «*EL REINO DE LOS CIELOS*»:

"Pero los cobardes e incrédulos, los abominables y homicidas, los fornicarios y hechiceros, los idólatras y todos los mentirosos tendrán su parte en el lago que arde con fuego y azufre, que es la muerte segunda." (Apocalipsis 21:8).

No vivamos de y en más condenación, porque eso es lo que quiere el adversario:

"Ahora, pues, ninguna condenación hay para los que están en Cristo Jesús, los que no andan conforme a la carne, sino conforme al Espíritu." (Romanos 8:1).

No Dios, porque a paz nos llamó «EL SEÑOR»:

"sino que a paz nos llamó Dios." (1Corintios 7:15extc).

119

Humillémonos bajo su mano poderosa y Él hará: *"Humillaos, pues, bajo la poderosa mano de Dios, para que él os exalte cuando fuere tiempo;"* (1Pedro 5:6).

«Él sólo quiere disponibilidad, pero ya llegó la hora y la hora es de separar trigo y cizaña»:

> *"Dejad crecer juntamente lo uno y lo otro hasta la siega; y al tiempo de la siega yo diré a los segadores: Recoged primero la cizaña, y atadla en manojos para quemarla; pero recoged el trigo en mi granero."* (Mateo 13:30).

»De separar ovejas y cabritos«: *"y serán reunidas delante de él todas las naciones; y apartará los unos de los otros, como aparta el pastor las ovejas de los cabritos. Y pondrá las ovejas a su derecha, y los cabritos a su izquierda. Entonces el Rey dirá a los de su derecha: Venid, benditos de mi Padre, heredad el reino preparado para vosotros desde la fundación del mundo."* (Mateo 25:32-34).

Porque no todo el que diga *"SEÑOR, SEÑOR"*, entrará en «EL REINO DE LOS CIELOS»:

> *"No todo el que me dice: Señor, Señor, entrará en el reino de los cielos, sino el que hace la voluntad de mi Padre que está en los cielos."* (Mateo 7:21).

Porque hay muchos llamados, pocos escogidos y aun los escogidos serán engañados:

> *"Porque muchos son llamados, y pocos escogidos. Porque se levantarán falsos Cristos, y falsos profetas, y harán grandes señales y prodigios, de tal manera que engañarán, si fuere posible, aun a los escogidos."* (Mateo 22:14, 24:24).

Cree y afírmate en el Dios de tu «SALVACIÓN» y Él te va ayudar, porque Él es tu ayudador:

> *"Porque yo Jehová soy tu Dios, quien te sostiene de tu mano derecha, y te dice: No temas, yo te ayudo."* (Habacuc 3:18, Isaías 41:13).

Y aunque parece que te abandonó por un instante te recogerá con grandes misericordias:

"Por un breve momento te abandoné, pero te recogeré con grandes misericordias."
(Isaías 54:7).

Porque *«EL ES PODEROSO»* para salvar, para arrancar, para destruir, y cortar toda obra de maldad: *"Mira que te he puesto en este día sobre naciones y sobre reinos, para arrancar y para destruir, para arruinar y para derribar, para edificar y para plantar."* (Jeremías 1:10).

Llegó el tiempo de ser productivos, porque cuando la mujer está en dolor de parto y da a luz, luego de tanto dolor, pero ve el fruto, que trajo un hombre al mundo, olvida tal momento:

"La mujer cuando da a luz, tiene dolor, porque ha llegado su hora; pero después que ha dado a luz un niño, ya no se acuerda de la angustia, por el gozo de que haya nacido un hombre en el mundo. También vosotros ahora tenéis tristeza; pero os volveré a ver, y se gozará vuestro corazón, y nadie os quitará vuestro gozo." (Juan 16:21-22).

»NO SEAS ESCAZA Y ALARGA TUS CUERDAS Y REFUERZA TUS ESTACAS« (Isaías 54:2).

Que seremos juzgado por nuestra buenas y malas obras: *"Porque es necesario que todos nosotros comparezcamos ante el tribunal de Cristo, para que cada uno reciba según lo que haya hecho mientras estaba en el cuerpo, sea bueno o sea malo."* (2Corintios 5:10).

Y aunque abogados tenemos que es Cristo Jesús: *"Hijitos míos, estas cosas os escribo para que no pequéis; y si alguno hubiere pecado, abogado tenemos para con el Padre, a Jesucristo el justo."* (1Juan 2:1).

Pero vamos a compadecer ante el Tribunal Celestial en aquel día: *"Y vi un gran trono blanco y al que estaba sentado en él, de delante del cual huyeron la tierra y el cielo, y ningún lugar se encontró para ellos. Y vi a los muertos, grandes y pequeños, de pie ante Dios; y los libros fueron abiertos, y otro libro fue abierto, el cual es el libro de la vida; y fueron juzgados los muertos por las cosas que estaban escritas en los libros, según sus obras. Y el mar entregó los muertos que había en él; y la muerte y el Hades entregaron los muertos que había en ellos; y fueron juzgados cada uno según sus obras. Y la muerte y el Hades fueron lanzados al lago de fuego. Esta es la muerte segunda. Y el que no se halló inscrito en el libro de la vida fue lanzado al lago de fuego."* (Apocalipsis 20:11-15).

Unos para vida eterna y otros para vergüenza perpetua: *"Y muchos de los que duermen en el polvo de la tierra serán despertados, unos para vida eterna, y otros para vergüenza y confusión perpetua."* (Daniel 12:2).

Levántate tú que duermes y te alumbrará Cristo:

"Por lo cual dice: Despiértate, tú que duermes, Y levántate de los muertos, Y te alumbrará Cristo." (Efesios 5:14).

Somos la sal que prevalece, la luz de este mundo: *"Vosotros sois la sal de la tierra; pero si la sal se desvaneciere, ¿con qué será salada? No sirve más para nada, sino para ser echada fuera y hollada por los hombres. Vosotros sois la luz del mundo; una ciudad asentada sobre un monte no se puede esconder."* (Mateo 5:13-14).

Y la hora es donde Dios busca verdaderos adoradores que adoren en «ESPÍRITU Y VERDAD»: *"Mas la hora viene, y ahora es, cuando los verdaderos adoradores adorarán al Padre en espíritu y en verdad; porque también el Padre tales adoradores busca que le adoren. Dios es Espíritu; y los que le adoran, en espíritu y en verdad es necesario que adoren."* (Juan 4:23-24).

Al igual que servidores que produzcan frutos, al treinta, al sesenta y al ciento por uno.
(Marcos 4:20).

Y así como Ana celebró en gozo y espero en paz la victoria que El Señor le dio en aquel día:

"Y Ana oró y dijo: Mi corazón se regocija en Jehová, Mi poder se exalta en Jehová; Mi boca se ensanchó sobre mis enemigos, Por cuanto me alegré en tu salvación. No hay santo como Jehová; Porque no hay ninguno fuera de ti, Y no hay refugio como el Dios nuestro. No multipliquéis palabras de grandeza y altanería; Cesen las palabras arrogantes de vuestra boca; Porque el Dios de todo saber es Jehová, Y a él toca el pesar las acciones. Los arcos de los fuertes fueron quebrados, Y los débiles se ciñeron de poder. Los saciados se alquilaron por pan, Y los hambrientos dejaron de tener hambre; Hasta la estéril ha dado a luz siete, Y la que tenía muchos hijos languidece. Jehová mata, y él da vida; El hace descender al Seol, y hace subir. Jehová empobrece, y él enriquece; Abate, y enaltece. El levanta del polvo al pobre,

Y del muladar exalta al menesteroso, Para hacerle sentarse con príncipes y heredar un sitio de honor. Porque de Jehová son las columnas de la tierra, Y él afirmó sobre ellas el mundo. El guarda los pies de sus santos, Mas los impíos perecen en tinieblas; Porque nadie será fuerte por su propia fuerza. Delante de Jehová serán quebrantados sus adversarios, Y sobre ellos tronará desde los cielos; Jehová juzgará los confines de la tierra, Dará poder a su Rey, Y exaltará el poderío de su Ungido." (1Samuel 2:1-10).

Y así nos encontraremos con El Rey De Gloria en aquel día y nos dirá pasa buen siervo, en lo poco fuiste fiel en lo mucho te pondré y gózate en tu descanso eterno: *"Y su señor le dijo: Bien, buen siervo y fiel; sobre poco has sido fiel, sobre mucho te pondré; entra en el gozo de tu señor."* (Mateo 25:21).

A ti te hablo mi hermano, mi hermana, a ti que has perdido las esperanzas, que ya no ves la mano del Señor obrar a tu favor no te desanimes, que el que comenzó la buena obra la terminará.

Recuerda que nuestras riquezas son en gloria y tenemos un testimonio que mostrar ante el mundo, porque en ti y en mí *«ES QUE EL TODO PODEROSO»* se va a glorificar para que algunos que dudan convencerlos y a otros arrebatarlos del fuego mismo, regocíjate oh estéril porque este es el día que hizo Jehová.

Bendigo tu vida con toda Bendición y sigue siendo aquel siervo o sierva que predique este evangelio por todo el mundo y que siempre te cobijes bajos Sus Alas, Bajo La Sombra Del Altísimo.

"PORQUE EL QUE HABITA AL ABRIGO DEL ALTÍSIMO MORARÁ BAJO LA SOMBRA DE OMNIPOTENTE."

¡EN EL NOMBRE DE JESÚS SIEMPRE! Y ¡AMÉN!

Noviembre 28, 2012

=13=

Lavándole Los Pies A Tus Enemigos

"Antes de la fiesta de la pascua, sabiendo Jesús que su hora había llegado para que pasase de este mundo al Padre, como había amado a los suyos que estaban en el mundo, los amó hasta el fin. Y cuando cenaban, como el diablo ya había puesto en el corazón de Judas Iscariote, hijo de Simón, que le entregase, sabiendo Jesús que el Padre le había dado todas las cosas en las manos, y que había salido de Dios, y a Dios iba, se levantó de la cena, y se quitó su manto, y tomando una toalla, se la ciñó. Luego puso agua en un lebrillo, y comenzó a lavar los pies de los discípulos, y a enjugarlos con la toalla con que estaba ceñido. Jesús le dijo: El que está lavado, no necesita sino lavarse los pies, pues está todo limpio; y vosotros limpios estáis, aunque no todos. Porque sabía quién le iba a entregar; por eso dijo: No estáis limpios todos. Así que, después que les hubo lavado los pies, tomó su manto, volvió a la mesa, y les dijo: ¿Sabéis lo que os he hecho?" (Juan 13:1-5, 10-12).

Cuando amamos en el amor «*Agape*», amor del Padre. Siendo *"Agape:"* «Amor fraternal entre cristianos o caridad, concepto desarrollado o tal vez propio de hermanos».

Somos equipados para amar a nuestros enemigos y aún más allá, lavarle los pies siendo un acto de humildad y reconocimiento de los que somos siervos inútiles: *"Así también vosotros, cuando hayáis hecho todo lo que os ha sido ordenado, decid: Siervos inútiles somos, pues lo que debíamos hacer, hicimos."* (Lucas 17:10).

El olvidarnos de nosotros mismos y humillarnos es un acto de reconocer no sólo delante del Padre sino delante de otros que El Padre me equipó y removió todo orgullo, cuando dije: «¡SÍ!» En aquel día y/o Altar, despojándome del viejo y viciado hombre y adquiriendo y reconociendo que tengo y soy una nueva criatura, que las cosas viejas pasaron y que todas son hechas nuevas:

"A cualquiera, pues, que me confiese delante de los hombres, yo también le confesaré delante de mi Padre que está en los cielos. En cuanto a la pasada manera de vivir, despojaos del viejo hombre, que está viciado conforme a los deseos engañosos, De modo que si alguno está en Cristo, nueva criatura es; las cosas viejas pasaron; he aquí todas son hechas nuevas. Y el que estaba sentado en el trono dijo: He aquí, yo hago nuevas todas las cosas. Y me dijo: Escribe; porque estas palabras son fieles y verdaderas." (Mateo 10:32, Efesios 4:22, 2Corintios 5:17, Apocalipsis 21:5).

No solo incluyendo que todas las cosas son nuevas, por igual un nuevo nacimiento:

"Respondió Jesús y le dijo: De cierto, de cierto te digo, que el que no naciere de nuevo, no puede ver el reino de Dios." (Juan 3:3).

Y una nueva actitud, carácter y caracteres, porque El Dios del universo se hizo hombre y vino al mundo y se hizo siervo por nosotros sus hijos, la manzana de sus ojos, sus amigos:

"Y aquel Verbo fue hecho carne, y habitó entre nosotros (y vimos su gloria, gloria como del unigénito del Padre), lleno de gracia y de verdad. Porque no tenemos un sumo sacerdote que no pueda compadecerse de nuestras debilidades, sino uno que fue tentado en todo según nuestra semejanza, pero sin pecado. Guárdame como a la niña de tus ojos; Escóndeme bajo la sombra de tus alas, Nadie tiene mayor amor que este, que uno ponga su vida por sus amigos. Vosotros sois mis amigos, si hacéis lo que yo os mando. Ya no os llamaré siervos, porque el siervo no sabe lo que hace su señor; pero os he llamado amigos, porque todas las cosas que oí de mi Padre, os las he dado a conocer." (Juan 1:14, Hebreos 4:15, Salmo 17:8, Juan 15:13-15).

Y vino no sólo a morir por nosotros:

"Porque de tal manera amó Dios al mundo, que ha dado a su Hijo unigénito, para que todo aquel que en él cree, no se pierda, mas tenga vida eterna." (Juan 3:16).

Sino a enseñarnos y a darnos de su Carácter y de como Él pretende que vivamos:

"Sed imitadores de mí, así como yo de Cristo." (1Corintios 11:1).

En una sociedad podrida y perversa, que cada día persigue y busca sus propios designios y más que sus propios designios, los designios de uno que es el diablo, quien controla los aires.

> *"en los cuales anduvisteis en otro tiempo, siguiendo la corriente de este mundo, conforme al príncipe de la potestad del aire, el espíritu que ahora opera en los hijos de desobediencia, y el mundo entero está bajo el maligno."* (Efesios 2:2, 1Juan 5:19extc).

Y al cual le queda muy poco tiempo, por lo cual anda como león rugiente con mucha ira buscando a quien devorar. Porque él sabe que su tiempo es corto y hasta se disfraza de ángel de luz: *"en los cuales el dios de este siglo cegó el entendimiento de los incrédulos, para que no les resplandezca la luz del evangelio de la gloria de Cristo, el cual es la imagen de Dios. Por lo cual alegraos, cielos, y los que moráis en ellos. !!Ay de los moradores de la tierra y del mar! porque el diablo ha descendido a vosotros con gran ira, sabiendo que tiene poco tiempo. Sed sobrios, y velad; porque vuestro adversario el diablo, como león rugiente, anda alrededor buscando a quien devorar; Y no es maravilla, porque el mismo Satanás se disfraza como ángel de luz."* (2Corintios 4:4, Apocalipsis 12:12, 1Pedro 5:8, 2Corintios 11:14).

Pero nosotros los que andamos con «El Maestro», sabemos cuál es su destino final, porque ya a él lo vieron caer del cielo como un rayo: *"Y les dijo: Yo veía a Satanás caer del cielo como un rayo. Y el diablo que los engañaba fue lanzado en el lago de fuego y azufre, donde estaban la bestia y el falso profeta; y serán atormentados día y noche por los siglos de los siglos."* (Lucas 10:18, Apocalipsis 20:10).

Es tan triste en lo que se ha vuelto este «Bendito Evangelio», como los hermanos se pelean unos con otro, cuando Dios nos mandó y dejó como mandamiento a amarnos unos a otros:

> *"Un mandamiento nuevo os doy: Que os améis unos a otros; como yo os he amado, que también os améis unos a otros. Amados, amémonos unos a otros; porque el amor es de*

Dios. Todo aquel que ama, es nacido de Dios, y conoce a Dios." (Juan 13:34, 1Juan 4:7).

«Y POR OTRO LADO EL DIABLO RIÉNDOSE DE NOSOTROS»

Yo mismo he tenido ciertas diferencias con gente de Dios, hermanos que caminamos juntos, en alguna ocasión y en algún momento vi al hermano(a) desviándose de una manera u otra del Camino a seguir y hoy en día no me hablan, porque han decidido no lavarme los pies, cuando yo decidí lavarles los pies a ellos, han decidido ignorar este ejemplo de humillación y han preferido ignorarme y hasta culparme de haberles juzgado:

"Mas en la multitud de consejeros hay seguridad." (Proverbios 11:14extc).

¿Pero acaso no dijeron lo mismo de Moisés? El pueblo de Israel y no sólo el pueblo sino sus más cercanos como: «María: *"profetiza"* y Aarón: *"Sacerdote del Señor"*»:

"A este Moisés, a quien habían rechazado, diciendo: ¿Quién te ha puesto por gobernante y juez?, a éste lo envió Dios como gobernante y libertador por mano del ángel que se le apareció en la zarza. María y Aarón hablaron contra Moisés a causa de la mujer cusita que había tomado; porque él había tomado mujer cusita. Y dijeron: ¿Solamente por Moisés ha hablado Jehová? ¿No ha hablado también por nosotros? Y lo oyó Jehová." (Hechos 7:35, Números 12:1-2).

Que cuando Moisés recibía del Señor «*Los Mandamientos de La Ley "10 mandamientos"*» y otras instrucciones éstos estaban tan sometidos y sujetos a sus pecados que le pidieron Aarón *"Sacerdote"* que les hiciera un ídolo: *"Viendo el pueblo que Moisés tardaba en descender del monte, se acercaron entonces a Aarón, y le dijeron: Levántate, haznos dioses que vayan delante de nosotros; porque a este Moisés, el varón que nos sacó de la tierra de Egipto, no sabemos qué le haya acontecido. Y Aarón les dijo: Apartad los zarcillos de oro que están en las orejas de vuestras mujeres, de vuestros hijos y de vuestras hijas, y traédmelos. Entonces todo el pueblo apartó los zarcillos de oro que tenían en sus orejas, y los trajeron a Aarón; y él los tomó de las manos de ellos, y le dio forma con buril, e hizo de ello un becerro de fundición. Entonces dijeron: Israel, estos son tus dioses, que te sacaron de la tierra de Egipto. Y viendo esto Aarón, edificó un altar delante del becerro; y pregonó Aarón, y dijo: Mañana será fiesta para Jehová. Y al día siguiente madrugaron, y ofrecieron holocaustos, y presentaron ofrendas de paz; y se sentó el pueblo a comer y a beber, y se levantó a regocijarse. Entonces Jehová dijo a Moisés: Anda, desciende, porque tu pueblo que sacaste de la tierra de Egipto se ha corrompido. Pronto se han apartado del camino que yo les mandé; se han hecho un becerro de fundición, y lo han adorado, y le han ofrecido sacrificios, y han dicho: Israel, estos son tus dioses, que te sacaron de la tierra de Egipto."* (Éxodo 32:1-8).

«¡HERMANOS ES QUE CUANDO NO CONOCEMOS AL DIOS VIVO, AL CRISTO DE LA GLORIA, NUESTROS PECADOS Y NUESTRA SUCIEDAD NO NOS DEJAN ENTRAR EN SU SANTA PRESENCIA!»

Por eso éstos se aterraron de tan «*Santa Presencia*» y le dijeron a Moisés que fuera él por ellos delante de un Dios «*SANTO*»:

"Todo el pueblo observaba el estruendo y los relámpagos, y el sonido de la bocina, y el monte que humeaba; y viéndolo el pueblo, temblaron, y se pusieron de lejos. Y dijeron a Moisés: Habla tú con nosotros, y nosotros oiremos; pero no hable Dios con nosotros, para que no muramos. Y Moisés respondió al pueblo: No temáis; porque para probaros vino Dios, y para que su temor esté delante de vosotros, para que no pequéis. Entonces el pueblo estuvo a lo lejos, y Moisés se acercó a la oscuridad en la cual estaba Dios." (Éxodo 20:18-21).

Este Aarón que creó un ídolo para que el pueblo le adorase, este mismo le dice a Moisés de: «¿Quién era él?». Un hombre que sólo lavaba los pies de todo el pueblo, un pueblo rebelde y de dura cerviz: *"Aconteció que al tercer día, cuando vino la mañana, vinieron truenos y relámpagos, y espesa nube sobre el monte, y sonido de bocina muy fuerte; y se estremeció todo el pueblo que estaba en el campamento. Y Moisés sacó del campamento al pueblo para recibir a Dios; y se detuvieron al pie del monte. Todo el monte Sinaí humeaba, porque Jehová había descendido sobre él en fuego; y el humo subía como el humo de un horno, y todo el monte se estremecía en gran manera.*

El sonido de la bocina iba aumentando en extremo; Moisés hablaba, y Dios le respondía con voz tronante. Y descendió Jehová sobre el monte Sinaí, sobre la cumbre del monte; y llamó Jehová a Moisés a la cumbre del monte, y Moisés subió. Y Jehová dijo a Moisés: Desciende, ordena al pueblo que no traspase los límites para ver a Jehová, porque caerá multitud de ellos. Y también que se santifiquen los sacerdotes que se acercan a Jehová, para que Jehová no haga en ellos estrago. Moisés dijo a Jehová: El pueblo no podrá subir al monte Sinaí, porque tú nos has mandado diciendo: Señala límites al monte, y santifícalo. Y Jehová le dijo: Ve, desciende, y subirás tú, y Aarón contigo; mas los sacerdotes y el pueblo no traspasen el límite para subir a Jehová, no sea que haga en ellos estrago. Entonces Moisés descendió y se lo dijo al pueblo." (Éxodo 19:16-25).

Moisés sólo le lavaba los pies cuando intercedía por ellos, por ende, por el mismo Aarón y su hermana María, ésta también le acuso y olvidaron lavarle los pies a su hermano Moisés y Datán y Abirán éstos otros mientras este siervo representaba al *«TODO PODEROSO»* e intercedía por el pueblo de Dios, el pueblo de Israel, éstos estaban llenos exigencias y desobediencias ante El Señor.

Pero aun así El Señor mismo le dice: «que Él destruiría aquel pueblo rebelde y El mismo Dios le entregaría un nuevo pueblo»: *"Dijo más Jehová a Moisés: Yo he visto a este pueblo, que por cierto es pueblo de dura cerviz. Ahora, pues, déjame que se encienda mi ira en ellos, y los consuma; y de ti yo haré una nación grande."* (Éxodo 32:9-10).

Pero Moisés una vez más lava los pies a sus enemigos y le recuerda de su particular

«MISERICORDIA»:

"Entonces Moisés oró en presencia de Jehová su Dios, y dijo: Oh Jehová, ¿por qué se encenderá tu furor contra tu pueblo, que tú sacaste de la tierra de Egipto con gran poder y con mano fuerte? ¿Por qué han de hablar los egipcios, diciendo: Para mal los sacó, para matarlos en los montes, y para raerlos de sobre la faz de la tierra? Vuélvete del ardor de tu ira, y arrepiéntete de este mal contra tu pueblo. Y trató de destruirlos, De no haberse interpuesto Moisés su escogido delante de él, A fin de apartar su indignación para que no los destruyese." (Éxodo 32:11-12, Salmo 106:23).

Así El Señor Jesús pretende que Él que ha sido misericordioso para con nosotros, por igual lo seamos nosotros para con otros: *"Porque si perdonáis a los hombres sus ofensas, os perdonará también a vosotros vuestro Padre celestial; mas si no perdonáis a los hombres sus ofensas, tampoco vuestro Padre os perdonará vuestras ofensas."* (Mateo 6:14-15).

En especial con nuestros enemigos: *"Pero yo os digo: Amad a vuestros enemigos, bendecid a los que os maldicen, haced bien a los que os aborrecen, y orad por los que os ultrajan y os persiguen; No os venguéis vosotros mismos, amados míos, sino dejad lugar a la ira de Dios; porque escrito está: Mía es la venganza, yo pagaré, dice el Señor. Así que, si tu enemigo tuviere hambre, dale de comer; si tuviere sed, dale de beber; pues haciendo esto, ascuas de fuego amontonarás sobre su cabeza. No seas vencido de lo malo, sino vence con el bien el mal."*
(Mateo 5:44, Romanos 12:19-21).

Sé que suena y sonará difícil porque yo no escapo a esta realidad, pero sólo El Señor nos puede y nos llena de: «*SU MISERICORDIA, COMPASIÓN Y PERDÓN*» por y hacia aquellos que en algún momento o en alguna vez nos han hecho daño: *"Y Jesús decía: Padre, perdónalos, porque no saben lo que hacen. Y puesto de rodillas, clamó a gran voz: Señor, no les tomes en cuenta este pecado. Y habiendo dicho esto, durmió."* (Lucas 23:34extc, Hechos 7:60).

Cuando yo llegué o mejor dicho El Señor me trajo a este Bendito Camino, «porque el que estaba perdido era yo no Él». Me dije: »aquí en La Familia de Dios todos son buenos, nadie me hará daño«. Una de mis primeras y grandes decepciones que tuve fue con mi primer pastor y Dios me dijo: «*HE PERMITIDO ÉSTO PARA QUE PONGAS NO UN POCO, SINO TODA TU CONFIANZA EN MÍ SOLAMENTE*».

"Así ha dicho Jehová: Maldito el varón que confía en el hombre, y pone carne por su brazo, y su corazón se aparta de Jehová." (Jeremías 17:5).

«No ha sido fácil mis hermanos, pero aun Jesús a sabiendas que iba ser traicionado y era la primera de las traiciones a su Ministerio, le lava los pies aun a su enemigo «Judas» (Juan 13:2-5).

Porque es allí donde El Cristo se glorifica y nos lleva hacer lo contrario a los deseos de la carne porque la carne como el pecado es y ésta en enemistad con Dios, por lo cual trae muerte»:

"Porque el deseo de la carne es contra el Espíritu, y el del Espíritu es contra la carne; y éstos se oponen entre sí, para que no hagáis lo que quisiereis. y los que viven según la carne no pueden agradar a Dios. Porque la paga del pecado es muerte, mas la dádiva de Dios es vida eterna en Cristo Jesús Señor nuestro." (Gálatas 5:17, Romanos 8:8, 6:23).

»Y no solamente esto, todos los discípulos lo dejan solo al momento de su captura«:

"Mas todo esto sucede, para que se cumplan las Escrituras de los profetas. Entonces todos los discípulos, dejándole, huyeron." (Mateo 26:56).

«Pedro lo niega tres veces»: *"Entonces él comenzó a maldecir, y a jurar: No conozco al hombre. Y en seguida cantó el gallo. Entonces Pedro se acordó de las palabras de Jesús, que le había dicho: Antes que cante el gallo, me negarás tres veces. Y saliendo fuera, lloró amargamente."* (Mateo 26:74-75).

»Y no sólo esto lo dejan solo en la cruz del Calvario, sólo estaban las mujeres con Él incluyendo su madre María y el discípulo amado Juan«: *"También había algunas mujeres mirando de lejos, entre las cuales estaban María Magdalena, María la madre de Jacobo el menor y de José, y Salomé, quienes, cuando él estaba en Galilea, le seguían y le servían; y otras muchas que habían subido con él a Jerusalén. Estaban junto a la cruz de Jesús su madre, y la hermana de su madre, María mujer de Cleofas, y María Magdalena. Cuando vio Jesús a su madre, y al discípulo a quien él amaba, que estaba presente, dijo a su madre: Mujer, he ahí tu hijo."* (Marcos 15:40, Juan 19:25-26).

«Y aún más los principales religiosos, el pueblo y los dos ladrones se burlan de Él a sabiendas que Él era Dios»: *"Entonces crucificaron con él a dos ladrones, uno a la derecha, y otro a la izquierda. Y los que pasaban le injuriaban, meneando la cabeza, y diciendo: Tú que derribas el templo, y en tres días lo reedificas, sálvate a ti mismo; si eres Hijo de Dios, desciende de la cruz. De esta manera también los principales sacerdotes, escarneciéndole con los escribas y los fariseos y los ancianos, decían: A otros salvó, a sí mismo no se puede salvar; si es el Rey de Israel, descienda ahora de la cruz, y creeremos en él. Confió en Dios; líbrele ahora si le quiere; porque ha dicho: Soy Hijo de Dios. Lo mismo le injuriaban también los ladrones que estaban crucificados* con él. *Cerca de la hora novena, Jesús clamó a gran voz, diciendo: Elí, Elí, ¿lama sabactani? Esto es: Dios mío, Dios mío, ¿por qué me has desamparado? Algunos de los que estaban allí decían, al oírlo: A Elías llama éste. Pero los otros decían: Deja, veamos si viene Elías a librarle."* (Mateo 27:38-44, 46-47, 49).

«Porque Jesús es Dios»:
> *"En el principio era el Verbo, y el Verbo era con Dios, y el Verbo era Dios." (Juan 1:1)*

»Pero con todo esto Él le dice al Padre«:
> *"perdónalos Padre que no saben lo que hacen."* (Lucas 23:34).

Por eso mi hermano, mi hermana sólo hay un Poder Celestial, El Poder de Dios que nos lleva y nos llevará a lavarle los pies a todos nuestros enemigos, porque el que quiera hacerse grande tiene que hacerse pequeño: *"Mas entre vosotros no será así, sino que el que quiera hacerse grande entre vosotros será vuestro servidor, y el que quiera ser el primero entre vosotros será vuestro siervo;"* (Mateo 20:26-27).

Bendigo tu vida mi hermano, mi hermana, si hay alguna raíz de amargura, de falta de perdón déjalo en la mano de aquel que todo lo ve, de aquel que todo lo sabe, de aquel que te dará descanso aunque estés cansado y agobiado, él te hará descansar en pastos de paz y libertad y ante todas las cosas te dará un corazón conforme al de Él, un corazón que no tendrá record de nada, porque ya no será ese corazón de piedra, sino un corazón de carne, donde el amor que no tiene record de nada habitará, porque:

«¡DIOS ES AMOR!»

Mayo 26, 2015

PROMESAS

"Porque cuando Dios hizo la promesa a Abraham, no pudiendo jurar por otro mayor, juró por sí mismo," (Hebreos 6:13)

=14=

Jehová Hace Diferencia Entre Los Egipcios Y Los Israelitas

"Pero contra todos los hijos de Israel, desde el hombre hasta la bestia, ni un perro moverá su lengua, para que sepáis que Jehová hace diferencia entre los egipcios y los israelitas." (Éxodo 11:7).

En estos últimos tiempos hemos ido viendo como la mano de Dios ha ido obrando en c/u de nosotros, sus hijos, Israel representando a tales y Egipto y Faraón representando al mundo y al príncipe de este tiempo, Satanás y las tinieblas. Ya el tiempo del cumplimiento se acerca en donde el mundo será estremecido y verán la mano de Jehová de los ejércitos moverse en esta sociedad podrida, dañada, corrompida y desequilibrada. Una sociedad donde cada día más se pierden los valores, una sociedad que va de mal en peor, una sociedad que engaña y es engañada, pero Dios hará una diferencia en sus hijitos y los del mundo:

"y seréis aborrecidos de todos por causa de mi nombre. Pero ni un cabello de vuestra cabeza perecerá. Cuando estas cosas comiencen a suceder, erguíos y levantad vuestra cabeza, porque vuestra redención está cerca." (Lucas 21:17-18, 28).

Pero Dios estremece este mundo: *"Porque la creación fue sujetada a vanidad, no por su propia voluntad, sino por causa del que la sujetó en esperanza; porque también la creación misma será libertada de la esclavitud de corrupción, a la libertad gloriosa de los hijos de Dios. Porque sabemos que toda la creación gime a una, y a una está con dolores de parto hasta ahora; y no sólo ella, sino que también nosotros mismos, que tenemos las primicias del Espíritu, nosotros también gemimos dentro de nosotros mismos, esperando la adopción, la redención de nuestro cuerpo."* (Romanos 8:20-23).

«DONDE NO QUEDARÁ PIEDRA SOBRE PIEDRA» (Mateo 24:2).

Donde los fundamentos serán removidos:

"Si fueren destruidos los fundamentos, ¿Qué ha de hacer el justo? Sobre los malos hará llover calamidades; Fuego, azufre y viento abrasador será la porción del cáliz de ellos." (Salmo 11:3, 6).

Y sólo aquellos que estén y/o estemos sobre: «*La Roca Firme Que Es Cristo Jesús*» podremos soportar el impacto de la mano de Dios: *"Porque tú eres mi roca y mi castillo; Por tu nombre me guiarás y me encaminarás."* (Salmo 31:3).

Ya «el mundo» se ha ido tras sus propios deseos, que son los deseos de la carne:

"y los que viven según la carne no pueden agradar a Dios." (Romanos 8:8).

El mundo y sus gobernantes, llamando: «a lo bueno malo y a lo malo bueno»:

"!!Ay de los que a lo malo dicen bueno, y a lo bueno malo; que hacen de la luz tinieblas, y de las tinieblas luz; que ponen lo amargo por dulce, y lo dulce por amargo!" (Isaías 5:20).

Como en los días de Noé: *"Mas como en los días de Noé, así será la venida del Hijo del Hombre. Porque como en los días antes del diluvio estaban comiendo y bebiendo, casándose y dando en casamiento, hasta el día en que*

Noé entró en el arca, y no entendieron hasta que vino el diluvio y se los llevó a todos, así será también la venida del Hijo del Hombre." (Mateo 24:37-39).

Como en los días de Sodoma y Gomorra: *"como Sodoma y Gomorra y las ciudades vecinas, las cuales de la misma manera que aquéllos, habiendo fornicado e ido en pos de vicios contra naturaleza, fueron puestas por ejemplo, sufriendo el castigo del fuego eterno."* (Judas 1:7).

Los gobernantes, los que están en poder, los que están en autoridad, los reyes y los príncipes, los que promulgan leyes, sólo piensan en sus propios intereses: *"ni pensáis que nos conviene que un hombre muera por el pueblo, y no que toda la nación perezca."* (Juan 11:50).

Aunque el sacerdote Caifás aquí profetizaba, pero en su humanidad sólo buscaba sus intereses y el de la nación.

Así como en aquellos días el pecado ya había subido hasta el trono de Dios y tenemos un Dios Vivo y este se levanta y dice: «ya el pecado ha subido demasiado alto»: *"Entonces Jehová le dijo: Por cuanto el clamor contra Sodoma y Gomorra se aumenta más y más, y el pecado de ellos se ha agravado en extremo, descenderé ahora, y veré si han consumado su obra según el clamor que ha venido hasta mí; y si no, lo sabré."* (Génesis 18:20-21).

Yo mismo doy «Testimonio» que la inmoralidad está por todas partes en esta nación, en ésta ciudad «New York». Ésta ha roto todos los esquemas he tenido que presenciar personas teniendo sexo delante de mí, como animales irracionales y así morirá el hombre como un animal irracional: *"Pero éstos, hablando mal de cosas que no entienden, como animales irracionales, nacidos para presa y destrucción, perecerán en su propia perdición,"* (2Pedro 2:12).

En más de una ocasión ¡sí así como lo oye hermano! En un parque donde suelo ir a correr y jovencitas y jovencitos exhibiendo por igual su homosexualidad: *"¿No sabéis que los injustos no heredarán el reino de Dios? No erréis; ni los fornicarios, ni los idólatras, ni los adúlteros, ni los afeminados, ni los que se echan con varones,"* (1Corintios 6:9).

En el mismo parque donde corro, en los trenes, en todas partes, tanto así que un día terminaba yo de correr mi primera vuelta y me detuve a descansar como siempre hago, en el puerto y veo una pareja conversando y de repente estos dos descarados comienzan a tener sexo delante de mí, apenas «6' pies de distancia» Me quede frisado y me dije: «Pero*"PADRE AMADO" ¿Qué es esto que me muestras?»*. Ni siquiera cuando era un pecador a tiempo completo vi cosas similares y los confronte y la muchacha me dijo: »el diablo« ¡Tú estás viendo porque te gusta ver!« Y le dije: «No miro porque me gusta ver, miro la ofensa que hay hoy en día hacia Dios y los valores morales» y la muy descarada me dijo: »En la Biblia dice que un hombre y una mujer pueden tener sexo«. Le dije: «Eso se llama fornicación, por la cual viene la condenación». Y me dijo: »nosotros estábamos aquí primero, así que vete por donde mismo viniste«.

Hermanos me quede frisado y decidí irme y le pregunte de nuevo al Padre: «¿Por qué me muestra esto?».

Y ha seguido sucediendo y recordé un libro profético, de un hombre muy de Dios: «Pastor David Wilkerson, llamado: "La Visión"» Donde entre los puntos que trataba proféticamente hablaba de un descalabre social que se avecinaba. Este libro fue una Visión de Dios al Siervo del año 1974, Dios le daba una visión de lo que se aproximaba para esta nación y las naciones del mundo, para los últimos tiempos, entre ellos: »el sexo sería una libertad de expresión, que la gente tendría sexo en cualquier lugar« Ya creo que llegaron esos tiempos, tiempos proféticos, últimos tiempos.

«¡PERO COMO NO VA SER ESTO, SI NUESTROS GOBERNANTES GOBIERNAN COMO SAÚL!»

Sin importarles lo que diga y piense el mismo Dios. Estos están haciendo las obras infructuosas de las tinieblas, cuando el mismo Dios las manda a reprender:

> *"Y no participéis en las obras infructuosas de las tinieblas,*
> *sino más bien reprendedlas;"*
> (Efesios 5:11).

Faraón anda buscando el voto de aquellos que aún andan en esclavitud, de aquellos que están lejos y me iría más allá, de algunos hermanos en Cristo que se han conformado a éste tiempo, cuando el Padre dice en su palabra: «que no nos conformemos a éste tiempo y a éste fundamento»:

> *"No os conforméis a este siglo, sino transformaos por*
> *medio de la renovación de vuestro entendimiento, para que*
> *comprobéis cuál sea la buena voluntad de Dios, agradable*
> *y perfecta."* (Romanos 12:2).

Que es el fundamento del Faraón y los egipcios, yéndose tras la vanagloria de este mundo, tras los gobernantes, dejando a un lado el orden y el amor de aquel que los llamó, dejando el amor de aquel que murió en la Cruz, éstos sólo buscan sus propios intereses, pero así dice Dios:

"Jehová respondió a Moisés: Ahora verás lo que yo haré a Faraón; porque con mano fuerte los dejará ir, y con mano fuerte los echará de su tierra." (Éxodo 6:1).

Vienen tiempos difíciles, estos parecen ser tiempos de: «PAZ Y SEGURIDAD».

"que cuando digan: Paz y seguridad, entonces vendrá sobre ellos destrucción repentina, como los dolores a la mujer encinta, y no escaparán. Mas vosotros, hermanos, no estáis en tinieblas, para que aquel día os sorprenda como ladrón." (1Tesalonicenses 5:3-4).

Pero tempestad viene, en donde no quedará piedra sobre piedra como lo profetizó El Cristo de La Gloria. (Mateo 24:2).

Y cada día es y sería más importante depender de Él, porque sólo así cuando llegue la tempestad y si estamos dentro de la barca, podremos resistir cualquier euroclidón, las embestidas de todo lo que se levante:

"Y se levantaba el mar con un gran viento que soplaba. Cuando habían remado como veinticinco o treinta estadios, vieron a Jesús que andaba sobre el mar y se acercaba a la barca; y tuvieron miedo. Mas él les dijo: Yo soy; no temáis." (Juan 6:18-20).
"No temas, porque yo estoy contigo; no desmayes, porque yo soy tu Dios que te esfuerzo; siempre te ayudaré, siempre te sustentaré con la diestra de mi justicia." (Isaías 41:10).

Y si hay alguno fuera, en su gran misericordia y como el día de mortandad en Egipto el podrá ver y descodificar su sangre, esa sangre preciosa que está dentro de ti y de mí:

"Porque Jehová pasará hiriendo a los egipcios; y cuando vea la sangre en el dintel y en los dos postes, pasará Jehová aquella puerta, y no dejará entrar al heridor en vuestras casas para herir. Y los hijos de Israel fueron e hicieron puntualmente así, como Jehová había mandado a Moisés y a Aarón." (Éxodo 12:23, 28).

Porque destrucción se aproxima:

"Porque cercano está el día de Jehová sobre todas las naciones; como tú hiciste se hará contigo; tu recompensa volverá sobre tu cabeza." (Abdías 1:15).

Y sí habrá diferencia en los hijos del pacto y aquellos que están fuera de: «LA GRACIA DE DIOS»:

"Y aconteció que a la media noche Jehová hirió a todo primogénito en la tierra de Egipto, desde el primogénito de Faraón que se sentaba sobre su trono hasta el primogénito del cautivo que estaba en la cárcel, y todo primogénito de los animales. Y se levantó aquella noche Faraón, él y todos sus siervos, y todos los egipcios; y hubo un gran clamor en Egipto, porque no había casa donde no hubiese un muerto." (Éxodo 12:29-30).

Porque ese día sabrán que hay Dios y la tierra y sus grandes edificaciones serán impactadas:

"Entonces habrá señales en el sol, en la luna y en las estrellas, y en la tierra angustia de las gentes, confundidas a causa del bramido del mar y de las olas; desfalleciendo los hombres por el temor y la expectación de las cosas que sobrevendrán en la tierra; porque las potencias de los cielos serán conmovidas. Porque estos son días de retribución, para que se cumplan todas las cosas que están escritas." (Lucas 21:25-26, 22).

Y el hombre buscará la muerte y ésta huirá de él y ya no habrá más oportunidad:

"Y en aquellos días los hombres buscarán la muerte, pero no la hallarán; y ansiarán morir, pero la muerte huirá de

ellos. Mirad también por vosotros mismos, que vuestros
corazones no se carguen de glotonería y embriaguez y de los
afanes de esta vida, y venga de repente sobre vosotros aquel
día." (Apocalipsis 9:6, Lucas 21:34).

«A ti mi hermano te hablo en esta hora. Todas estas pruebas que estamos
pasando son necesarias, porque estamos siendo probados»: *"En lo cual
vosotros os alegráis, aunque ahora por un poco de tiempo, si es necesario,
tengáis que ser afligidos en diversas pruebas, para que sometida a prueba
vuestra fe, mucho más preciosa que el oro, el cual aunque perecedero se
prueba con fuego, sea hallada en alabanza, gloria y honra cuando sea
manifestado Jesucristo,"* (1Pedro 1:6-7).

»A ti hombre del mundo«, El Santo de Israel te llama a renunciar al
mundo y los deseos de la carne, porque Dios es enemigo del mundo: *"!!Oh
almas adúlteras! ¿No sabéis que la amistad del mundo es enemistad contra
Dios? Cualquiera, pues, que quiera ser amigo del mundo, se constituye
enemigo de Dios."* (Santiago 4:4).

Aquellas pequeñas cosas que le hayas dado mayor valor: «*tus posesiones,
tu familia "y no tengo nada en contra de la familia, sino que tu verdadera
familia es una familia celestial"* y no somos de esta tierra, sólo somos
peregrinos y extranjeros y nuestro tiempo aquí es pasajero».

*"Amados, yo os ruego como a extranjeros y peregrinos, que
os abstengáis de los deseos carnales que batallan contra el
alma,"* (1Pedro 2:11).

«DESPIERTA QUE ES DIOS QUIÉN TE LLAMA Y HABLA, AÚN HAY TIEMPO DE OBTENER Y GUARDAR TAN GRANDE SALVACIÓN»

*"Por tanto, amados míos, como siempre habéis obedecido,
no como en mi presencia solamente, sino mucho más ahora
en mi ausencia, ocupaos en vuestra salvación con temor y
temblor,"* (Filipenses 2:12).

Mi hermano, mi hermana, hombre del mundo, Bendigo tu vida en esta
hora y todos los días, y esperando tú que estas Bajo La Sombra Del Altísimo,

¡nunca! Te apartes y tú que aún no te cobijas Bajo El Omnipotente lo comiences hacer porque:

«EL QUE HABITA AL ABRIGO DEL ALTÍSIMO MORARÁ BAJO LA SOMBRA DEL OMNIPOTENTE». (Salmo 91:1).

¡En El Nombre De Jesús Siempre! Y Amén!

Junio 7, 2012

=15=

De Cierto Te Bendeciré

"diciendo: De cierto te bendeciré con abundancia y te multiplicaré grandemente. Porque Dios no es injusto para olvidar vuestra obra y el trabajo de amor que habéis mostrado hacia su nombre, habiendo servido a los santos y sirviéndoles aún. Dios no es hombre, para que mienta, Ni hijo de hombre para que se arrepienta. El dijo, ¿y no hará? Habló, ¿y no lo ejecutará? He aquí, he recibido orden de bendecir; El dio bendición, y no podré revocarla. Además, el que es la Gloria de Israel no mentirá, ni se arrepentirá, porque no es hombre para que se arrepienta. Clama a mí, y yo te responderé, y te enseñaré cosas grandes y ocultas que tú no conoces. Antes bien, como está escrito: Cosas que ojo no vio, ni oído oyó, Ni han subido en corazón de hombre, Son las que Dios ha preparado para los que le aman. Y sabemos que a los que aman a Dios, todas las cosas les ayudan a bien, esto es, a los que conforme a su propósito son llamados." (Hebreos 6:14, 10, Números 23:19-20, 1Samuel 15:29, Jeremías 33:3, 1Corintios 2:9, Romanos 8:28).

De cierto Dios es un Dios de promesas, pactos, proyectos, planes, propósitos. Es un Dios que su *¡Sí es Sí!* Y su *¡No es No!* Aunque es un Dios de amor, misericordia y complacencia, porque después que dijimos: «¡Sí!» en aquel «Altar», pasamos de muerte a vida: *"De cierto, de cierto os digo: El que oye mi palabra, y cree al que me envió tiene vida eterna; y no vendrá condenación, mas ha pasado de muerte a vida. aun estando nosotros muertos en pecados, nos dio vida juntamente con Cristo, (por gracia sois salvos),"* (Juan 5:24, Efesios 2:5).

Estando sin: «Padre, Sin Patria, Sin Pacto, Sin Amor, Sin Identidad, obtuvimos: »*UN PADRE, obtuvimos LA NACIONALIDAD DEL ISRAEL ESPIRITUAL, LA NUEVA JERUSALÉN, entramos en el mismo pacto: el de ser hijos legítimos*«. Fuimos amados y nuestra identidad fue dada por igual que un mejor pacto, a través del Cristo De La Gloria». (Efesios 2:12).

Es por eso que sus Bendiciones son reales, tangibles, aunque Él sea «El Invisible», Dios, Dios de pactos es y sí él te conoció desde antes de nacer y te puso nombre. (Jeremías 1:5).

Seamos pues como los hombres de la »Fe« que creyendo y oyendo atentamente la «*VOZ DE JEHOVÁ SU, TU, MI DIOS*». (Deuteronomio 28:1).

Ejecutaron lo que ya El Padre había determinado para sus vidas y aun Abel ya muerto sus ofrendas y su amor dan testimonio de él. (Hebreos 11:4).

Así mismo hermanos El Padre tiene «Promesas de Bendición» para nuestras vidas, porque Dios no es un Dios de doble ánimo, ni ambivalente, *¡Su SÍ es SÍ!* y su *¡NO es NO!*

Un Padre le da a su hijo primero el amor de Padre y lo corrige: *"No menosprecies, hijo mío, el castigo de Jehová, Ni te fatigues de su corrección; Porque Jehová al que ama castiga como el padre al hijo que quiere."* (Proverbios 3:11-12).

Y luego suple sus necesidades: *"¿Qué padre de vosotros, si su hijo le pide pan, le dará una piedra? ¿o si pescado, en lugar de pescado, le dará una serpiente? ¿O si le pide un huevo, le dará un escorpión? Pues si vosotros, siendo malos, sabéis dar buenas dádivas a vuestros hijos, ¿cuánto más vuestro Padre celestial dará el Espíritu Santo a los que se lo pidan?"* (Lucas 11:11-13).

"Pidaos y se os dará" (Mateo 7:7extc).

Pero tenemos que aprender a pedir, a esperar: *"Pedís, pero no recibís, porque pedís mal, para gastar en vuestro deleites."* (Santiago 4:3).

Todo se desenvuelve en su: «*TIEMPO en su KAIROS*». Porque no es con nuestras fuerzas es con su Santo Espíritu. (Zacarías 4:6).

Tenemos que aprender a reconocer y respetar, cuando a Dios Padre le presentamos algo y Él lo rechaza, porque Él sabe las cosas que nos convienen o aquellas que no nos convienen, porque Él, Es Soberano, Dios se complace en los mansos y humildes, por eso resiste a los soberbios y exalta a los humildes. (Santiago 4:6).

Entramos en «El Pacto por ende en su Voluntad»:

"Venga tu Reino. Hágase tu voluntad, como en el cielo, así también en la tierra."
(Mateo 6:10).

Es por eso que a la vez debemos hacer su *"Voluntad"* no la nuestra, pues somos sus siervos y el siervo sirve «y estamos a sus servicios»:

"Como el Hijo del hombre, que no vino para ser servido, sino para servir y para dar su vida en rescate por todos."
(Mateo 20:28).

Pero Él que conoce todas nuestras necesidades, deseos, anhelos y sueños más profundos. Él que es un Dios de complacencia y Él conoce nuestras necesidades antes de pedirlas:

"No os hagáis, pues, semejantes a ellos, porque vuestro Padre sabe de qué cosas tenéis necesidad antes que vosotros le pidáis." (Mateo 6:8).

Así como probó la fidelidad de Abraham, pidiéndole en sacrificio a su único hijo Isaac, probándole y aprobándole y por esto proveyó el holocausto en aquel día y proveyendo Jehová el lugar fue llamado Jehová Jireh. (Génesis 22:2, 8, 14).

Dios es un Dios que se complace cuando le creemos y esperamos en Él, Él busca en nosotros un corazón, pero no ese músculo cardíaco, sino un corazón conforme al de Él y que por ende que le amenos y hagamos su *"Voluntad"* y no por los beneficios solamente, aunque en Él hay beneficios: *"Bendice, alma mía, a Jehová, Y no olvides ninguno de sus beneficios."* (Salmo 103:2).

«Y DE CIERTO QUE NOS BENDECIRÁ, PRIMERO BUSCANDO EL REINO Y SU JUSTICIA Y LAS DEMÁS COSAS SERÁN AÑADIDAS» (Mateo 6:33).

Sería un hipócrita y fariseo, si dijera que no espero, anhelo y/o deseo ver la bondad de Jehová en la tierra de los vivientes: *"Hubiera yo desmayado, si no creyera que ha de ver la bondad de Jehová, en la tierra de los vivientes."* (Salmo 27:13).

La tierra misma fue creada y entregada al hombre «Adán» para que este se enseñoreara de ella: *"Entonces dijo Dios: Hagamos al hombre a nuestra imagen, conforme a nuestra semejanza; y tenga potestad sobre los peces del mar, las aves de los cielos y las bestias, sobre toda la tierra y sobre todo animal que se arrastra sobre la tierra."* (Génesis 1:26).

En lo que no podemos caer es en idolatría de las cosas, ni en religiosidad. (Juan 8:34).

Llegamos a Dios por amor, no por necesidad, aunque si una y una sola; el de aceptarle como nuestro Dios, como único y verdadero Salvador. (Mateo 10:32).

Y Él nos reconoce como hijos legítimos, ya no como bastardos, ni sólo como creación:

> *"Pero si se os deja sin disciplina, de la cual todos han sido participantes, entonces sois bastardos, no hijos."* (Hebreos 12:8).

Por lo tanto tenemos derecho a sus riquezas, primero: «En Gloria y luego en lo Terrenal».

El Padre nos bendecirá cuando muchos aprendan a sólo depender de Él. Yo tuve, aprendí y sigo aprendiendo que lo único que necesito es al Padre.

> *"Pero luego que todas las cosas le estén sujetas, entonces también el Hijo mismo se sujetará al que le sujetó a él todas las cosas, para que Dios sea todo en todos. y luego todo vendrá por añadidura."* (1Corintios 15:28, Mateo 6:33).

Amados aprendamos a creerle al *«Dios Vivo, Al Inmutable, Al Eterno, Al Invisible»* y aunque los que nos rodean no entiendan, ni te entiendan, tú debes de decir yo tampoco entiendo, pero sí creo, obedezco y espero en mi Dios:

> *"Porque la palabra de la cruz es locura a los que se pierden; pero a los que se salvan, esto es, a nosotros, es poder de Dios. Pues está escrito: Destruiré la sabiduría de los sabios, Y desecharé el entendimiento de los entendidos. Pues ya que en la sabiduría de Dios, el mundo no conoció a Dios mediante la sabiduría, agradó a Dios salvar a los creyentes*

por la locura de la predicación. Pero el hombre natural no percibe las cosas que son del Espíritu de Dios, porque para él son locura, y no las puede entender, porque se han de discernir espiritualmente." (1Corintios 1:18-19, 21, 2:14).

¡LAS PROMESAS DE DIOS ESTÁN EN EL SÍ Y EN EL AMÉN! (2Corintios 1:20).

Si él dijo que lo hará *«Echo Está»* Aunque no se haya materializado en tu vida aún *¡CONFÍA!*

Así como a David, Él le entregó la victoria y la cabeza del gigante en sus manos antes de derribarlo y lanzarle *«LA ROCA FIRME que es CRISTO JESÚS»* y matarle. Mientras el "Gigante" fanfarroneaba por su tamaño, por sus conocimientos de batalla, por sus tácticas, por su espada, por su escudo, por su jabalina que era en lo cual este se apoyaba. (1Samuel 17:42-51).

Mientras David se apoyaba y vestía *«LA ARMADURA DE DIOS»*. (Efesios 6:10-11).

Y sólo escuchaba *«La Voz del Grande entre los Grandes, porque Él es El único Grande»*.

Me imagino al pequeño David, pero que tenía *«Al Grande»* de su parte, escuchando:

"hijo la venganza es mía yo pagaré" (Romanos 12:19).

Y así mismo mostrándole la siguiente escena, lo que aún no se había materializado en la tierra de los vivientes, pero sí en las *«Alturas Celestiales»* diciéndole: *«lo que es imposible para el hombre es posible para Dios»*. (Lucas 18:27).

Iglesia no te estanques, alégrate que ya Dios lo hizo, no sé cuáles son tus necesidades, tus deseos, tus anhelos, tus sueños, sé que sólo Él y tú los conocen. Pero Dios los suple, los cumple y los hace realidad, Él es Él que no deja en vergüenza a sus pequeñitos.

¿No tienes honra? Él te la dará, recuerda mi hermano, mi hermana que lo vil y lo menospreciado del mundo escogió Dios. (1Corintios 1:28).

Tú no eres una casualidad, eres una realidad, una necesidad, porque hay realidades que son espejismos del mundo, pero tú eres una realidad por los siglos de los siglos y éstas al servicio del dador de la vida. ¿Qué puedes pedirle, que él no te lo dará?

Pero recuerda Jesús es acción. Tenemos un corazón engañoso por demás, igual que los ojos, por eso aprende a escuchar atentamente la voz de Jehová tú Dios. (Deuteronomio 28:1).

Tienes dos piernas una es la «*Fe* y la otra es la *Determinación*». Hoy Dios ha determinado en tú vida, que por Fe caminarás y vivirás. Tu determinación en el mover de Dios es algo fundamental, para que Dios te bendiga o no, para que el Reino de Dios se establezca o no.

Eres un: «Embajador, un Mensajero del Reino de Dios», de ti depende como trabajes para la obra, como: »Caín o como Abel« (Génesis 4:3-7).

El Reino de Dios es: »*Excelencia, Perfección, Santidad*« porque Dios es; «*Excelente, Perfecto y Santo*».

Hermano aprende a caminar como «*El Cristo De La Gloria*», buscando siempre agradar al Padre y El Padre al igual que tuvo complacencia en su Hijo Jesús, así mismo la tendrá para contigo. (Mateo 3:17).

¡De Cierto Te Bendeciré! Dice El Señor, tu bendición tiene tu nombre, así como tus huellas digitales, como las llaves de tu casa, nadie puede sustraer lo que Dios ha preparado para ti:

> "*Antes bien, como está escrito: Cosas que ojo no vio, ni oído oyó, Ni han subido al corazón del hombre, son las que Dios ha preparado para los que le aman.*"
> (1Corintios 2:9).

«Créelo, llénate de esta "Palabra" que viene del Trono De La Gloria, no de hombres, no de emoción, sólo por y de revelación».

Las armas son espirituales, no canales, aprende a usarlas y la «V de Victoria» será el pan de cada día en tu vida. (Efesios 6:11-14).

«CRÉELE A DIOS Y VERAS SU MANO OBRAR A TÚ FAVOR TODOS LOS DÍAS DE TÚ VIDA. DIOS NO TE QUIERE VER MÁS EN ESE RINCÓN, ÉL TE LIBERTÓ, ROMPIÓ TUS CADENAS Y DESHIZO TUS ATADURAS» (Josué 7:10).

> "*Porque el Señor es el Espíritu; y donde está el Espíritu del Señor, allí hay libertad.*"
> (2Corintios 3:17).

Él te sacó del anonimato, con el propósito de exhibir su Gloria a través de ti:

> *"Porque en esperanza fuimos salvos; pero la esperanza que se ve, no es esperanza; porque lo que alguno ve, ¿a qué esperarlo? Fuimos hechos a su imagen y conforme a su semejanza."* (Romanos 8:24, Génesis 1:26).

Por lo tanto; Él es un «*Ser Extraordinario*, lo que nos hace ser seres extraordinarios» y todo hijo se parece a su Padre o todo hermano menor, se quiere parecer a su hermano mayor «*Jesús*».

Aprendamos de una vez por todas a reconocer que ya las cosas viejas pasaron, todas son hechas nuevas. (2Corintios 5:17).

Que tenemos una nueva identidad, que tenemos el "ADN" del Cristo De La Gloria, que ya llegó el tiempo de dejar de ser corderos y ser leones, porque los hijos de éste siglos son más sagaces que los hijos de la luz. (Lucas 16:8).

Hemos sido diseñados para estar en las alturas como las águilas, ocupando las posiciones más relevantes e importantes, aunque el diablo no quiera, El Padre te va a bendecir:

> *"Reprenderé también por vosotros al devorador, y no os destruirá el fruto de la tierra, ni vuestra vid en el campo será estéril, dice Jehová de los ejércitos."* (Isaías 40:31, Malaquías 3:11).

Él nos creó para servirle y nosotros con nuestros esfuerzos y no sólo económicos, sino expandiendo su Reino nos convertimos en inversionistas de la «*Obra*» y diría más que en lo económico, aunque esencial por igual, que sostengamos la misma.

¿Cómo expandimos el Reino?

«Predicando el evangelio por toda la tierra». (Marcos 16:15-16).

Iglesia preguntémonos hoy; ¿Qué estamos haciendo por El Reino de Dios y Su Obra?

¿Merecemos ser bendecidos? *"Por sus frutos los conoceréis"* (Mateo 7:16extc).

En ti está la respuesta, la detención y/o la llegada de «Tu Bendición»:

"Nuestra fe sin obras es muerta" (Santiago 2:17).

IGLESIA ESTO NO ES UN CANJE, RECUERDA:

Y amaras a Jehová tu Dios de todo corazón, y de toda tu alma, y con todas tus fuerzas.
Ocúpate del Reino de Dios y lo demás será añadido" (Deuteronomio 6:5, Mateo 6:33).

Y Dios no es injusto para olvidar vuestra obra y el trabajo de amor que habéis mostrado hacia su nombre, habiendo servido a los santos y sirviendo aún. (Hebreos 6:10).

Y Él que conoce nuestras necesidades antes de pedirlas. (Mateo 6:8).

Y me iría más allá Él mismo es quien ha puesto los sueños y anhelos en nuestros corazones y en nuestro ser, para que con: «Fe y esfuerzo los conquistemos y alcancemos».

Iglesia no desfallezca, somos hijos de un: «*Conquistador, de un Guerrero*» Él es Jehová de Los Ejércitos, lo que nos hace conquistadores, los que nos hace guerreros, así que en este y todos los días de tu vida Dios mismo se encargará de que nos pases desapercibido, como uno más, sin gloria, sin honra, como nadie, por la tierra de los vivientes: *"Traed todos los diezmos al alfolí y haya alimento en mi Casa: Probadme ahora en esto, dice Jehová de los ejércitos, a ver si no os abro las ventanas de los cielos y derramo sobre vosotros bendición hasta que sobreabunde. Todas las naciones os dirán bienaventurados, porque seréis tierra deseable, dice Jehová de los ejércitos."* (Malaquías 3:10, 12).

Él mismo te manda a que te esfuerces y seas valiente, a que te levantes y resplandezcas:

"Mira que te mando que te esfuerces y seas valiente; no temas ni desmayes, porque Jehová tu Dios estará contigo en dondequiera que vayas. A que te levantes, resplandezcas; porque ha venido tu luz, y la gloria de Jehová sobre ti." (Josué 1:9, Isaías 60:1).

¿Por qué?

Porque: *"El Espíritu de Jehová el Señor está sobre mí, porque me ungió Jehová; me ha enviado a predicar buenas nuevas a los abatidos, a vendar a los quebrantados de corazón, a publicar libertad a los cautivos, y a los presos apertura de la cárcel; a proclamar el año de la buena voluntad de Jehová, y el día de venganza del Dios nuestro; a consolar a todos los enlutados; Y vosotros seréis llamados sacerdotes de Jehová, ministros de nuestro Dios seréis llamados; comeréis las riquezas de las naciones, y con su gloria seréis sublimes. En lugar de vuestra doble confusión y de vuestra deshonra, os alabarán en sus heredades; por lo cual en sus tierras poseerán doble honra, y tendrán perpetuo gozo. Porque yo Jehová soy amante del derecho, aborrecedor del latrocinio para holocausto; por tanto, afirmaré en verdad su obra, y haré con ellos pacto perpetuo. Y la descendencia de ellos será conocida entre las naciones, y sus renuevos en medio de los pueblos; todos los que los vieren, reconocerán que son linaje bendito de Jehová."* (Isaías 61:1-2, 6-9).

Eres un Bienaventurado Del Señor:
¿Por qué?

Porque: *"Bienaventurado el varón que no anduvo en consejo de malos, Ni estuvo en camino de pecadores, Ni en silla de escarnecedores se ha sentado; Sino que en la ley de Jehová está su delicia, Y en su ley medita de día y de noche."* (Salmo 1:1-2).

«Hermano alaba a Jehová con tu alma y no olvides ninguno de sus beneficios».
¿Por qué?

Porque: *"Y oí una gran voz del cielo que decía: He aquí el tabernáculo de Dios con los hombres, y él morará con ellos; y ellos serán su pueblo, y Dios mismo estará con ellos como su Dios. Enjugará Dios toda lágrima de los ojos de ellos; y ya no habrá muerte, ni habrá más llanto, ni clamor, ni dolor; porque las primeras cosas pasaron. Y el que estaba sentado en el trono dijo: He aquí, yo hago nuevas todas las cosas. Y me dijo: Escribe; porque estas palabras son fieles y verdaderas. Y me dijo: Hecho está. Yo soy el Alfa y la Omega, el principio y el fin. Al que tuviere sed, yo le daré gratuitamente de la fuente del agua de la vida. El que venciere heredará todas las cosas, y yo seré su Dios, y él será mi hijo."* (Apocalipsis 21:3-7).

Te Bendigo ¡mi hermano! ¡mi hermana! Exhortándote a buscar al Dios Vivo y Su Reino cada día más y las demás cosas serán añadidas. Porque en Jehová sí hay beneficios, primero en Gloria y luego en lo terrenal, porque es allí donde Él se glorifica en aquellos que Él escogió, para deshacer lo que ya era. (1Corintios 1:26-29).

¡Te Bendigo con toda Bendición!

¡En El Nombre De Jesús Siempre! Y ¡Amén!

Junio 5, 2011

LO PROFÉTICO

"entendiendo primero esto, que ninguna profecía de la Escritura es de interpretación privada porque nunca la profecía fue traída por voluntad humana, sino que los santos hombres de Dios hablaron siendo inspirados por el Espíritu Santo." (2Pedro 1:20-21)

=16=

Un Sueño, Una Visión Y Una Orden Celestial
(República Dominicana–New York; 2010, 2012, 2015)

"Y en los postreros días, dice Dios, Derramaré de mi Espíritu sobre toda carne, Y vuestros hijos y vuestras hijas profetizarán; Vuestros jóvenes verán visiones, Y vuestros ancianos soñarán sueños;" (Hechos 2:17).

«JESÚS ES DIOS»

»Ministerios Ojos De Compasión | Eyes Of Compassion Ministries«

Dios les Bendiga mis amados hermanos.

Yo no me considero ser un profeta, sino un »Atalaya/Vigilante« que me dejo guiar por lo que dice El Espíritu Santo. «No pongo a Dios en una caja ni le pongo parámetros».

En ésta hora quiero compartirles algo y a la vez me dejaré guiar por el mismo Espíritu Santo y esperando que Él arroje más luz.

Les voy a compartir: «Un Sueño/2010, Una Visión/2012 Y Una Orden Celestial/2015»:

Actualmente me encuentro en mi país: »República Dominicana« por una temporada, pero vivo en la ciudad de New York, pero de ambas regiones te vengo hablar en ésta hora, el que tenga oído oiga lo que El Espíritu dice:

En el año 2010 estaba en República Dominicana, donde me encuentro actualmente, en ese año tengo un sueño donde el mar entraba a ésta nación, yo vivo en un edificio «1r Piso» Mi apto tiene ventanales corredizos, vi que el agua venía entrando por el parqueo y cuando el agua llegaba a la ventana abrí la misma y dije: *«Te detienes allí ¡En El Nombre De Jesús!»* (Job 38:11). Y el agua se detuvo justamente en la misma ventana. El agua debería llegar hasta el «3r piso» de altura y allí desperté.

Cinco años más tarde me encuentro en República Dominicana y el sábado pasado sentí mucha inquietud de estar y entrar en un tiempo de oración y *Koinonia* con Jesús, fuera de la casa, en un parque, al aire libre, «que las personas me vieran levantar manos santas al Dios Santo y alabar al Padre no me importaría. Porque mis hermanos es tiempo de llevar La Iglesia fuera de las cuatro paredes». Pero de repente se hizo muy tarde, pero seguía sintiendo esa necesidad de ir a orar y me fui a un parque donde solía correr cuando vivía aquí »El Mirador«.

Allí El Señor me dice: *«que interceda por esta nación*: "República Dominicana." Porque el mar podría entrar en cualquier momento, no sé de qué manera, quizás a través de un ciclón, maremoto o cómo y cuándo».

Sólo recordemos que El Señor Es Soberano "Sueño 2010." Y eso hice y sentí mucha paz, porque en «La Obediencia al Padre es que está La Verdadera Bendición y Victoria». Y adoré y alabé al Padre como hacía mucho no lo hacía y lloraba de gozo, y estuve allí creo que por dos horas y pareció poco.

Sabemos hermanos que esta nación necesita arrepentirse grandemente de todas sus idolatrías que son muchas y sabemos cuáles son.

»No estoy profetizando, sólo advirtiendo sobre lo que comente anteriormente«.

Sabemos que: »después de la *Calamidad*, viene *El Arrepentimiento y El Avivamiento*«. Porque esta nación al igual que toda nación y todo hombre a pecado y ha quedado destituido de *«La Gloria De Dios»*.

> *"Cada uno se había vuelto atrás; todos se habían corrompido; No hay quien haga lo bueno, no hay ni aun uno. por cuanto todos pecaron, y están destituidos de la gloria de Dios,"* (Salmo 53:3, Romanos 3:23).

Todos necesitamos Un Salvador al 100% *«¡Su Nombre Es Jesús!»*. No por momentos, ni por apariencias, debe haber un verdadero arrepentimiento. Además como nación, como parte de un mundo perverso y podrido donde vivimos seremos juzgados, porque *"El CRISTO"* fue crucificado porque Él expuso sus perversas obras:

"No puede el mundo aborreceros a vosotros; mas a mí me aborrece, porque yo testifico de él, que sus obras son malas."
(Juan 7:7).

No dejemos de orar por esta nación, veo un conflicto que cada día toma más fuerza, el conflicto con la vecina isla de Haití y aclaro: «no tengo nada personal contra esa nación y ninguna otra nación, al contrarío veo como el mismo Jesús miraba y aún ve a muchos»:

«CON OJOS DE COMPASIÓN»

Pero estamos en el cumplimiento profético de la Palabra misma:

"Y oiréis de guerras y rumores de guerras; mirad que no os turbéis, porque es necesario que todo esto acontezca; pero aún no es el fin." (Mateo 24:6).

No dejemos de orar por esta nación, «Las Naciones Del Mundo, Sus Gobernantes, Los Que Promulgan Leyes, Cámara Alta, Cámara Baja, Suprema Corte De Justicia, Presidentes Y Todo Aquel Que Está En Autoridad» y de una manera muy especial por *«La Paz De Israel, Un Mandato Del Señor»*:

"Pedid por la paz de Jerusalén; Sean prosperados los que te aman." (Salmo 122:6).

«QUE EL PADRE NOS AYUDE PORQUE VENDRÁN CAMBIOS REPENTINOS»

(«¡Profetizo!»):

"Y hablará palabras contra el Altísimo, y a los santos del Altísimo quebrantará, y pensará en cambiar los tiempos y la

ley; y serán entregados en su mano hasta tiempo, y tiempos, y medio tiempo." (Daniel 7:25).
«Resaltando de este versículo cambiar los tiempos y la ley».

«Ahora les voy hablar de La visión que tuve en el verano año 2012 en New York»:

Salía de la Biblioteca en New York "NYPL/179th ST" como a las 5:00 ó 6:00 pm y cuando esperaba para cruzar la calle de repente todo como se frisó, el tiempo se frisó y tuve una visión donde pude ver en fracciones de segundos como entraba el agua a New York, en la área de downtown específicamente y toda esa área quedaba inundada y destruida. Luego de esta visión paso un año y 3 meses y después vino: «La Tormenta Sandy, "yo mismo fui de misión" luego de este evento a Staten Island y otras áreas, pero fue en Staten Island que pude ver tanta idolatría que había en aquel lugar. Una Iglesia Católica antigua quedó arropada por el agua y pude ver como el agua llegaba hasta el segundo nivel en distintas casas, aún se veía la marca en las orillas del 2do piso, carros ahogados, mucha destrucción». Pero esa no era la tormenta y/o catástrofe que se avecina, en especial para la ciudad de New York "es algo peor:"

"Y bramará sobre él en aquel día como bramido del mar; entonces mirará hacia la tierra, y he aquí tinieblas de tribulación, y en sus cielos se oscurecerá la luz." (Isaías 5:30).

«PORQUE A ESTA NACIÓN *"USA"* Y A ESTA CIUDAD *"NY"* DIOS LE VA A DESTRUIR SU ORGULLO»

"Temed vosotros delante de la espada; Porque sobreviene el furor de la espada a causa de las injusticias, Para que sepáis que hay un juicio. Porque día de Jehová de los ejércitos vendrá sobre todo soberbio y altivo, sobre todo enaltecido, y será abatido; La altivez del hombre será abatida, y la soberbia de los hombres será humillada; y solo Jehová será exaltado en aquel día." (Job 19:29, Isaías 2:12, 17).

Y sólo, así como dije anteriormente, después de La Calamidad viene: «*El Arrepentimiento y sólo así Jesús va a convencer a muchos de sus pecados*».

Esta nación desde su líder máximo »Presidente Obama« Aquellas cosas que hacían en oculto, ya hoy en día la hacen a la luz del día, abiertamente, «llaman a lo malo bueno, a lo bueno malo y a la verdad mentira y la mentira verdad»: *"!!Ay de los que a lo malo dicen bueno, y a lo bueno malo; que hacen de la luz tinieblas, y de las tinieblas luz; que ponen lo amargo por dulce, y lo dulce por amargo!"* (Isaías 5:20).

Han aprobado todo tipo de ley que va en contra de un Dios de la moral, han exaltado a otros dioses.

«CUANDO DIOS SÓLO HAY UNO, JESÚS ES SU NOMBRE»

Han hecho del matrimonio una institución instaurada por el mismo Dios, una aberración, estos vienen en contra de todo lo que es Jesús.

Han tomado los «Símbolos Santos, Símbolos De Santidad» como: "El Arco Iris para profanarlos:"

"Y el aspecto del que estaba sentado era semejante a piedra de jaspe y de cornalina; y había alrededor del trono un arco iris, semejante en aspecto a la esmeralda. Vi descender del cielo a otro ángel fuerte, envuelto en una nube, con el arco iris sobre su cabeza; y su rostro era como el sol, y sus pies como columnas de fuego." (Apocalipsis 4:3, 10:1).

"!!Ay de los que dictan leyes injustas, y prescriben tiranía, No llaméis conspiración a todas las cosas que este pueblo llama conspiración; ni temáis lo que ellos temen, ni tengáis miedo. A Jehová de los ejércitos, a él santificad; sea él vuestro temor, y él sea vuestro miedo. Porque los gobernadores de este pueblo son engañadores, y sus gobernados se pierden. Por tanto, el Señor no tomará contentamiento en sus jóvenes, ni de sus huérfanos y viudas tendrá misericordia; porque todos son falsos y malignos, y toda boca habla despropósitos. Ni con todo esto ha cesado su furor, sino que todavía su mano está extendida. Porque la maldad se encendió como fuego, cardos y espinos devorará; y se encenderá en lo espeso del bosque, y serán alzados como remolinos de humo." (Isaías 10:1, 8:12-13, 9:16-18).

Así como los tomó también El Rey Belsasar en el tiempo de Daniel, al usar: «Los Vasos Santos» en aquél día y usarlos con sus magnates, mujeres, concubinas y prostitutas, para beber del vino que trae disolución (Isaías 5:22). Y apareció aquella mano escribiendo en la pared y la interpretación de parte de Daniel fue:

"Tu reinado ha sido cortado de ti en este mismo día." (Daniel 5:1-31).

(«¡Profetizo!»):
«Señor Presidente Barack Obama, la misma mano ya está escribiendo en la pared y esa es:
"LA MANO DE DIOS", YA HAY UNA SENTENCIA PARA USA».
"La sentencia es por decreto de los vigilantes," (Daniel 4:17extc).

Pero Jesús utiliza cada ocasión para Salvación, cientos, miles, millones «morirán», pero cientos, miles, millones se «Salvarán».

¡A DIOS SEA LA GLORIA!

Yo oro a diario por esta nación y esta ciudad, pero ya desde: «El Poder Ejecutivo, hasta los más bajos no muestran ni mostrarán Arrepentimiento» Porque los deseos de su padre "el diablo" quieren y van hacer:
"Pero el pueblo no se convirtió al que lo castigaba, ni buscó a Jehová de los ejércitos. y no se arrepintieron para darle gloria. y no se arrepintieron de sus obras. Vosotros sois de vuestro padre el diablo, y los deseos de vuestro padre queréis hacer. El ha sido homicida desde el principio, y no ha permanecido en la verdad, porque no hay verdad en él. Cuando habla mentira, de suyo habla; porque es mentiroso, y padre de mentira." (Isaías 9:13, Apocalipsis 16:9, 11extcs, Juan 8:44).

«QUE EL TODO PODEROSO PADRE, JESÚS Y EL ESPÍRITU SANTO NOS CUIDEN Y GUÍEN EN ESTOS TIEMPOS DE TANTA ANGUSTIA Y TAN DELICADOS QUE SE ACERCAN A LA TIERRA»

"Entonces les dijo: Se levantará nación contra nación, y reino contra reino; y habrá grandes terremotos, y en diferentes lugares hambres y pestilencias; y habrá terror y grandes señales del cielo. Entonces habrá señales en el sol, en la luna y en las estrellas, y en la tierra angustia de las gentes, confundidas a causa del bramido del mar y de las olas; desfalleciendo los hombres por el temor y la expectación de las cosas que sobrevendrán en

la tierra; porque las potencias de los cielos serán conmovidas." (Lucas 21:10-11, 25-26).

"Acercaos a Dios, y él se acercará a vosotros. Por cuanto has guardado la palabra de mi paciencia, yo también te guardaré de la hora de la prueba que ha de venir sobre el mundo entero, para probar a los que moran sobre la tierra." (Santiago 4:8extc, Apocalipsis 3:10)

¡En El Nombre De Jesús Siempre! Y ¡Amén!

Septiembre 11, 2015

=17=

Y El Arregló El Altar De Jehová
Que Estaba Arruinado

"Entonces dijo Elías a todo el pueblo: Acercaos a mí. Y todo el pueblo se le acercó; y él arregló el altar de Jehová que estaba arruinado. Vi al Señor que estaba sobre el altar, y dijo: Derriba el capitel, y estremézcanse las puertas, y hazlos pedazos sobre la cabeza de todos; y al postrero de ellos mataré a espada; no habrá de ellos quien huya, ni quien escape. Aunque cavasen hasta el Seol, de allá los tomará mi mano; y aunque subieren hasta el cielo, de allá los haré descender. Si se escondieren en la cumbre del Carmelo, allí los buscaré y los tomaré; y aunque se escondieren de delante de mis ojos en lo profundo del mar, allí mandaré a la serpiente y los morderá. Y si fueren en cautiverio delante de sus enemigos, allí mandaré la espada, y los matará; y pondré sobre ellos mis ojos para mal, y no para bien. El Señor, Jehová de los ejércitos, es el que toca la tierra, y se derretirá, y llorarán todos los que en ella moran; y crecerá toda como un río, y mermará luego como el río de Egipto. El edificó en el cielo sus cámaras, y ha establecido su expansión sobre la tierra; él llama las aguas del mar, y sobre la faz de la tierra las derrama; Jehová es su nombre. Hijos de Israel, ¿no me sois vosotros como hijos de etíopes, dice Jehová? ¿No hice yo subir a Israel de la tierra de Egipto, y a los filisteos de Caftor, y de Kir a los arameos? He aquí los ojos de Jehová el Señor están contra el reino pecador, y yo lo asolaré de la faz de la tierra; mas no destruiré del todo la casa de Jacob, dice Jehová. Porque he aquí yo mandaré y haré que la casa de Israel sea zarandeada entre todas las naciones, como se zarandea el grano en una criba, y no cae un granito en la tierra. A espada morirán todos los pecadores de mi pueblo, que dicen: No se acercará, ni nos *alcanzará el mal. En aquel día yo levantaré el tabernáculo caído de David, y cerraré sus portillos y levantaré sus ruinas, y lo edificaré como en el tiempo pasado; para que aquellos sobre los cuales es invocado mi nombre posean el resto de Edom, y a todas las naciones, dice Jehová que hace esto. Después de esto volveré Y reedificaré el tabernáculo de David, que está caído; Y repararé sus ruinas, Y lo volveré a levantar, Para que el resto de los hombres busque al Señor, Y todos los gentiles, sobre los cuales es invocado mi nombre, Dice el Señor, que hace conocer todo esto desde tiempos antiguos."* (1Reyes 18:30, Amós 9:1-12, Hechos 15:16-18).

Hoy en día veo como el altar de Jehová ha sido arruinado, mancipado, ensuciado, contaminado por hombres que él mismo llamó y equipó para su obra desarrollar: *"Y él mismo constituyó a unos, apóstoles; a otros, profetas; a otros, evangelistas; a otros, pastores y maestros, a fin de perfeccionar a los santos para la obra del ministerio, para la edificación del cuerpo de Cristo,"* (Efesios 4:11-12).

Pero éstos han decidido, así como Moisés no hablarle a la peña, como le ordenó Jehová, sino que apoyándose en su propio intelecto le golpeó, profanando el mandato del Señor. (Números 20:8, 11-12).

"Fíate de Jehová de todo tu corazón, Y no te apoyes en tu propia prudencia." (Proverbios 3:5).

Éstos han olvidado y excluido quien es el Dueño de la obra misma y han decidido arruinar «EL ALTAR DEL SEÑOR» Pero ya estos tienen su recompensa, su paga, en aquél día serán lanzados al lago de fuego y azufre, allí con los hipócritas, allí donde el fuego no cesa, donde el gusano destruye: *"y lo castigará duramente, y pondrá su parte con los hipócritas; allí será el lloro y el crujir de dientes."* (Mateo 24:51).

Éstos por la deshonra que le han traído a la misma «HONRA DEL MINISTERIO» y han arreglado su propio altar para ellos y sus dioses Baales, a los dioses de este siglo.

Éstos han sido más profanos que Esaú que por una sola comida vendió su heredad:

"no sea que haya algún fornicario, o profano, como Esaú, que por una sola comida vendió su primogenitura." (Hebreos 12:16).

Así han hechos éstos, por unas cuantas monedas como hizo Judas, que lo perdió todo en aquél día cuando vendió y entregó al *"Maestro."*

Se han alejado de tan «*HONROSO LLAMAMIENTO*». Han sido vasos de deshonra y ya no más de honra: *"¿O no tiene potestad el alfarero sobre el barro, para hacer de la misma masa un vaso para honra y otro para deshonra?"* (Romanos 9:21).

Ya el Espíritu de Dios no está con ellos, pero los dones son irrevocables:

"Porque irrevocables son los dones y el llamamiento de Dios." (Romanos 11:29).

Y en aquél día vendrán a excusarse: *"Muchos me dirán en aquel día: Señor, Señor, ¿no profetizamos en tu nombre, y en tu nombre echamos fuera demonios, y en tu nombre hicimos muchos milagros? Y entonces les declararé: Nunca os conocí; apartaos de mí, hacedores de maldad."* (Mateo 7:22-23).

Y así como Saúl decía que Dios estaba con él, habiéndolo Dios desechado y dejándolo hacía mucho tiempo atrás:

"Y fue dado aviso a Saúl que David había venido a Keila. Entonces dijo Saúl: Dios lo ha entregado en mi mano, pues se ha encerrado entrando en ciudad con puertas y cerraduras. Dijo Jehová a Samuel: ¿Hasta cuándo llorarás a Saúl, habiéndolo yo desechado para que no reine sobre Israel? El Espíritu de Jehová se apartó de Saúl, y le atormentaba un espíritu malo de parte de Jehová." (1Samuel 23:7, 16:1, 14).

«Y éste terminó consultando una bruja»: *"Y consultó Saúl a Jehová; pero Jehová no le respondió ni por sueños, ni por Urim, ni por profetas. Entonces Saúl dijo a sus criados: Buscadme una mujer que tenga espíritu de adivinación, para que yo vaya a ella y por medio de ella pregunte. Y sus criados le respondieron: He aquí hay una mujer en Endor que tiene espíritu de adivinación."* (1Samuel 28:6-7).

»Así éstos consultan y oyen espíritus de error y doctrinas de demonios«:

"Pero el Espíritu dice claramente que en los postreros tiempos algunos apostatarán de la fe, escuchando a espíritus engañadores y a doctrinas de demonios;" (1Timoteo 4:1).

«Y profetizan sin Dios haberles hablado y hasta he escuchado de hombres que investigan a su congregaciones, uno por uno, para luego profetizarles y tienen a Congregaciones completas cautivadas con estos mantos encantados, porque este espíritu de anticristo se hará pasar por Dios y se sentará como Dios en las Congregaciones»: *"Y el rey hará su voluntad, y se ensoberbecerá, y se engrandecerá sobre todo dios; y contra el Dios de los dioses hablará maravillas, y prosperará, hasta que sea consumada la ira; porque lo determinado se cumplirá. el cual se opone y se levanta contra todo lo que se llama Dios o es objeto de culto; tanto que se sienta en el templo de Dios como Dios, haciéndose pasar por Dios."* (Daniel 11:36, 2Tesalonicenses 2:4).

Pero el mismo Dios levanta una nueva generación, Ministros capaces de un nuevo pacto:

"el cual asimismo nos hizo ministros competentes de un nuevo pacto, no de la letra, sino del espíritu; porque la letra mata, mas el espíritu vivifica. Porque el Señor es el Espíritu; y donde está el Espíritu del Señor, allí hay libertad. Por tanto, nosotros todos, mirando a cara descubierta como en un espejo la gloria del Señor, somos transformados de gloria en gloria en la misma imagen, como por el Espíritu del Señor." (2Corintios 3:6, 17-18).

Ministros que no busquen lo suyo, sino el ser siervos inútiles, hombres con una voz que clama en el desierto, hombres que llaman *«A Lo Bueno-Bueno y a lo malo-malo»* Hombres que entienden que su compromiso es eterno, aquí en la tierra y aún más allá, en la eternidad.

Al cambio estos hombres se han vueltos »JUDAS« espirituales, que han vendido el mensaje por unas cuantas monedas y como Ananías y Safira han decidido usurpar la heredad y mentirle al Espíritu Santo: *"Pero cierto hombre llamado Ananías, con Safira su mujer, vendió una heredad, y sustrajo del precio, sabiéndolo también su mujer; y trayendo sólo una parte, la puso a los pies de los apóstoles. Y dijo Pedro: Ananías, ¿por qué llenó Satanás tu corazón para que mintieses al Espíritu Santo, y sustrajeses del precio de la heredad? Reteniéndola, ¿no se te quedaba a ti? y vendida, ¿no estaba en tu poder? ¿Por qué pusiste esto en tu corazón? No has mentido a los hombres, sino a Dios. Al oír Ananías estas palabras, cayó y expiró. Y vino un gran temor sobre todos los que lo oyeron. Y levantándose los jóvenes, lo envolvieron, y sacándolo, lo sepultaron. Pasado un lapso como de tres horas, sucedió que entró su mujer, no sabiendo lo que había acontecido. Entonces Pedro le dijo: Dime, ¿vendisteis en tanto la heredad? Y ella dijo: Sí, en tanto. Y Pedro le dijo: ¿Por qué convinisteis en tentar al Espíritu del Señor? He aquí a la puerta los pies de los que han sepultado a tu marido, y te sacarán a ti. Al instante ella cayó a los pies de él, y expiró; y cuando entraron los jóvenes, la hallaron muerta; y la sacaron, y la sepultaron junto a su marido. Y vino gran temor sobre toda la iglesia, y sobre todos los que oyeron estas cosas."* (Hechos 5:1-11).

Muchos aún están en la tierra de los vivientes, pero tienen una peor muerte sobre y con ellos que es la espiritual. Así como le pasó a Adán, éste fue expulsado del Jardín y así como estaban los fariseos, bajo una ceguera espiritual, así estos hombres que van de mal en peor, engañando y siendo engañados:

"mas los malos hombres y los engañadores irán de mal en peor, engañando y siendo engañados." (2Timoteo 3:13).

Se han adecuado a éste tiempo: *"No os conforméis a este siglo, sino transformaos por medio de la renovación de vuestro entendimiento, para que comprobéis cuál sea la buena voluntad de Dios, agradable y perfecta."* (Romanos 12:2).

«Se han enredado en los afanes de este mundo»:

"Mirad también por vosotros mismos, que vuestros corazones no se carguen de glotonería y embriaguez y de los afanes de esta vida, y venga de repente sobre vosotros aquel día." (Lucas 21:34).

»Y se han conformado a este siglo, han caído en los placeres del mismo y han perseguido a la raíz de todos los males«:

"porque raíz de todos los males es el amor al dinero, el cual codiciando algunos, se extraviaron de la fe, y fueron traspasados de muchos dolores." (1Timoteo 6:10).

«Cuando el mismo Padre nos mandó a sólo militar en las cosas del Reino»: *"No os hagáis tesoros en la tierra, donde la polilla y el orín corrompen, y donde ladrones minan y hurtan; sino haceos tesoros en el cielo, donde ni la polilla ni el orín corrompen, y donde ladrones no minan ni hurtan. Porque donde esté vuestro tesoro, allí estará también vuestro corazón. Ninguno puede servir a dos señores; porque o aborrecerá al uno y amará al otro, o estimará al uno y menospreciará al otro. No podéis servir a Dios y a las riquezas."* (Mateo 6:19-21, 24).

»Éstos llevan una apariencia de piedad«:

"que tendrán apariencia de piedad, pero negarán la eficacia de ella; a éstos evita."
(2Timoteo 3:5)
"pero no son más que nubes sin agua, llevadas de acá para allá, sin frutos dos veces muertos y desarraigados;" (Judas 1:12).

Pero ya el Rey de reyes tiene el envase con «*ACEITE SANTO*» para ungir a sus nuevos Ministros, porque aquellos ungidos han despreciado tan digno llamamiento. Dios levanta hombres que así como Elías van arreglar su Altar que está desarreglado, hombres que no han doblado, ni doblarán rodillas a los Baales:

"Y yo haré que queden en Israel siete mil, cuyas rodillas no se doblaron ante Baal, y cuyas bocas no lo besaron. Pero ¿qué le dice la divina respuesta? Me he reservado siete mil hombres, que no han doblado la rodilla delante de Baal."
(1Reyes 19:18, Romanos 11:4).

Hombres que su «¡SÍ! es ¡SÍ!» y su «¡NO! es ¡NO!». Hombres que agradan a Dios sobre todas las cosas: *"Mas ahora tu reino no será duradero. Jehová se ha buscado un varón conforme a su corazón, al cual Jehová ha designado para que sea príncipe sobre su pueblo, por cuanto tú no has guardado lo que Jehová te mandó. Quitado éste, les levantó por rey a David, de quien dio también testimonio diciendo: He hallado a David hijo de Isaí, varón conforme a mi corazón, quien hará todo lo que yo quiero."* (1Samuel 13:14, Hechos 13:22).

«Aunque tengan paz con todos los hombres, hombres que no comprometen
LA PALABRA DE DIOS, ni se venden por unas cuantas monedas, ni por un plato de potaje»:
"Y llamándolos, les intimaron que en ninguna manera hablasen ni enseñasen en el nombre de Jesús. Mas Pedro y Juan respondieron diciéndoles:

Juzgad si es justo delante de Dios obedecer a vosotros antes que a Dios; Pues, ¿busco ahora el favor de los hombres, o el de Dios? ¿O trato de agradar a los hombres? Pues si todavía agradará a los hombres, no sería siervo de Cristo." (Hechos 4:18-19, Gálatas 1:10).

¡MI ALMA TE ALABA PAPÁ!

La hora es y es la hora que Dios busca verdaderos adorares que adoren en espíritu y verdad y con una vida probada. Hombres que van a predicar lo que viven, no con fábulas genealógicas interminables que sólo traen disputas más que edificación. (1Timoteo 1:4).

«LLEGÓ LA HORA DE SEPARAR EL TRIGO DE LA CIZAÑA ¡EN EL NOMBRE DE JESÚS!»

De aquel que lo dió todo allí en la Cruz Del Calvario. De aquel que nos llamó y nos amó como pagarle así.

¡A Tu Nombre Sea La Gloria! ¡Gloria A Dios! Porque ¡EL VIVE!

Nosotros los que amamos a Dios con la ayuda del Cristo De La Gloria y El Espíritu Santo, vamos arreglar el Altar De Jehová una vez más, llevando una vida a la estatura del Cristo De La Gloria, «en nuestras vidas, en nuestras casas, en nuestros matrimonios, en nuestros ministerios».

Oye diablo nosotros somos el pueblo de Dios y Él es Nuestro Padre, no hay, ni habrá diablo que nos arrebate lo que ya El Padre depositó en cada uno de sus santos, santos escogidos para buenas obras desde antes de la fundación del mundo, somos hechuras de Él, somos ovejas de su prado y a Él volveremos porque no somos de aquí, pero mientras estemos aquí su Gloria y Honra vamos a exhibir porque no buscamos lo nuestro, buscamos agradar aquel que nos diseñó, aquel que nos concibió y sabemos que nuestra identidad es de los cielos.

¡GLORIA A DIOS!

Pero si perecemos, que perezcamos, ya sabemos dónde vamos. Pero mientras estemos aquí vamos hacer valientes y esforzados, nadie va a perder su posición, somos un solo cuerpo y nuestro Comandante en batalla es El Cristo, nuestra Cabeza, nuestra Piedra Angular y nadie se va quedar atrás.

"Entonces Jehová dijo a Moisés: ¿Por qué clamas a mí? Di a los hijos de Israel que marchen." (Éxodo 14:15).

Porque nuestra milicia no deja atrás a los caídos, sino que los recogemos y seguimos adelante.

¡En El Nombre De Jesús Siempre! Y ¡Amén!

Febrero 11, 2013

=18=

Y Haré De Ti Una Gran Nación "Israel"

"Pero Jehová había dicho a Abram: Vete de tu tierra y de tu parentela, y de la casa de tu padre, a la tierra que te mostraré. Y haré de ti una nación grande, y te bendeciré, y engrandeceré tu nombre, y serás bendición. Bendeciré a los que te bendijeren, y a los que te maldijeren maldeciré; y serán benditas en ti todas las familias de la tierra. Y se fue Abram, como Jehová le dijo; y Lot fue con él. Y era Abram de edad de setenta y cinco años cuando salió de Harán. Tomó, pues, Abram a Sarai su mujer, y a Lot hijo de su hermano, y todos sus bienes que habían ganado y las personas que habían adquirido en Harán, y salieron para ir a tierra de Canaán; y a tierra de Canaán llegaron." (Génesis 12:1-5).

Todo comenzó con el llamado de un hombre llamado Abram en el momento de su llamamiento, pero luego El Señor mismo cambió su nombre a Abraham. Este hombre fue el inicio de:

«UNA GRAN NACIÓN,
UNA RAZA ESCOGIDA,
SACERDOTES REALES,
UNA NACIÓN SANTA,
PUEBLO DE SU POSESIÓN»:

"Mas vosotros sois linaje escogido, real sacerdocio, nación santa, pueblo adquirido por Dios, para que anunciéis las virtudes de aquel que os llamó de las tinieblas a su luz admirable;" (1Pedro 2:9).

Por su obediencia él dejó todo atrás y comenzó a caminar a algo que él no entendía:

> *"Por la fe Abraham, siendo llamado, obedeció para salir al lugar que había de recibir como herencia; y salió sin saber a dónde iba. Por la fe habitó como extranjero en la tierra prometida como en tierra ajena, morando en tiendas con Isaac y Jacob, coherederos de la misma promesa; porque esperaba la ciudad que tiene fundamentos, cuyo arquitecto y constructor es Dios."* (Hebreos 11:8-10).

Porque por el propósito de un Dios Viviente las cosas que comienza las termina:

> *"así será mi palabra que sale de mi boca; no volverá a mí vacía, sino que hará lo que yo quiero, y será prosperada en aquello para que la envié."* (Isaías 55:11).

Sus promesas están en él ¡Sí! y en él ¡Amén!

> *"porque todas las promesas de Dios son en él Sí, y en él Amén, por medio de nosotros, para la gloria de Dios."* (2Corintios 1:20).

«ESTE HOMBRE ERA DE 75 AÑOS DE EDAD CUANDO PARTIÓ DE LA TIERRA DE HARÁN HACIA CANAÁN» (Génesis 12:5).

Éste hombre tuvo dos hijos, uno de la esclava Hagar llamado: »Ismael« y otro de la libre su esposa Sara llamado: «Isaac = ¡risa!». En ese momento éste tenía 100 años y Sara 90 años.

«¡PORQUE NADA ES IMPOSIBLE PARA DIOS!»

Dijo e hizo Jehová con Sara como había hablado y Sara concibió y dio a Abraham un hijo en su vejez, en el tiempo que Dios le había dicho.

> *"Visitó Jehová a Sara, como había dicho, e hizo Jehová con Sara como había hablado. Y Sara concibió y dio a Abraham un hijo en su vejez,*

en el tiempo que Dios le había dicho. Y llamó Abraham el nombre de su hijo que le nació, que le dio a luz Sara, Isaac. Y circuncidó Abraham a su hijo Isaac de ocho días, como Dios le había mandado. Y era Abraham de cien años cuando nació Isaac su hijo. Entonces dijo Sara: Dios me ha hecho reír, y cualquiera que lo oyere, se reirá conmigo. Y añadió: ¿Quién dijera a Abraham que Sara habría de dar de mamar a hijos? Pues le he dado un hijo en su vejez." (Génesis 21:1-7).

Isaac fue el padre de Esaú

"aquel que vendió su primogenitura" y de Jacob "aquel que luchó con Dios:"

"Y guisó Jacob un potaje; y volviendo Esaú del campo, cansado, dijo a Jacob: Te ruego que me des a comer de ese guiso rojo, pues estoy muy cansado. Por tanto fue llamado su nombre Edom. Y Jacob respondió: Véndeme en este día tu primogenitura. Entonces dijo Esaú: He aquí yo me voy a morir; ¿para qué, pues, me servirá la primogenitura? Y dijo Jacob: Júramelo en este día. Y él le juró, y vendió a Jacob su primogenitura. Entonces Jacob dio a Esaú pan y del guisado de las lentejas; y él comió y bebió, y se levantó y se fue. Así menospreció Esaú la primogenitura." (Génesis 25:29-34).

Jacob luchó con Dios y luego de ésta lucha Dios mismo cambio su nombre a Israel:

"Así se quedó Jacob solo; y luchó con él un varón hasta que rayaba el alba. Y cuando el varón vio que no podía con él, tocó en el sitio del encaje de su muslo, y se descoyuntó el muslo de Jacob mientras con él luchaba. Y dijo: Déjame, porque raya el alba. Y Jacob le respondió: No te dejaré, si no me bendices. Y el varón le dijo: ¿Cuál es tu nombre? Y él respondió: Jacob. Y el varón le dijo: No se dirá más tu nombre Jacob, sino Israel; porque has luchado con Dios y con los hombres, y has vencido. Entonces Jacob le preguntó, y dijo: Declárame ahora tu nombre. Y el varón respondió: ¿Por qué me preguntas por mi nombre? Y lo bendijo allí. Y llamó Jacob el nombre de aquel lugar, Peniel; porque dijo: Vi a Dios cara a cara, y fue librada mi alma." (Génesis 32:24-30).

Él fue el padre de José, "aquel que guardó y cuidó del pueblo de Dios durante la hambruna," pero luego de su muerte vino un Faraón que no le conocía ni a él, ni a su pueblo, ni a su Dios e hizo esclavo el pueblo de Dios por unos 454 años: "Y murió José, y todos sus hermanos, y toda aquella generación. Y los hijos de Israel fructificaron y se multiplicaron, y fueron aumentados y fortalecidos en extremo, y se llenó de ellos la tierra. Entretanto, se levantó sobre Egipto un nuevo rey que no conocía a José; y dijo *a su pueblo: He aquí, el pueblo de los hijos de Israel es mayor y más fuerte que nosotros. Ahora, pues, seamos sabios para con él, para que no se multiplique, y acontezca que viniendo guerra, él también se una a nuestros enemigos y pelee contra nosotros, y se vaya de la tierra. Entonces pusieron sobre ellos comisarios de tributos que los molestasen con sus cargas; y edificaron para Faraón las ciudades de almacenaje, Pitón y Ramesés. Pero cuanto más los oprimían, tanto más se multiplicaban y crecían, de manera que los egipcios temían a los hijos de Israel. Y los egipcios hicieron servir a los hijos de Israel con dureza, y amargaron su vida con dura servidumbre, en hacer barro y ladrillo, y en toda labor del campo y en todo su servicio, al cual los obligaban con rigor." (Éxodo 1:6-14).*

«PERO DIOS OYÓ EL CLAMOR DE SU PUEBLO Y PREPARÓ UN LIBERTADOR»

"Un varón de la familia de Leví fue y tomó por mujer a una hija de Leví, la que concibió, y dio a luz un hijo; y viéndole que era hermoso, le tuvo escondido tres meses. Pero no pudiendo ocultarle más tiempo, tomó una arquilla de juncos y la calafateó con asfalto y brea, y colocó en ella al niño y lo puso en un carrizal a la orilla del río. Y una hermana suya se puso a lo lejos, para ver lo que le acontecería. Y la hija de Faraón descendió a lavarse al río, y paseándose sus doncellas por la ribera del río, vio ella la arquilla en el carrizal, y envió una criada suya a que la tomase. Y cuando la abrió, vio al niño; y he aquí que el niño lloraba. Y teniendo compasión de él, dijo: De los niños de los hebreos es éste. Entonces su hermana dijo a la hija de Faraón: ¿Iré a llamarte una nodriza de las hebreas, para que te críe este niño? Y la hija de Faraón respondió: Ve. Entonces fue la doncella, y llamó a la madre del niño, a la cual dijo la hija de Faraón: Lleva a este niño y críamelo, y yo te lo pagaré. Y la mujer tomó al niño y lo crió. Y cuando el niño creció, ella lo trajo a la hija de Faraón, la cual lo prohijó, y le puso por nombre Moisés, diciendo: Porque de las aguas lo saqué. Dijo luego Jehová: Bien he visto la aflicción de mi pueblo que está en Egipto, y he oído su clamor a causa de sus exactores; pues he conocido sus angustias, Entonces Moisés respondió diciendo: He aquí que ellos no me creerán, ni oirán mi voz; porque dirán: No te ha aparecido Jehová. Y Jehová dijo: ¿Qué es eso que tienes en tu mano? Y él respondió: Una vara. El le dijo: Échala en tierra. Y él la echó en tierra, y se hizo una culebra; y Moisés huía de ella. Entonces dijo Jehová a Moisés: Extiende tu mano, y tómala por la cola. Y él extendió su mano, y la tomó,

y se volvió vara en su mano. Por esto creerán que se te ha aparecido Jehová, el Dios de tus padres, el Dios de Abraham, Dios de Isaac y Dios de Jacob. Le dijo además Jehová: Mete ahora tu mano en tu seno. Y él metió la mano en su seno; y cuando la sacó, he aquí que su mano estaba leprosa como la nieve. Y dijo: Vuelve a meter tu mano en tu seno. Y él volvió a meter su mano en su seno; y al sacarla de nuevo del seno, he aquí que se había vuelto como la otra carne. Si aconteciere que no te creyeren ni obedecieren a la voz de la primera señal, creerán a la voz de la postrera. Y si aún no creyeren a estas dos señales, ni oyeren tu voz, tomarás de las aguas del río y las derramarás en tierra; y se cambiarán aquellas aguas que tomarás del río y se harán sangre en la tierra. Entonces dijo Moisés a Jehová: !!Ay, Señor! nunca he sido hombre de fácil palabra, ni antes, ni desde que tú hablas a tu siervo; porque soy tardo en el habla y torpe de lengua. Y Jehová le respondió: ¿Quién dio la boca al hombre? ¿o quién hizo al mudo y al sordo, al que ve y al ciego? ¿No soy yo Jehová? Ahora pues, ve, y yo estaré con tu boca, y te enseñaré lo que hayas de hablar. Y él dijo: !!Ay, Señor! envía, te ruego, por medio del que debes enviar. Entonces Jehová se enojó contra Moisés, y dijo: ¿No conozco yo a tu hermano Aarón, levita, y que él habla bien? Y he aquí que él saldrá a recibirte, y al verte se alegrará en su corazón. Tú hablarás a él, y pondrás en su boca las palabras, y yo estaré con tu boca y con la suya, y os enseñaré lo que hayáis de hacer. Y él hablará por ti al pueblo; él te será a ti en lugar de boca, y tú serás para él en lugar de Dios. Y tomarás en tu mano esta vara, con la cual harás las señales. Así se fue Moisés, y volviendo a su suegro Jetro, le dijo: Iré ahora, y volveré a mis hermanos que están en Egipto, para ver si aún viven. Y Jetro dijo a Moisés: Ve en paz. Dijo también Jehová a Moisés en Madián: Ve y vuélvete a Egipto, porque han muerto todos los que procuraban tu muerte. Entonces Moisés tomó su mujer y sus hijos, y los puso sobre un asno, y volvió a tierra de Egipto. Tomó también Moisés la vara de Dios en su mano. Y dijo Jehová a Moisés: Cuando hayas vuelto a Egipto, mira que hagas delante de Faraón todas las maravillas que he puesto en tu mano; pero yo endureceré su corazón, de modo que no dejará ir al pueblo. Y dirás a Faraón: Jehová ha dicho así: Israel es mi hijo, mi primogénito. Ya te he dicho que dejes ir a mi hijo, para que me sirva, mas no has querido dejarlo ir; he aquí yo voy a matar a tu hijo, tu primogénito. Y aconteció en el camino, que en una posada Jehová le salió al encuentro, y quiso matarlo. Entonces Séfora tomó un pedernal afilado y cortó el prepucio de su hijo, y lo echó a sus pies, diciendo: A la verdad tú me eres un esposo de sangre. Así le dejó luego ir. Y ella dijo: Esposo de sangre, a causa de la circuncisión. Y Jehová dijo a Aarón:

Ve a recibir a Moisés al desierto. Y él fue, y lo encontró en el monte de Dios, y le besó. Entonces contó Moisés a Aarón todas las palabras de Jehová que le enviaba, y todas las señales que le había dado. Y fueron Moisés y Aarón, y reunieron a todos los ancianos de los hijos de Israel. Y habló Aarón acerca de todas las cosas que Jehová había dicho a Moisés, e hizo las señales delante de los ojos del pueblo. Y el pueblo creyó; y oyendo que Jehová había visitado a los hijos de Israel, y que había visto su aflicción, se inclinaron y adoraron. Jehová respondió a Moisés: Ahora verás lo que yo haré a Faraón; porque con mano fuerte los dejará ir, y con mano fuerte los echará de su tierra. Habló todavía Dios a Moisés, y le dijo: Yo soy JEHOVÁ. Y aparecí a Abraham, a Isaac y a Jacob como Dios Omnipotente, mas en mi nombre JEHOVÁ no me di a conocer a ellos. También establecí mi pacto con ellos, de darles la tierra de Canaán, la tierra en que fueron forasteros, y en la cual habitaron. Asimismo yo he oído el gemido de los hijos de Israel, a quienes hacen servir los egipcios, y me he acordado de mi pacto. Por tanto, dirás a los hijos de Israel: Yo soy JEHOVÁ; y yo os sacaré de debajo de las tareas pesadas de Egipto, y os libraré de su servidumbre, y os redimiré con brazo extendido, y con juicios grandes; y os tomaré por mi pueblo y seré vuestro Dios; y vosotros sabréis que yo soy Jehová vuestro Dios, que os sacó de debajo de las tareas pesadas de Egipto. Y os meteré en la tierra por la cual alcé mi mano jurando que la daría a Abraham, a Isaac y a Jacob; y yo os la daré por heredad. Yo JEHOVÁ. De esta manera habló Moisés a los hijos de Israel; pero ellos no escuchaban a Moisés a causa de la congoja de espíritu, y de la dura servidumbre. Y habló Jehová a Moisés, diciendo: Entra y habla a Faraón rey de Egipto, que deje ir de su tierra a los hijos de Israel. Y respondió Moisés delante de Jehová: He aquí, los hijos de Israel no me escuchan; ¿cómo, pues, me escuchará Faraón, siendo yo torpe de labios? Entonces Jehová habló a Moisés y a Aarón y les dio mandamiento para los hijos de Israel, y para Faraón rey de Egipto, para que sacasen a los hijos de Israel de la tierra de Egipto. Este es aquel Aarón y aquel Moisés, a los cuales Jehová dijo: Sacad a los hijos de Israel de la tierra de Egipto por sus ejércitos. Estos son los que hablaron a Faraón rey de Egipto, para sacar de Egipto a los hijos de Israel. Moisés y Aarón fueron éstos. Cuando Jehová habló a Moisés en la tierra de Egipto, entonces Jehová habló a Moisés, diciendo: Yo soy JEHOVÁ; di a Faraón rey de Egipto todas las cosas que yo te digo a ti. Y Moisés respondió delante de Jehová: He aquí, yo soy torpe de labios; ¿cómo, pues, me ha de oír Faraón?" (Éxodo 2:1-10, 3:7, 4:1-31, 6:1-13, 26-30).

"Dijo luego Jehová: Bien he visto la aflicción de mi pueblo que está en Egipto, y he oído su clamor a causa de sus exactores; pues he conocido sus angustias," (Éxodo 3:7).

Moisés liberó él pueblo de Dios con señales poderosas y los llevó al desierto para que luego poseyeran *«LA TIERRA PROMETIDA»* que El Señor le daría en 40 días, pero por su incredulidad le costó 40 años. En este tiempo El Senor trató con su pueblo, les dio: *«La Ley/Los 10 Mandamientos».*

Después que toda esta generación murió incluyendo Moisés y su hermano Aarón, El Señor preservó las vidas de Caleb y Josué porque tenían un espíritu diferente, El Señor declara en Deuteronomio 7:6-9:

"Porque tú eres pueblo santo para Jehová tu Dios; Jehová tu Dios te ha escogido para serle un pueblo especial, más que todos los pueblos que están sobre la tierra. No por ser vosotros más que todos los pueblos os ha querido Jehová y os ha escogido, pues vosotros erais el más insignificante de todos los pueblos; sino por cuanto Jehová os amó, y quiso guardar el juramento que juró a vuestros padres, os ha sacado Jehová con mano poderosa, y os ha rescatado de servidumbre, de la mano de Faraón rey de Egipto. Conoce, pues, que Jehová tu Dios es Dios, Dios fiel, que guarda el pacto y la misericordia a los que le aman y guardan sus mandamientos, hasta mil generaciones;"

Con Josué como nuevo líder comenzó la entrada y toma de todas las tierras y victorias, que El Señor les entregó a ellos.

Luego ellos tuvieron *«JUECES Y REYES»* Jueces como; *»Deborah, Sansón, Samuel y otros«.*

Luego ellos pidieron un rey al Profeta de Dios Samuel. Ellos tuvieron su primer rey fuera de Jehová, su primer rey fue Saúl *"pedido"* (1Samuel caps. 8-9). Luego tuvieron como reyes a David, Salomón y otros y como sabemos las altas y bajas de nuestros hermanos, pero Dios es siempre misericordioso con su pueblo y Él cumple sus promesas:

«Y HARÉ DE TI UNA GRAN NACIÓN». (Génesis 12:1-5).

El pueblo de Israel fue disperso en varias ocasiones; 1904/Rusia, 1922/ Polonia, 1931/Reino Unido, 1941-1943/Alemania. Fue en Alemania donde sabemos que se efectúo uno de los mayores genocidios u holocausto de la historia, siendo el significado de la palabra holocausto:

«*SOLUCIÓN FINAL*». *(Allí murieron unos 6, 000, 000 de judíos).*

Éstos estuvieron dispersos en las 4 esquinas del mundo, pero en Ezequiel 37:21-22, El Señor mismo dice que llamará a su pueblo:

> *"y les dirás: Así ha dicho Jehová el Señor: He aquí, yo tomo a los hijos de Israel de entre las naciones a las cuales fueron, y los recogeré de todas partes, y los traeré a su tierra; y los haré una nación en la tierra, en los montes de Israel, y un rey será a todos ellos por rey; y nunca más serán dos naciones, ni nunca más serán divididos en dos reinos."*

Ellos regresarán a su tierra, pero no sólo hablamos de una tierra o una Jerusalén física, es en sentido espiritual, porque el Padre envío al Hijo, a Jesús a morir en la cruz:

> *"Porque de tal manera amó Dios al mundo, que ha dado a su Hijo unigénito, para que todo aquel que en él cree, no se pierda, mas tenga vida eterna."* (Juan 3:16).

Y todo el que declare que Él es El Señor será salvo:

> *"Y todo aquel que invocare el nombre del Señor, será salvo. que si confesares con tu boca que Jesús es el Señor, y creyeres en tu corazón que Dios le levantó de los muertos, serás salvo. Porque con el corazón se cree para justicia, pero con la boca se confiesa para salvación. Pues la Escritura dice: Todo aquel que en él creyere, no será avergonzado. porque todo aquel que invocare el nombre del Señor, será salvo."* (Hechos 2:21, Romanos 10:9-11, 13).

En 1948 fue establecido el «*ESTADO DE ISRAEL*» y tuvieron sus leyes e independencia, pérdidas siglos atrás. Pero como sabemos esperamos por:

«*NUEVO CIELO Y NUEVA TIERRA, LA JERUSALÉN ESPIRITUAL*».

Y allí estaremos con nuestro «*REY Y SALVADOR JESÚS CRISTO*» ¡Por Siempre!

"*Vi un cielo nuevo y una tierra nueva; porque el primer cielo y la primera tierra pasaron, y el mar ya no existía más. Y yo Juan vi la santa ciudad, la nueva Jerusalén, descender del cielo, de Dios, dispuesta como una esposa ataviada para su marido. Y oí una gran voz del cielo que decía: He aquí el tabernáculo de Dios con los hombres, y él morará con ellos; y ellos serán su pueblo, y Dios mismo estará con ellos como su Dios. Enjugará Dios toda lágrima de los ojos de ellos; y ya no habrá muerte, ni habrá más llanto, ni clamor, ni dolor; porque las primeras cosas pasaron. Y el que estaba sentado en el trono dijo: He aquí, yo hago nuevas todas las cosas. Y me dijo: Escribe; porque estas palabras son fieles y verdaderas. Y me dijo: Hecho está. Yo soy el Alfa y la Omega, el principio y el fin. Al que tuviere sed, yo le daré gratuitamente de la fuente del agua de la vida. El que venciere heredará todas las cosas, y yo seré su Dios, y él será mi hijo.*" (Apocalipsis 21:1-7).

Y ¡Amén!

Marzo 23, 2014

=19=

And I Will Make Of You A Great Nation "Israel"

"Now the Lord had said unto Abram, Get thee out of thy country, and from thy kindred, and from thy father's house, unto a land that I will shew thee: And I will make of thee a great nation, and I will bless thee, and make thy name great; and thou shalt be a blessing: And I will bless them that bless thee, and curse him that curseth thee: and in thee shall all families of the earth be blessed. So Abram departed, as the Lord had spoken unto him; and Lot went with him: and Abram was seventy and five years old when he departed out of Haran. And Abram took Sarai his wife, and Lot his brother's son, and all their substance that they had gathered, and the souls that they had gotten in Haran; and they went forth to go into the land of Canaan; and into the land of Canaan they came." (Genesis 12:1-5).

Everything start with the calling of a man call Abram in the moment of his calling, but later on The Lord himself change his name to Abraham. This man was the beginning of:

"A GREAT NATION, A CHOSEN RACE, A ROYAL PRIESTHOOD, A HOLY NATION, A PEOPLE FOR HIS OWN POSSESION:"

"But ye are a chosen generation, a royal priesthood, an holy nation, a peculiar people; that ye should shew forth the praises of him who hath called you out of darkness into his marvellous light;" (1Peter 2:9).

183

Because his obedience he left everything behind and started a walking to something he don't understand: *"By faith Abraham, when he was called to go out into a place which he should after receive for an inheritance, obeyed; and he went out, not knowing whither he went. By faith he sojourned in the land of promise, as in a strange country, dwelling in tabernacles with Isaac and Jacob, the heirs with him of the same promise: For he looked for a city which hath foundations, whose builder and maker is God."* (Hebrews 11:8-10).

But to the purpose of a Living God a God the things He begins He ends:

> *"So shall my word be that goes forth from My mouth; It shall not return to Me void, But it shall accomplish what I please, And it shall prosper in the thing for which I sent it."* (Isaiah 55:11).

> "HIS PROMISES ARE YET AND AMEN!"
> *"For all the promises of God in him are yea, and in him Amen, unto the glory of God by us."* (2Corinthians 1:20).

> "THIS MAN WAS 75 YEARS OLD WHEN HE DEPARTED FROM HARAN TO CANAAN" (Genesis 12:4).

This man have two sons, one from the slave Hagar: "Ishmael" and one from the free, his wife Sarah: "Isaac = *laugh!*" in that moment he got 99yrs old and her 90yrs old,

"BECAUSE NOTHING IS IMPOSIBLE FOR GOD!"

"And the Lord visited Sarah as he had said, and the Lord did unto Sarah as he had spoken. For Sarah conceived, and bare Abraham a son in his old age, at the set time of which God had spoken to him. And Abraham called the name of his son that was born unto him, whom Sarah bare to him, Isaac. And Abraham circumcised his son Isaac being eight days old, as God had commanded him. And Abraham was an hundred years old, when his son Isaac was born unto him. And Sarah said, God hath made me to laugh, so that all that hear will laugh with me. And she said, Who would have said unto Abraham, that Sarah should have given children suck? for I have born him a son in his old age." (Genesis 21:1-7).

Isaac was the father of: Esau *"the one who sold his birthright"* and Jacob *"the one who fight with The Lord:"*

> *"And Jacob sod pottage: and Esau came from the field, and he was faint: And Esau said to Jacob, Feed me, I pray thee, with that same red pottage; for I am faint: therefore was his name called Edom. And Jacob said, Sell me this day thy birthright. And Esau said, Behold, I am at the point to die: and what profit shall this birthright do to me? And Jacob said, Swear to me this day; and he sware unto him: and he sold his birthright unto Jacob. Then Jacob gave Esau bread and pottage of lentiles; and he did eat and drink, and rose up, and went his way: thus Esau despised his birthright."* (Genesis 25:29-34).

Jacob fight with God and them after the fight God himself change his name to Israel:

> *Jacob fight with God and after the fight He change his name to Israel "And Jacob was left alone; and there wrestled a man with him until the breaking of the day. And when he saw that he prevailed not against him, he touched the hollow of his thigh; and the hollow of Jacob's thigh was out of joint, as he wrestled with him. And he said, Let me go, for the day breaketh. And he said, I will not let thee go, except thou bless me. And he said unto him, What is thy name? And he said, Jacob. And he said, Thy name shall be called no more Jacob, but Israel: for as a prince hast thou power with God and with men, and hast prevailed. And Jacob asked him, and said, Tell me, I pray thee, thy name. And he said, Wherefore is it that thou dost ask after my name? And he blessed him there. And Jacob called the name of the place Peniel: for I have seen God face to face, and my life is preserved."* (Genesis 32:24-30).

He was the father of Joseph, *"the one who keep the people of God in the famine,"* but after his death came a Pharaoh who do not know Joseph, his people and God, and make "The People of God" slaves for or around 454yrs: *"And Joseph died, and all his brethren, and all that generation. And the children of Israel were fruitful, and increased abundantly, and multiplied, and waxed exceeding mighty; and the land was filled with them. Now there arose up a new king over Egypt, which knew not Joseph. And he said unto his people, Behold, the people of the children of Israel are more and mightier than we: Come on, let us deal wisely with them; lest they multiply, and it come to pass, that, when there falleth out any war, they join also unto our enemies, and fight against us, and so get them up out of the land. Therefore they did set over them taskmasters to afflict them with their burdens. And they built for Pharaoh treasure cities, Pithom and Raamses. But the more they afflicted them, the more they multiplied and grew. And they were grieved because of the children of Israel. And the Egyptians made the children of Israel to serve with rigour: And they made their lives bitter with hard bondage, in morter, and in brick, and in all manner of service in the field: all their service, wherein they made them serve, was with rigour."* (Exodus 1:6-14).

"But God hear the cry of his people and prepared a delivered:"
    "And there went a man of the house of Levi, and took to wife a daughter of Levi. And the woman conceived, and bare a son: and when she saw him that he was a goodly child, she hid him three months. And when she could not longer hide him, she took for him an ark of bulrushes, and daubed it with slime and with pitch, and put the child therein; and she laid it in the flags by the river's brink. And his sister stood afar off, to wit what would be done to him. And the daughter of Pharaoh came down to wash herself at the river; and her maidens walked along by the river's side; and when she saw the ark among the flags, she sent her maid to fetch it. And when she had opened it, she saw the child: and, behold, the babe wept. And she had compassion on him, and said, This is one of the Hebrews' children. Then said his sister to Pharaoh's daughter, Shall I go and call to thee a nurse of the Hebrew women, that she may nurse the child for thee? And Pharaoh's daughter said to her, Go. And the maid went and called the child's mother. And Pharaoh's daughter said unto her, Take this child away, and nurse it for me, and I will give thee thy wages. And the women took the child, and nursed it. And the child grew, and she brought him unto Pharaoh's daughter, and he became her son. And she called his name Moses: and she said, Because I drew him out of the water. And the Lord said, I have surely seen the affliction of my people which are in Egypt, and have heard their cry by reason of their taskmasters; for I know their sorrows; And Moses answered and said, But, behold, they will not believe me, nor hearken unto my voice: for they will say, The Lord hath not appeared unto thee. And the Lord said unto him, What is that in thine hand? And he said, A rod. And he said, Cast it on the ground. And he cast it on the ground, and it became a serpent; and Moses fled from before it. And the Lord said unto Moses, Put forth thine hand, and take it by the tail. And he put forth his hand, and caught it, and it became a rod in his hand: That they may believe that the Lord God of their fathers, the God of Abraham, the God of Isaac, and the God of Jacob, hath appeared unto thee.

And the Lord said furthermore unto him, Put now thine hand into thy bosom. And he put his hand into his bosom: and when he took it out, behold, his hand was leprous as snow. And he said, Put thine hand into thy bosom again. And he put his hand into his bosom again; and plucked it out of his bosom, and, behold, it was turned again as his other flesh. And it shall come to pass, if they will not believe thee, neither hearken to the voice of the first sign, that they will believe the voice of the latter sign. And it shall come to pass, if they will not believe also these two signs, neither hearken unto thy voice, that thou shalt take of the water of the river, and pour it upon the dry land: and the water which thou takest out of the river shall become blood upon the dry land. And Moses said unto the Lord, O my Lord, I am not eloquent, neither heretofore, nor since thou hast spoken unto thy servant: but I am slow of speech, and of a slow tongue. And the Lord said unto him, Who hath made man's mouth? or who maketh the dumb, or deaf, or the seeing, or the blind? have not I the Lord? Now therefore go, and I will be with thy mouth, and teach thee what thou shalt say. And he said, O my Lord, send, I pray thee, by the hand of him whom thou wilt send. And the anger of the Lord was kindled against Moses, and he said, Is not Aaron the Levite thy brother? I know that he can speak well. And also, behold, he cometh forth to meet thee: and when he seeth thee, he will be glad in his heart. And thou shalt speak unto him, and put words in his mouth: and I will be with thy mouth, and with his mouth, and will teach you what ye shall do. And he shall be thy spokesman unto the people: and he shall be, even he shall be to thee instead of a mouth, and thou shalt be to him instead of God. And thou shalt take this rod in thine hand, wherewith thou shalt do signs. And Moses went and returned to Jethro his father in law, and said unto him, Let me go, I pray thee, and return unto my brethren which are in Egypt, and see whether they be yet alive. And Jethro said to Moses, Go in peace. And the Lord said unto Moses in Midian, Go, return into Egypt: for all the men are dead which sought thy life. And Moses took his wife and his sons, and set them upon an ass, and he returned to the land of Egypt: and Moses took the rod of God in his hand. And the Lord said unto Moses, When thou goest to return into Egypt, see that thou do all those wonders before Pharaoh, which I have put in thine hand: but I will harden his heart, that he shall not let the people go. And thou shalt say unto Pharaoh, Thus saith the Lord, Israel is my son, even my firstborn: And I say unto thee, Let my son go, that he may serve me: and if thou refuse to let him go, behold, I will slay thy son, even thy firstborn. And it came to pass by the way in the inn, that the Lord met him, and sought to kill him. Then Zipporah took a sharp stone, and cut off the foreskin of her son, and cast it at his feet, and said, Surely a bloody husband art thou to me. So he let him go: then she said, A bloody husband thou art, because of the circumcision. And the Lord said to Aaron, Go into the wilderness to meet Moses. And he went, and met him in the mount of God, and kissed him. And Moses told Aaron all the words of the Lord who had sent him, and all the signs which he had commanded him. And Moses and Aaron went and gathered together all the elders of the children of Israel: And Aaron spake all the words which the Lord had spoken unto Moses, and did the signs in the sight of the people. And the people believed: and when they heard that the Lord had visited the children of Israel, and that he had looked upon their affliction, then they bowed their heads and worshipped. Then the Lord said unto Moses, Now shalt thou see what I will do to Pharaoh: for with a strong hand shall he let them go, and with a strong hand shall he drive them out of his land. And God spake unto Moses, and said unto him, I am the Lord: And I appeared unto Abraham, unto Isaac, and unto Jacob, by the name of God Almighty, but by my name Jehovah was I not known to them. And I have also established my covenant with them, to give them the land of Canaan, the land of their pilgrimage, wherein they were strangers. And I have also heard the groaning of the children of Israel, whom the Egyptians keep in bondage; and I have remembered my covenant. Wherefore say unto the children of Israel, I am the Lord, and I will bring you out from under the burdens of the Egyptians, and I will rid you out of their bondage, and I will redeem you with a stretched out arm, and with great judgments: And I will take you to me for a people, and I will be to you a God: and ye shall know that I am the Lord your God, which bringeth you out from under the burdens of the Egyptians. And I will bring you in unto the land, concerning the which I did swear to give it to Abraham, to Isaac, and to Jacob; and I will give it you for an heritage: I am the Lord. And Moses spake so unto the children of Israel: but they hearkened not unto Moses for anguish of spirit, and for cruel bondage. And the Lord spake unto Moses, saying, Go in, speak unto Pharaoh king of Egypt, that he let the children of Israel go out of his land. And Moses spake before the Lord, saying, Behold, the children of Israel have not hearkened unto me; how then shall Pharaoh hear me, who am of uncircumcised lips? And the Lord spake unto Moses and unto Aaron, and gave them a charge unto the children of Israel, and unto Pharaoh king of Egypt, to bring the children of Israel out of the land of Egypt. These are that Aaron and Moses, to hom the Lord said, Bring out the children of Israel from the land of Egypt according to their armies. These are they which spake to Pharaoh king of Egypt, to bring out the children of Israel from Egypt: these are that Moses and Aaron. And it came to pass on the day when the Lord spake unto Moses in the land of Egypt, That the Lord spake unto Moses, saying, I am the Lord: speak thou unto Pharaoh king of Egypt all that I say unto thee. And Moses said before the Lord, Behold, I am of uncircumcised lips, and how shall Pharaoh hearken unto me?" (Exodus 2:1-10, 3:7, 4:1-31, 6:1-13, 26-30).

> *"Then The Lord said: I have surely seem the afliction of my people who are in Egypt and have heard their cry because of their taskmaster. I know the suffering;"* (Exodus 3:7).

Moses delivered the people of God with powerful sings and take them to the desert to take *"The Promise Land."* The Lord is going to give this land in 40 days but cost 40 years, because their unbelief. In this period of time The Lord deal with his people, give "The Law/The 10 Commandments" after all this generation die including Aaron and Moses, The Lord preserve the lives of Caleb and Joshua because they got a different Spirit.

The Lord declare to his people in "Deuteronomy 7:6-9" (They're chosen people):

"For thou art an holy people unto the Lord thy God: the Lord thy God hath chosen thee to be a special people unto himself, above all people that are upon the face of the earth. The Lord did not set his love upon you, nor choose you, because ye were more in number than any people; for ye were the fewest of all people: But because the Lord loved you, and because he would keep the oath which he had sworn unto your fathers, hath the Lord brought you out with a mighty hand, and redeemed you out of the house of bondmen, from the hand of Pharaoh king of Egypt. Know therefore that the Lord thy God, he is God, the faithful God, which keepeth covenant and mercy with them that love him and keep his commandments to a thousand generations; Know therefore that the LORD thy God, he is God, the faithful God, which keepeth covenant and mercy with them that love him and keep his commandments to a thousand generations;"

Now with Joshua like the new leader started out the entrance and taking of all the lands and victories The Lord give to them. Later they got *"Judges and Kings"* Judges like; *"Deborah, Samson, Samuel and others."* Later they asking for a king to Samuel, they got his first king; Saul *"asked"* Later they have kings like: David, Salomon and others and we know the ups and downs of our brothers, but God is always merciful and He fulfill His promises:

"I going to make from you a great nation" (Genesis 12:1-5).

The people of Israel was disperse in several times; 1904/Russia, 1922/Poland, 1931/United Kingdom, 1941-1943/Germany. Was In Germany where happen one of the biggest genocides or holocaust in the history, meaning the word holocaust:

"FINAL SOLUTION" (6, 000, 000 of Jews died over there).

They was disperse in the 4 corners of the world, but in "Ezekiel 37:21-22" The Lord Himself says is going to call his people:

"And say unto them, Thus saith the Lord God; Behold, I will take the children of Israel from among the heathen, whither they be gone, and will gather them on every side, and bring them into their own land: And I will make them one nation in the land upon the mountains of Israel; and one king shall be king to them all: and they shall be no more two nations, neither shall they be divided into two kingdoms any more at all."

They coming back to their land, but is no only a physical land or a physical Jerusalem is in spiritual manner.
"Because The Father sent The Son, Jesus to die at The Cross:"

"For God so loved the world, that he gave his only begotten Son, that whosoever believeth in him should not perish, but have everlasting life." (John 3:16).

"And if any declare He is Lord is going to be safe:"

"And it shall come to pass, that whosoever shall call on the name of the Lord shall be saved. That if thou shalt confess

with thy mouth the Lord Jesus, and shalt believe in thine heart that God hath raised him from the dead, thou shalt be saved. For with the heart man believeth unto righteousness; and with the mouth confession is made unto salvation. For the scripture saith, Whosoever believeth on him shall not be ashamed. For whosoever shall call upon the name of the Lord shall be saved." (Acts 2:21, Romans 10:9-11, 13).

In 1948 was establish the "State of Israel" and they got his law and independence, loss centuries before, but like we know we're waiting for a:

"New Heaven and New Earth: THE SPIRITUAL JERUSALEM"

And then we going to be with our *"KING AND SAVIOUR JESUS CHRIST"* Forever!

"And I saw a new heaven and a new earth: for the first heaven and the first earth were passed away; and there was no more sea. And I John saw the holy city, new Jerusalem, coming down from God out of heaven, prepared as a bride adorned for her husband. And I heard a great voice out of heaven saying, Behold, the tabernacle of God is with men, and he will dwell with them, and they shall be his people, and God himself shall be with them, and be their God. And God shall wipe away all tears from their eyes; and there shall be no more death, neither sorrow, nor crying, neither shall there be any more pain: for the former things are passed away. And he that sat upon the throne said, Behold, I make all things new. And he said unto me, Write: for these words are true and faithful. And he said unto me, It is done. I am Alpha and Omega, the beginning and the end. I will give unto him that is athirst of the fountain of the water of life freely. He that overcometh shall inherit all things; and I will be his God, and he shall be my son." (Revelations 21:1-7).

And Amen!

June 1st, 2013

ADVERTENCIAS

"Mas el fin de todas las cosas se acerca; sed, pues, sobrios, y velad en oración." (1Pedro 4:7)

=20=

El Dios Verdadero
"manifestaciones extrañas en La Casa de Dios"

"Pasando por Anfípolis y Apolonia, llegaron a Tesalónica, donde había una sinagoga de los judíos. porque pasando y mirando vuestros santuarios, hallé también un altar en el cual estaba esta inscripción: AL DIOS NO CONOCIDO. Al que vosotros adoráis, pues, sin conocerle, es a quien yo os anuncio. para que busquen a Dios, si en alguna manera, palpando, puedan hallarle, aunque ciertamente no está lejos de cada uno de nosotros. Mas Jehová es el Dios verdadero; él es Dios vivo y Rey eterno; a su ira tiembla la tierra, y las naciones no pueden sufrir su indignación. Les diréis así: Los dioses que no hicieron los cielos ni la tierra, desaparezcan de la tierra y de debajo de los cielos. El que hizo la tierra con su poder, el que puso en orden el mundo con su saber, y extendió los cielos con su sabiduría;" (Hechos 17:1, 23, 27, Jeremías 10:10-12).

Hoy en día es tan palpable ver como hombres llenos de falsedad se quieren hacer pasar por alguien: *"Pero había un hombre llamado Simón, que antes ejercía la magia en aquella ciudad, y había engañado a la gente de Samaria, haciéndose pasar por algún grande."* (Hechos 8:9).

Se hacen pasar hasta por el mismo Dios y se sientan en La Casa de Dios, como si fueran Dios, pero éstos nos irán más adelante por no darle la Gloria a Dios:

"Hijo de hombre, di al príncipe de Tiro: Así ha dicho Jehová el Señor: Por cuanto se enalteció tu corazón, y dijiste: Yo soy

un dios, en el trono de Dios estoy sentado en medio de los mares (siendo tú hombre y no Dios), y has puesto tu corazón como corazón de Dios; el cual se opone y se levanta contra todo lo que se llama Dios o es objeto de culto; tanto que se sienta en el templo de Dios como Dios, haciéndose pasar por Dios. Y un día señalado, Herodes, vestido de ropas reales, se sentó en el tribunal y les arengó. Y el pueblo aclamaba gritando: !!Voz de Dios, y no de hombre! Al momento un ángel del Señor le hirió, por cuanto no dio la gloria a Dios; y expiró comido de gusanos." (Ezequiel 28:2, 2Tesalonicenses 2:4, Hechos 12:21-23).

«PERO HAY UNA VERDAD QUE SE LLAMA CRISTO JESÚS»
"y conoceréis la verdad, y la verdad os hará libres." (Juan 8:32).

»ES TAN PALPABLE Y LATENTE QUE YA ÉSTE, EL MINISTERIO DE INIQUIDAD ESTÁ EN PROCESO«

Siendo un hombre de iniquidad: «aquel hombre que hace una gran injusticia»:

"Cuando brotan los impíos como la hierba, Y florecen todos los que hacen iniquidad, Es para ser destruidos eternamente. ¿Hasta cuándo pronunciarán, hablarán cosas duras, Y se vanagloriarán todos los que hacen iniquidad? ¿Quién se levantará por mí contra los malignos? ¿Quién estará por mí contra los que hacen iniquidad? De mañana destruiré a todos los impíos de la tierra, Para exterminar de la ciudad de Jehová a todos los que hagan iniquidad. Ellos perecerán, mas tú permanecerás; Porque ya está en acción el misterio de la iniquidad; sólo que hay quien al presente lo detiene, hasta que él a su vez sea quitado de en medio. Y entonces se manifestará aquel inicuo, a quien el Señor matará con el espíritu de su boca, y destruirá con el resplandor de su venida; inicuo cuyo advenimiento es por obra de Satanás, con gran poder y señales y prodigios mentirosos, y con todo engaño de iniquidad para los que se pierden, por cuanto no recibieron el amor de la verdad para ser salvos. Por esto Dios les envía un poder engañoso, para que crean la mentira, a fin de que sean condenados todos los que no creyeron a la verdad, sino que se complacieron en la injusticia." (Salmos 92:7, 94:4, 16, 101:8, 102:26extc, 2Tesalonicenses 2:7-12).

«Estos son falsos apóstoles, falsos profetas, falsos maestros, falsos hombres de Dios, falsos Cristos»:

"Respondiendo Jesús, les dijo: Mirad que nadie os engañe. Porque vendrán muchos en mi nombre, diciendo: Yo soy el Cristo; y a muchos engañarán. Entonces, si alguno os dijere: Mirad, aquí está el Cristo, o mirad, allí está, no lo creáis. Porque se levantarán falsos Cristos, y falsos profetas, y harán grandes señales y prodigios, de tal manera que engañarán, si fuere posible, aun a los escogidos. Yo conozco tus obras, y tu arduo trabajo y paciencia; y que no puedes soportar a los malos, y has probado a los que se dicen ser apóstoles, y no lo son, y los has hallado mentirosos;" (Mateo 24:4-5, 23, 24, Apocalipsis 2:2).*

Pero éstos se han manifestado como el cumplimiento profético de

«*LA PALABRA DE DIOS*».

Para los últimos días, últimos tiempos, en la última hora.

El mismo costumbrismo, que tienen ellos de «LA PRESENCIA CONTINUA DE DIOS CON ELLOS». Trajo la desobediencia, desobediencia que hubo en la caída de Adán y Eva, porque con la desobediencia vino el pecado y con el pecado la muerte. Esa misma desobediencia ha llegado a los púlpitos, haciendo el uso y mal uso del libre albedrío, de ese espíritu de desobediencia e independencia que sólo opera y operó primeramente en Satanás:

"Descendió al Seol tu soberbia, y el sonido de tus arpas; gusanos serán tu cama, y gusanos te cubrirán. !!Cómo caíste del cielo, oh Lucero, hijo de la mañana! Cortado fuiste por tierra, tú que debilitabas a las naciones. Tú que decías en tu corazón: Subiré al cielo; en lo alto, junto a las estrellas de Dios, levantaré mi trono, y en el monte del testimonio me sentaré, a los lados del norte; sobre las alturas de las nubes subiré, y seré semejante al Altísimo. Mas tú derribado eres hasta el Seol, a los lados del abismo." (Isaías 14:11-15).

Y luego en los primeros padres Adán y Eva: *"Y vio la mujer que el árbol era bueno para comer, y que era agradable a los ojos, y árbol codiciable para alcanzar la sabiduría; y tomó de su fruto, y comió; y dio también a su marido, el cual comió así como ella."* (Génesis 3:6).

«Ese espíritu de hacer lo que yo quiero, yo no necesito a Dios, soy exitoso, tengo mis propias revelaciones, uso La Biblia como un instrumento para hacerme famoso».

»PORQUE HAY ALGUNOS QUE VIVEN PARA DIOS Y HAY OTROS QUE VIVEN DE DIOS«

Porque en el principio todo lo que Dios creó fue bueno: *"Y vio Dios que la luz era buena; y separó Dios la luz de las tinieblas. Y llamó Dios a lo seco Tierra, y a la reunión de las aguas llamó Mares. Y vio Dios que era bueno. Produjo, pues, la tierra hierba verde, hierba que da semilla según su naturaleza, y árbol que da fruto, cuya semilla está en él, según su género. Y vio Dios que era bueno. y para señorear en el día y en la noche, y para separar la luz de las tinieblas. Y vio Dios que era bueno. Y creó Dios los grandes monstruos marinos, y todo ser viviente que se mueve, que las aguas produjeron según su género, y toda ave alada según su especie. Y vio Dios que era bueno. E hizo Dios animales de la tierra según su género, y ganado según su género, y todo animal que se arrastra sobre la tierra según su especie. Y vio Dios que era bueno. Y vio Dios todo lo que había hecho, y he aquí que era bueno en gran manera. Y fue la tarde y la mañana el día sexto."* (Génesis 1:4, 10, 12, 18, 21, 25, 31).

Pero no olvidemos que el juicio comenzará primero en La Casa De Dios y luego en el mundo y éstos no podrán seguir adelante: *"Y dije: Hasta aquí llegarás, y no pasarás adelante, Y ahí parará el orgullo de tus olas? ¿A mí no me temeréis? dice Jehová. ¿No os amedrentaréis ante mí, que puse arena por término al mar, por ordenación eterna la cual no quebrantará? Se levantarán tempestades, mas no prevalecerán; bramarán sus ondas, mas no lo pasarán. Porque es tiempo de que el juicio comience por la casa de Dios; y si primero comienza por nosotros, ¿cuál será el fin de aquellos que no obedecen al evangelio de Dios?"* (Job 38:11, Jeremías 5:22, 1Pedro 4:17).

Por eso el Señor a través tanto del Apóstol Juan, del Apóstol Pablo, del Apóstol Pedro como Judas dijo y aún dice: *"porque Dios es el mismo Hoy,*

Mañana y por los Siglos", «probad los espíritus y que habrán engañadores y doctrinas de demonios que introducirán falsas herejías».

"Amados, no creáis a todo espíritu, sino probad los espíritus si son de Dios; porque muchos falsos profetas han salido por el mundo. Pero el Espíritu dice claramente que en los postreros tiempos algunos apostatarán de la fe, escuchando a espíritus engañadores y a doctrinas de demonios; por la hipocresía de mentirosos que, teniendo cauterizada la conciencia, Porque yo sé que después de mi partida entrarán en medio de vosotros lobos rapaces, que no perdonarán al rebaño. Y de vosotros mismos se levantarán hombres que hablen cosas perversas para arrastrar tras sí a los discípulos. Pero hubo también falsos profetas entre el pueblo, como habrá entre vosotros falsos maestros, que introducirán encubiertamente herejías destructoras, y aun negarán al Señor que los rescató, atrayendo sobre sí mismos destrucción repentina. Y muchos seguirán sus disoluciones, por causa de los cuales el camino de la verdad será blasfemado, y por avaricia harán mercadería de vosotros con palabras fingidas. Sobre los tales ya de largo tiempo la condenación no se tarda, y su perdición no se duerme. y mayormente a aquellos que, siguiendo la carne, andan en concupiscencia e inmundicia, y desprecian el señorío. Pero éstos, hablando mal de cosas que no entienden, como animales irracionales, nacidos para presa y destrucción, perecerán en su propia perdición, recibiendo el galardón de su injusticia, ya que tienen por delicia el gozar de deleites cada día. Estos son inmundicias y manchas, quienes aun mientras comen con vosotros, se recrean en sus errores. Han dejado el camino recto, y se han extraviado siguiendo el camino de Balaam hijo de Beor, el cual amó el premio de la maldad, Estos son fuentes sin agua, y nubes empujadas por la tormenta; para los cuales la más densa oscuridad está reservada para siempre. Porque algunos hombres han entrado encubiertamente, los que desde antes habían sido destinados para esta condenación, hombres impíos, que convierten en libertinaje la gracia de nuestro Dios, y niegan a Dios el único soberano, y a nuestro Señor Jesucristo. No obstante, de la misma manera también estos soñadores mancillan la carne, rechazan la autoridad y blasfeman de las potestades superiores. Pero éstos blasfeman de cuantas cosas no conocen; y en las que por naturaleza conocen, se corrompen como animales irracionales. !!Ay de ellos! porque han seguido el camino de Caín, y se lanzaron por lucro en el error de Balaam, y perecieron en la contradicción de Coré. Estos son manchas en vuestros ágapes, que comiendo impúdicamente con vosotros se apacientan a sí mismos; nubes sin agua, llevadas de acá para allá por los

vientos; árboles otoñales, sin fruto, dos veces muertos y desarraigados; fieras ondas del mar, que espuman su propia vergüenza; estrellas errantes, para las cuales está reservada eternamente la oscuridad de las tinieblas. Estos son murmuradores, querellosos, que andan según sus propios deseos, cuya boca habla cosas infladas, adulando a las personas para sacar provecho. los que os decían: En el postrer tiempo habrá burladores, que andarán según sus malvados deseos. Estos son los que causan divisiones; los sensuales, que no tienen al Espíritu." (1Juan 4:1, 1Timoteo 4:1-2, Hechos 20:29-30, 2Pedro 2:1-3, 10, 12-13, 15, 17, Judas 1:4, 8, 10-13, 16, 18-19).

Tres actitudes vemos en estos falsos profetas;

(1) *Caín*: Asesinos (Génesis 4:8).
(2) *Balaam*: Desobedientes (Números 22:12).
(3) *Coré*: Rebeldes (Números 16:1-35).

Pero hay muchos que como Tomás tienen que ver para creer, pero el Señor Jesús les dice:

"y no seas incrédulo, sino creyente." (Juan 20:27extc).

Pero como dije anteriormente se sentarán en El Templo de Dios haciéndose pasar por Dios, pero Dios ya tiene listo

«EL FUEGO SANTO, PORQUE NUESTRO DIOS ES UN FUEGO CONSUMIDOR»

Así como Jehová a través del profeta Elías desafío a los Baales. Así una vez más El mismo Jesús que tiene los ojos como fuego y es fuego:

"El Hijo de Dios, el que tiene ojos como llama de fuego, y pies semejantes al bronce bruñido, se veía un horno humeando, y una antorcha de fuego" (Apocalipsis 2:18, Génesis 15:17extc).

Le hará la misma pregunta que le hizo Elías en aquel momento: *"Y acercándose Elías a todo el pueblo, dijo: ¿Hasta cuándo claudicaréis vosotros entre dos pensamientos? Si Jehová es Dios, seguidle; y si Baal, id en pos de él. Y el pueblo no respondió palabra."* (1Reyes 18:21).

Y ya sabemos quién es

«EL DIOS VERDADERO»:

"Respóndeme, Jehová, respóndeme, para que conozca este pueblo que tú, oh Jehová, eres el Dios, y que tú vuelves a ti el corazón de ellos. Entonces cayó fuego de Jehová, y consumió el holocausto, la leña, las piedras y el polvo, y aun lamió el agua que estaba en la zanja. Viéndolo todo el pueblo, se postraron y dijeron: !!Jehová es el Dios, Jehová es el Dios!" (1Reyes 18:37-39).

Porque ya sabemos que Satanás es un imitador y quiere engañar al mundo porque su tiempo es corto y por eso anda como león rugiente: *"!!Ay de los moradores de la tierra y del mar! porque el diablo ha descendido a vosotros con gran ira, sabiendo que tiene poco tiempo. Sed sobrios, y velad; porque vuestro adversario el diablo, como león rugiente, anda alrededor buscando a quien devorar;"* (Apocalipsis 12:12extc, 1Pedro 5:8).

Y sabemos que el falso profeta hará descender fuego del cielo y por eso aun de ser posible los escogidos serán engañados: *"También hace grandes señales, de tal manera que aun hace descender fuego del cielo a la tierra delante de los hombres. Y engaña a los moradores de la tierra con las señales que se le ha permitido hacer en presencia de la bestia, mandando a los moradores de la tierra que le hagan imagen a la bestia que tiene la herida de espada, y vivió. Porque se levantarán falsos Cristos, y falsos profetas, y harán grandes señales y prodigios, de tal manera que engañarán, si fuere posible, aun a los escogidos."* (Apocalipsis 13:13-14, Mateo 24:24).

Pero aún más aquellos cuyos nombres no están en el libro de la vida son los que serán engañados: *"Y la adoraron todos los moradores de la tierra cuyos nombres no estaban escritos en el libro de la vida del Cordero que fue inmolado desde el principio del mundo. La bestia que has visto, era, y no es; y está para subir del abismo e ir a perdición; y los moradores de la tierra, aquellos cuyos nombres no están escritos desde la fundación del mundo en el libro de la vida, se asombrarán viendo la bestia que era y no es, y será."* (Apocalipsis 13:8, 17:8).

Por eso el Maestro Jesús, luego que los discípulos trajeron el reporte de todas las maravillas que experimentaron de echar fuera demonios y sanar enfermos Él les dice como: *«eso está muy bien pero procuren que sus nombres estén en*

EL LIBRO DE LA VIDA»:

"Pero no os regocijéis de que los espíritus se os sujetan, sino regocijaos de que vuestros nombres están escritos en los cielos." (Lucas 10:20).

Estos falsos dioses, magos y algunos exorcistas ambulantes: *"Pero les resistía Elimas, el mago (pues así se traduce su nombre), procurando apartar de la fe al procónsul. Entonces Saulo, que también es Pablo, lleno del Espíritu Santo, fijando en él los ojos, dijo: !!Oh, lleno de todo engaño y de toda maldad, hijo del diablo, enemigo de toda justicia! ¿No cesarás de trastornar los caminos rectos del Señor? Ahora, pues, he aquí la mano del Señor está contra ti, y serás ciego, y no verás el sol por algún tiempo. E inmediatamente cayeron sobre él oscuridad y tinieblas; y andando alrededor, buscaba quien le condujese de la mano. Pero algunos de los judíos, exorcistas ambulantes, intentaron invocar el nombre del Señor Jesús sobre los que tenían espíritus malos, diciendo: Os conjuro por Jesús, el que predica Pablo. Había siete hijos de un tal Esceva, judío, jefe de los sacerdotes, que hacían esto. Pero respondiendo el espíritu malo, dijo: A Jesús conozco, y sé quién es Pablo; pero vosotros, ¿quiénes sois? Y el hombre en quien estaba el espíritu malo, saltando sobre ellos y dominándolos, pudo más que ellos, de tal manera que huyeron de aquella casa desnudos y heridos."* (Hechos 13:8-11, 19:13-16).

Tienen cauterizadas congregaciones completas, donde aquellos regulares han creído más a la mentira que a la verdad, han creído más en los hombres que al mismo Dios:

"y con todo engaño de iniquidad para los que se pierden, por cuanto no recibieron el amor de la verdad para ser salvos. Así ha dicho Jehová: Maldito el varón que confía en el hombre, y pone carne por su brazo, y su corazón se aparta de Jehová. Tienen los ojos llenos de adulterio, no se sacian de pecar, seducen a las almas inconstantes, tienen el corazón habituado a la codicia, y son hijos de maldición. Han dejado el camino recto, y se han extraviado siguiendo el camino de Balaam hijo de Beor, el cual amó el premio de la maldad, Pues hablando palabras infladas y vanas, seducen con concupiscencias de la carne y disoluciones a los que verdaderamente habían huido de los que viven en error. Les prometen libertad, y son ellos

mismos esclavos de corrupción. Porque el que es vencido por alguno es hecho esclavo del que lo venció. Ciertamente, si habiéndose ellos escapado de las contaminaciones del mundo, por el conocimiento del Señor y Salvador Jesucristo, enredándose otra vez en ellas son vencidos, su postrer estado viene a ser peor que el primero. Porque mejor les hubiera sido no haber conocido el camino de la justicia, que después de haberlo conocido, volverse atrás del santo mandamiento que les fue dado. Pero les ha acontecido lo del verdadero proverbio: El perro vuelve a su vómito, y la puerca lavada a revolcarse en el cieno. Porque es imposible que los que una vez fueron iluminados y gustaron del don celestial, y fueron hechos partícipes del Espíritu Santo, y asimismo gustaron de la buena palabra de Dios y los poderes del siglo venidero, y recayeron, sean otra vez renovados para arrepentimiento, crucificando de nuevo para sí mismos al Hijo de Dios y exponiéndole a vituperio. Porque si pecáremos voluntariamente después de haber recibido el conocimiento de la verdad, ya no queda más sacrificio por los pecados, sino una horrenda expectación de juicio, y de hervor de fuego que ha de devorar a los adversarios. El que viola la ley de Moisés, por el testimonio de dos o de tres testigos muere irremisiblemente. ¿Cuánto mayor castigo pensáis que merecerá el que pisoteare al Hijo de Dios, y tuviere por inmunda la sangre del pacto en la cual fue santificado, e hiciere afrenta al Espíritu de gracia? Pues conocemos al que dijo: Mía es la venganza, yo daré el pago, dice el Señor. Y otra vez: El Señor juzgará a su pueblo. !!Horrenda cosa es caer en manos del Dios vivo!" (2Tesalonicenses 2:10, Jeremías 17:5, 2Pedro 2:14-15, 18-22, Hebreos 6:4-6, 10:26-31).

«PORQUE ESTOS HOMBRES FUERON ESCOGIDOS POR EL MISMO DIOS PARA SU OBRA DESARROLLAR» (Hebreos 5:4).

"aunque hay utensilios para honra y utensilios para deshonra" (2Timoteo 2:20).

»¿Pero un momento éstos hombres en El Día Del Juicio Final, Juicio A Las Naciones, Segunda Muerte, llaman al *Juez* ¡Señor! ¡Señor!? (Mateo 7:21-29).

¿O sea, que ellos reconocen a *Dios cómo Señor?* Entonces significa que estos dejaron las obras de Dios y/o pasaron una vez más de la *«Luz Admirable* a las tinieblas» El Señor mismo les dirá apartaos de mí hacedores de iniquidad, nunca os conocí, o sea salieron de nosotros pero no eran de nosotros«:

> *"Y entonces les declararé: Nunca os conocí; apartaos de mí, hacedores de maldad. Salieron de nosotros, pero no eran de nosotros; porque si hubiesen sido de nosotros, habrían permanecido con nosotros; pero salieron para que se manifestase que no todos son de nosotros."* (Mateo 7:23, 1Juan 2:19).

Ellos están haciendo falsos milagros, porque los demonios también hacen falsos milagros, pero tienen sus limitaciones, porque hay un Poder que va más allá, donde las ilusiones se acaban que es: «EL DEDO DE DIOS»:

"Si Faraón os respondiere diciendo: Mostrad milagro; dirás a Aarón: Toma tu vara, y échala delante de Faraón, para que se haga culebra. Vinieron, pues, Moisés y Aarón a Faraón, e hicieron como Jehová lo había mandado. Y echó Aarón su vara delante de Faraón y de sus siervos, y se hizo culebra. Entonces llamó también Faraón sabios y hechiceros, e hicieron también lo mismo los hechiceros de Egipto con sus encantamientos; pues echó cada uno su vara, las cuales se volvieron culebras; mas la vara de Aarón devoró las varas de ellos. Y Moisés y Aarón hicieron como Jehová lo mandó; y alzando la vara golpeó las aguas que había en el río, en presencia de Faraón y de sus siervos; y todas las aguas que había en el río se convirtieron en sangre. Asimismo los peces que había en el río murieron; y el río se corrompió, tanto que los egipcios no podían beber de él. Y hubo sangre por toda la tierra de Egipto. Y los hechiceros de Egipto hicieron lo mismo con sus encantamientos; y el corazón de Faraón se endureció, y no los escuchó; como Jehová lo había dicho. Y Jehová dijo a Moisés: Di a Aarón: Extiende tu mano con tu vara sobre los ríos, arroyos y estanques, para que haga subir ranas sobre la tierra de Egipto. Entonces Aarón extendió su mano sobre las aguas de Egipto, y subieron ranas que cubrieron la tierra de Egipto. Y los hechiceros hicieron lo mismo con sus encantamientos, e hicieron venir ranas sobre la tierra de Egipto. Entonces Faraón llamó a Moisés y a Aarón, y les dijo: Orad a Jehová para que quite las ranas de mí y de mi pueblo, y dejaré ir a tu pueblo para que ofrezca sacrificios a Jehová. Y ellos lo hicieron así; y Aarón extendió su mano con su vara, y golpeó el polvo de la tierra, el cual se volvió piojos, así en los hombres como en las bestias; todo el polvo de la tierra se volvió piojos en todo el país de Egipto. Y los hechiceros hicieron así también, para sacar

piojos con sus encantamientos; pero no pudieron. Y hubo piojos tanto en los hombres como en las bestias. Y los hechiceros no podían estar delante de Moisés a causa del sarpullido, porque hubo sarpullido en los hechiceros y en todos los egipcios. Envió a su siervo Moisés, Y a Aarón, al cual escogió. Puso en ellos las palabras de sus señales, Y sus prodigios en la tierra de Cam. Envió tinieblas que lo oscurecieron todo; No fueron rebeldes a su palabra. Volvió sus aguas en sangre, Y mató sus peces. Su tierra produjo ranas Hasta en las cámaras de sus reyes. Habló, y vinieron enjambres de moscas, Y piojos en todos sus términos. Les dio granizo por lluvia, Y llamas de fuego en su tierra. Destrozó sus viñas y sus higueras, Y quebró los árboles de su territorio. Habló, y vinieron langostas, Y pulgón sin número; Y comieron toda la hierba de su país, Y devoraron el fruto de su tierra. Hirió de muerte a todos los primogénitos en su tierra, Las primicias de toda su fuerza. Entonces los hechiceros dijeron a Faraón: Dedo de Dios es éste. Mas el corazón de Faraón se endureció, y no los escuchó, como Jehová lo había dicho. Entonces los siervos de Faraón le dijeron: ¿Hasta cuándo será este hombre un lazo para nosotros? Deja ir a estos hombres, para que sirvan a Jehová su Dios. ¿Acaso no sabes todavía que Egipto está ya destruido?" (Éxodo 7:9-12, 20-22, 8:5-8, 8:17-19, 9:11, Salmo 105:26-36, Éxodo 8:19, 10:7).

»O sea que su capitán y dios es Satanás, el príncipe de este tiempo«:

"el príncipe de este mundo ha sido ya juzgado. en los cuales anduvisteis en otro tiempo, siguiendo la corriente de este mundo, conforme al príncipe de la potestad del aire, el espíritu que ahora opera en los hijos de desobediencia," (Juan 16:11extc, Efesios 2:2).

«Cegándose y cegando a otros con sus falsas doctrinas»:

"en los cuales el dios de este siglo cegó el entendimiento de los incrédulos, para que no les resplandezca la luz del evangelio de la gloria de Cristo, el cual es la imagen de Dios. Pero tengo unas pocas cosas contra ti: que tienes ahí a los que retienen la doctrina de Balaam, que enseñaba a Balac a poner tropiezo ante los hijos de Israel, a comer de cosas sacrificadas a los ídolos, y a cometer fornicación. Y también tienes a los que retienen la doctrina de los nicolaítas, la que

yo aborrezco. Pero tengo unas pocas cosas contra ti: que toleras que esa mujer Jezabel, que se dice profetisa, enseñe y seduzca a mis siervos a fornicar y a comer cosas sacrificadas a los ídolos. Y le he dado tiempo para que se arrepienta, pero no quiere arrepentirse de su fornicación." (2Corintios 4:4, Apocalipsis 2:14-15, 20-21).

Muchos creen y van a creer que trabajan para Dios y no son más que doctrinas enseñadas por hombres: *"Dice, pues, el Señor: Porque este pueblo se acerca a mí con su boca, y con sus labios me honra, pero su corazón está lejos de mí, y su temor de mí no es más que un mandamiento de hombres que les ha sido enseñado; Respondiendo él, les dijo: Hipócritas, bien profetizó de vosotros Isaías, como está escrito: Este pueblo de labios me honra, Mas su corazón está lejos de mí. Pues en vano me honran, Enseñando como doctrinas mandamientos de hombres."*
(Isaías 29:13, Mateo 15:8-9).

Porque no te puedes sentar a la mesa del Señor y no te puedes sentar a la mesa de los demonios, no se puede servir a dos Señores:

"Aderezas mesa delante de mí en presencia de mis angustiadores; Unges mi cabeza con aceite; mi copa está rebosando. No podéis beber la copa del Señor, y la copa de los demonios; no podéis participar de la mesa del Señor, y de la mesa de los demonios. Ninguno puede servir a dos señores; porque o aborrecerá al uno y amará al otro, o estimará al uno y menospreciará al otro. No podéis servir a Dios y a las riquezas." (Salmo 23:5, 1Corintios 10:21, Mateo 6:24).

»Satanás te oferta las cosas de éste mundo«:

"y le dijo: Todo esto te daré, si postrado me adorares."
(Mateo 4:9)

«DIOS TE OFERTA LAS COSAS QUE SON ETERNAS»:

"No son del mundo, como tampoco yo soy del mundo. La gloria que me diste, yo les he dado, para que sean uno, así

como nosotros somos uno. Padre, aquellos que me has dado, quiero que donde yo estoy, también ellos estén conmigo, para que vean mi gloria que me has dado; porque me has amado desde antes de la fundación del mundo."
(Juan 17:16, 22, 24).

»Mi padre fue Satanás porque sus obras hacía«

«PERO AHORA MI PADRE ES DIOS Y SU VOLUNTAD HAGO. ES Y FUE ALGO AJUDICADO A MÍ DESDE ANTES DE LA FUNDACIÓN DEL MUNDO A TRAVÉS DEL CRISTO DE LA GLORIA»

Estos han dejado las obras del Cristo y han caído en un estado babilónico. *Siendo Babilonia «el estado caído que está el mundo y por ende el estado caído que está el hombre en el mundo y éste mismo estado está en La Casa de Dios, porque lamentándolo mucho»:*

«EL MUNDO ESTÁ IMPACTANDO MÁS A LA IGLESIA, QUE LO QUE LA IGLESIA HA IMPACTADO AL MUNDO. EL MUNDO ESTÁ EVANGELIZANDO A LA IGLESIA, MAS NO LA IGLESIA AL MUNDO»

Cuando el mismo Dios nos anhela celosamente y nos manda a tener enemistad con el mundo, si no nos constituimos enemigos de Él. Porque el mundo le crucificó, porque El Cristo vino a exponer sus perversas obras. (Santiago 4:4-5, Juan 7:7).

Es por eso que el mundo entero está bajo el maligno. (1Juan 5:19).

Estos han querido construir sus propias torres de Babel: *"Y dijeron: Vamos, edifiquémonos una ciudad y una torre, cuya cúspide llegue al cielo; y hagámonos un nombre, por si fuéremos esparcidos sobre la faz de toda la tierra."* (Génesis 11:4).

Y tienen afuera al Cristo, Cristo toca desde afuera para que le dejen entrar: *"He aquí, yo estoy a la puerta y llamo;"* (Apocalipsis 3:20extc).

Estos falsos profetas siempre han sido y aún son los más populares:
"Entonces el rey de Israel reunió a los profetas, como cuatrocientos hombres, a los cuales dijo: ¿Iré a la guerra contra Ramot de Galaad, o la

dejaré? Y ellos dijeron: Sube, porque Jehová la entregará en mano del rey. El rey de Israel respondió a Josafat: Aún hay un varón por el cual podríamos consultar a Jehová, Micaías hijo de Imla; mas yo le aborrezco, porque nunca me profetiza bien, sino solamente mal. Y Josafat dijo: No hable el rey así. Entonces el rey de Israel dijo: ¡¡Ah! que ha llamado Jehová a estos tres reyes para entregarlos en manos de los moabitas. Mas Josafat dijo: ¿No hay aquí profeta de Jehová, para que consultemos a Jehová por medio de él? Y uno de los siervos del rey de Israel respondió y dijo: Aquí está Eliseo hijo de Safat, que servía a Elías. Entonces Eliseo dijo al rey de Israel: ¿Qué tengo yo contigo? Ve a los profetas de tu padre, y a los profetas de tu madre. Y el rey de Israel le respondió: No; porque Jehová ha reunido a estos tres reyes para entregarlos en manos de los moabitas." (1Reyes 22:6, 8, 2Reyes 3:10-13).

Porque la gente sean hermanos o no en el Señor quieren escuchar lo que quieren escuchar:

> *"La palabra que nos has hablado en nombre de Jehová, no la oiremos de ti;"*
> (Jeremías 44:16).

Saúl había sido desechado por Dios por su desobediencia: *"Porque como pecado de adivinación es la rebelión, y como ídolos e idolatría la obstinación. Por cuanto tú desechaste la palabra de Jehová, él también te ha desechado para que no seas rey."* (1Samuel 15:23).

Una vez más vemos el estado caído de Satanás y los primeros padres Adán y Eva manifestarse y éste profetizaba: *"Y fue a Naiot en Ramá; y también vino sobre él el Espíritu de Dios, y siguió andando y profetizando hasta que llegó a Naiot en Ramá. Y él también se despojó de sus vestidos, y profetizó igualmente delante de Samuel, y estuvo desnudo todo aquel día y toda aquella noche. De aquí se dijo: ¿También Saúl entre los profetas?"* (1Samuel 19:23-24).

Pero aun los falsos profetas te hayan dicho lo contrario a lo que Dios mandó, aun así, el mensaje original te llegará por algún otro medio u hombre de Dios. Tenga cuidado mi hermano, mi hermana, cuando unos de éstos profetas venga con un mensaje, *"espere que Dios también le hable."* Hay gente que está oyendo doctrinas de demonios y luego profetizan y esos mantos encantados recaen sobre las almas débiles y creen a la mentira más que a «*LA VERDAD*». Estos han querido construir sus propias reinos pero El Señor Jesús les dice: «hasta aquí y no más allá». El Señor lo matará con:

«LA PALABRA MISMA, QUE ES: LA ESPADA DE DOS FILOS QUE SALE DE SU BOCA»:

"Y entonces se manifestará aquel inicuo, a quien el Señor matará con el espíritu de su boca, y destruirá con el resplandor de su venida; El que tiene la espada aguda de dos filos" (Job 38:11, 2Tesalonicenses 2:8, Apocalipsis 2:12extc).

Porque hay algunos que predican sobre Jesús, pero no el Jesús de La Biblia, es un Jesús que se adecúa a ti, a tus deseos, a tus necesidades, que te va dar los deseos de tu corazón, sin sufrimientos, sin persecuciones. Ya al pecado en éstos lugares de Baales no se le llama pecado, se le llama malas decisiones. Ya en éstos lugares no se habla de corrección, porque estarían juzgando a la Congregación. Cuando hay un Dios que corrige y azota al que ama, porque si no fuéramos hijos bastardos y porque Él nos ama, nos corrige, para que se enderece lo cojo y no se salga del camino: *"Yo reprendo y castigo a todos los que amo; sé, pues, celoso, y arrepiéntete. Porque Jehová al que ama castiga, Como el padre al hijo a quien quiere. Porque Jehová al que ama se os dirige, diciendo: Hijo mío, no menosprecies la disciplina del Señor, Ni desmayes cuando eres reprendido por él; Porque el Señor al que ama, disciplina, Y azota a todo el que recibe por hijo. y haced sendas derechas para vuestros pies, para que lo cojo no se salga del camino, sino que sea sanado."* (Apocalipsis 3:19, Proverbios 3:12, Hebreos 12:5-6, 13).

«ESTOS HOMBRES SON CAPACES DE RETARDAR LA LLEGADA DEL CRISTO»

Uno de ellos que está en Houston, Texas dice: «que hasta que usted no tenga un buen carro, una buena casa y todos sus sueños, que no son más que pesadillas e ilusiones creadas por uno que no es más que el diablo ¡El Cristo no puede regresar!»:

"sabiendo primero esto, que en los postreros días vendrán burladores, andando según sus propias concupiscencias, y diciendo: ¿Dónde está la promesa de su advenimiento?

Porque desde el día en que los padres durmieron, todas las cosas permanecen así como desde el principio de la creación." (2Pedro 3:3-4).

«CUANDO NUESTRAS MORADAS SON CELESTIALES Y CAMINAREMOS POR CALLES DE ORO Y NO SOMOS DE AQUÍ» (Apocalipsis 21:21, Juan 14:2).

O sea, estos hombres le ponen un ultimátun a un Dios que es Soberano. Un Dios que un día son como mil años y mil años como un día: *"Mas, oh amados, no ignoréis esto: que para con el Señor un día es como mil años, y mil años como un día. El Señor no retarda su promesa, según algunos la tienen por tardanza, sino que es paciente para con nosotros, no queriendo que ninguno perezca, sino que todos procedan al arrepentimiento. Pero el día del Señor vendrá como ladrón en la noche; en el cual los cielos pasarán con grande estruendo, y los elementos ardiendo serán deshechos, y la tierra y las obras que en ella hay serán quemadas."* (2Pedro 3:8-10).

Un Dios que ni al Hijo le ha dicho ni el día ni la hora, cuando el Hijo sólo nos dijo: «que no seamos insensatos, sino que nos mandó a ser sensatos y a estar apercibidos».

«CUANDO EL VERDADERO DIOS/JESÚS RECHAZÓ TODAS LAS OFERTAS QUE SATANÁS LE HIZO EN LO REFERENTE A ÉSTE MUNDO Y SUS COSAS, AL TENTARLE EN EL DESIERTO. ES TANTO ASÍ QUE ÉL TERMINABA UN AYUNO DE 40 DÍAS Y TUVO HAMBRE, O SEA QUE HASTA EN ESE MOMENTO ÉL NO LE INTEREZABAN LAS COSAS DE ÉSTE MUNDO, MUCHO MENOS A NOSTROS POR SER IMITADORES DE AQUEL QUE TODO LO DIO POR NOSOTROS, SUS HIJOS» (Mateo 4: 1-11, Juan 3:16)

Y así le dice: *«EL VERDADERO DIOS, EL VERDADERO JESÚS»* a estos falsos dioses, falsos apóstoles, falsos profetas, falsos maestros, falsos Cristos, pastores inútiles, motivadores:

«YO SOY EL DUEÑO DE LA OBRA, YO SOY EL ÚNICO REY, YO SOY EL ÚNICO QUE QUIERE, QUE PUEDE,

QUE DA Y QUE CAMBIA UNA VIDA, YO SOY EL ÚNICO QUE CONOZCO LOS PLANES QUE TENGO PARA TI, PLAN DE BIEN NO DE MAL, PARA QUE TENGAS UN PORVENIR Y UNA ESPERANZA» (Jeremías 29:11)

»NO PALABRAS HUECAS VACÍAS Y LLENAS DE SUTILEZAS« (Colosenses 2:4, 8)

¡PASTOR! La vida en Cristo es una elección diaria, así como el árbol era del bien y del mal, así Él te invita a tomar diariamente la decisión(es) correcta(s) y a escuchar una vez más Su Voz, porque sus ovejas conocen su voz y le obedecen, porque Él es el Pan de Vida, Un Río de Aguas Viva, el que beba de Él nunca más tendrá sed. Cambiar tu predica, tus mensajes para agradar a otros no te van a satisfacer, ni te van a dar entrada al Reino de Dios, al contrario, podrías ser arrojado al Lago de Fuego y azufre: *!!Horrenda cosa es caer en manos del Dios vivo!*

Él te invita una vez más a volver a Las Sendas Antiguas, a no traspasarlos, a volver al primer amor, que prediques la palabra: *que instes a tiempo y fuera de tiempo; redarguye, reprende, exhorta con toda paciencia y doctrina.* (Apocalipsis 20:10, Hebreos 10:31, Jeremías 6:16, Proverbios 22:28, Apocalipsis 2:4, 2Timoteo 4:2).

Mi hermano, mi hermana, hombre del mundo Él te invita a que hoy tomes la mejor de las decisiones que te enamores de Él una vez más y si tú aún no le conoces le conozca y Él te va a cuidar a enamorar, porque Cristo es una relación como un Esposo con una esposa. Pero ésta relación será hasta y por la Eternidad. Pero la única manera de establecer una vez más éste Pacto o por primera vez es cerrando toda puerta a las tinieblas, poniendo tu mirada sólo en «JESÚS EL DIOS VERDADERO». Sin importar las circunstancias, en momentos de dificultad, de tormenta, Él va extender La Mano para socorrerte. (Mateo 14:30-31).

«PORQUE JESÚS ES DIOS, EL ÚNICO DIOS VERDADERO, EL ÚNICO QUE CUANDO TODOS SE HAN IDO ÉL ESTÁ Y ESTARÁ ALLÍ CONTIGO, TANTO ASÍ QUE ÉL PROMETIÓ ESTAR CON NOSOTROS HASTA EL FINAL DEL MUNDO, PORQUE SÓLO ÉL ES EL FIEL Y EL DIOS VERDADERO, SOLO ÉL PUEDE

CUMPLIR SUS PROMESAS QUE ESTÁN EN ÉL ¡SÍ! Y EN ÉL ¡AMÉN!»

¡Bendigo tu vida en este día!

Hoy es el día de Salvación no endurezca tu corazón, mañana no está prometido.

El Señor en éste momento toca a tu puerta, siendo la puerta tu corazón, pero hasta que no le invites a pasar Él no entrará, pero si le invitas Él entrará junto Al Padre y Al Espíritu Santo y juntos cenarán y harán morada en tu corazón, porque: «Con el corazón se cree para justicia, pero con la boca se confiesa para salvación».

Sólo repite conmigo:

«Señor Jesús, yo reconozco que Tú eres El Hijo y Tú eres Dios, yo te pido que me perdones por la manera vana de vivir y por todos mis pecados, yo te pido que inscriba mi nombre en El Libro de La Vida y yo te prometo nunca/ más alejarme de ti y ¡Amén!»

Si hiciste esta oración de fe, creyendo en tu corazón y confesando que Jesús es tu Único y Verdadero Salvador, El Hijo de Dios y Dios, has pasado de muerte a vida, ya ahora eres una nueva creación en Cristo Jesús. Ahora mismo hay una fiesta en Los Cielos sólo por ti, porque basta con que un solo pecador se arrepienta, para que El Padre, El Hijo, El Espíritu Santo y Los ángeles se regocijen en Los Cielos.

¡GLORIA A DIOS!

»Oro por ti mi hermano, mi hermana, que El Señor te cuide de toda acechanza del enemigo y de las tinieblas, que cuide tu entrada y tu salida, que haga resplandecer Su Rostro sobre ti y que cumpla en ti el propósito para lo que Él te creó y te llamó«.

¡En El Nombre De Jesús Siempre! y ¡Amén!

Reciban de su hermano y amigo un beso y abrazo santo.

Les amo en Cristo Jesús y una vez más ¡Amén!

Junio 17, 2015

=21=

¿Qué Es La Verdad?

"Le dijo entonces Pilato: ¿Luego, eres tú rey? Respondió Jesús: Tú dices que yo soy rey. Yo para esto he nacido, y para esto he venido al mundo, para dar testimonio a la verdad. Todo aquel que es de la verdad, oye mi voz. Le dijo Pilato: ¿Qué es la verdad? Y cuando hubo dicho esto, salió otra vez a los judíos, y les dijo: Yo no hallo en él ningún delito." (Juan 18:37-38).

Siendo *"La Verdad:"* «Algo totalmente realizado o completado, llamado propiamente, correctamente, constante, firme, inmóvil, leal, honesto y justo, ideal, esencial, estando de acuerdo con el actual estado del cualquier asunto, algo legítimo y verdadero».

Siendo estos últimos tiempos de tanta confusión y decepción, hay una Verdad latente 2000 años después. El mundo y las religiones dicen tener la verdad y ser la verdad, pero esta verdad que es falsedad no es más que enseñanzas otorgadas por hombres: *"Dice, pues, el Señor: Porque este pueblo se acerca a mí con su boca, y con sus labios me honra, pero su corazón está lejos de mí, y su temor de mí no es más que un mandamiento de hombres que les ha sido enseñado;"* (Isaías 29:13).

Pero nosotros los hijos del Dios Viviente sabemos que sólo Él es Fiel y Verdadero. (Apocalipsis 3:14, 19:11).

Y las cosas de este mundo van a pasar, pero su Palabra no pasará:

"El cielo y la tierra pasarán, pero mis palabras no pasarán."
(Mateo 24:35).

Por tanto, la Verdad que es Cristo Jesús se va a mantener porque Él dijo de Él mismo: «que era y es *LA VERDAD y EL CAMINO y LA VIDA*».

"Jesús le dijo: Yo soy el camino, y la verdad, y la vida; nadie viene al Padre, sino por mí." (Juan 14:6).

Él es una Verdad que te hará libre:

"y conoceréis la verdad, y la verdad os hará libres."
(Juan 8:32).

Te sacará del camino de muerte. (Proverbios 14:12).
¡Y te dará vida!

He visto como esta sociedad cada día más anda detrás de una vana ilusión, que el engañador de éste mundo, el ilusionista Satanás les ofrece a diario. (Eclesiastés 1:2).

Sabemos cómo éste quiso tentar al mismo Jesús en el desierto, ofreciéndole las cosas de este mundo: *"y le dijo: Todo esto te daré, si postrado me adorares."* (Mateo 4:9).

Es allí donde este mentiroso ha llevado a muchos a adorarle porque simplemente sus nombres no están «En El Libro De La Vida»:

"Y la adoraron todos los moradores de la tierra cuyos nombres no estaban escritos en el libro de la vida del Cordero que fue inmolado desde el principio del mundo. (Apocalipsis 13:8).

Pero El Cristo se hizo carne y habitó entre nosotros y sobrepasó toda tentación:

"Y aquel Verbo fue hecho carne, y habitó entre nosotros (y vimos su gloria, gloria como del unigénito del Padre), lleno de gracia y de verdad. Porque no tenemos un sumo sacerdote que no pueda compadecerse de nuestras debilidades, sino

uno que fue tentado en todo según nuestra semejanza, pero sin pecado." (Juan 1:14, Hebreos 4:15).

«Y UNA VEZ MÁS LOS DESEOS DE LA CARNE Y ESTE MUNDO PASARÁN, PERO MI PALABRA NO PASARÁ DIJO EL SEÑOR»

Hemos sido llamados con y para un propósito Santo, porque El mismo Padre nos llamó, nos capacitó y equipó para buenas obras desde antes de la fundación del mundo:

"Porque somos hechura suya, creados en Cristo Jesús para buenas obras, las cuales Dios preparó de antemano para que anduviésemos en ellas." (Efesios 2:10).

Nuestro trabajo es el de llevar y hablar La Verdad, pero ellos no nos escuchan porque son del mundo: *"Ellos son del mundo; por eso hablan del mundo, y el mundo los oye. Nosotros somos de Dios; el que conoce a Dios, nos oye; el que no es de Dios, no nos oye. En esto conocemos el espíritu de verdad y el espíritu de error."* (1Juan 4:5-6).

Pero El Único Juez es Dios y El mismo es Verdadero, ante todo sea todo hombre mentiroso, sólo Él es veraz. (Romanos 3:4).

El mismo Jesús les dijo en más de una ocasión a los religiosos de aquella época que Él era y les había dicho La Verdad. Éstos rechazaron y aún rechazan dicha realidad al igual que en ese momento han preferido más la gloria de los hombres que La Gloria De Dios y La Verdad Eterna:

"Y a mí, porque digo la verdad, no me creéis. Con todo eso, aún de los gobernantes, muchos creyeron en él; pero a causa de los fariseos no lo confesaban, para no ser expulsados de la sinagoga. Porque amaban más la gloria de los hombres que la gloria de Dios." (Juan 8:45, 12:42-43).

Aquella Verdad que trae convicción de que hay un cielo y hay un infierno:

"Aconteció que murió el mendigo, y fue llevado por los ángeles al seno de Abraham; y murió también el rico, y fue sepultado. Y en el Hades alzó sus ojos, estando en

215

tormentos, y vio de lejos a Abraham, y a Lázaro en su seno. porque estoy atormentado en esta llama. Pero Abraham le dijo: Hijo, acuérdate que recibiste tus bienes en tu vida, y Lázaro también males; pero ahora éste es consolado aquí, y tú atormentado. a fin de que no vengan ellos también a este lugar de tormento. se arrepentirán." (Lucas 16:22-23, 24extc, 25, 28extc, 30extc).

«Aquella Verdad que nos dará una nueva vida, aquí en la tierra de los vivientes, una vida llena de nuevas metas, deseos y sueños»: *"De modo que si alguno está en Cristo, nueva criatura es; las cosas viejas pasaron; he aquí todas son hechas nuevas. Y el que estaba sentado en el trono dijo: He aquí, yo hago nuevas todas las cosas. Y me dijo: Escribe; porque estas palabras son fieles y verdaderas."* (Salmo 27:13, 2Corintios 5:17, Apocalipsis 21:5).

»Pero por igual mucho maltrato y persecuciones, porque La Verdad lo expone todo«:

"Si fuerais del mundo, el mundo amaría lo suyo; pero porque no sois del mundo, antes yo os elegí del mundo, por eso el mundo os aborrece. Acordaos de la palabra que yo os he dicho: El siervo no es mayor que su señor. Si a mí me han perseguido, también a vosotros os perseguirán; si han guardado mi palabra, también guardarán la vuestra. Mas todo esto os harán por causa de mi nombre, porque no conocen al que me ha enviado." (Juan 15:19-21).

La Verdad se opone a la mentira, así como Jesús vino a exponer al mundo y sus perversidades:

"No puede el mundo aborreceros a vosotros; mas a mí me aborrece, porque yo testifico de él, que sus obras son malas." (Juan 7:7).

Así nosotros mismos debemos de mantenernos inamovibles de lo que Dios ha dicho y preparado para nosotros y no solamente de aquello, sino de que a Jesús le odiaron por causa de «La Verdad». (Juan 15:19-21).

Nos perseguirán a nosotros, porque el mundo entero está bajo el maligno y tinieblas cubren la tierra porque las obras del mundo son malas: *"Sabemos que somos de Dios, y el mundo entero está bajo el maligno. Porque he aquí que tinieblas cubrirán la tierra, y oscuridad las naciones;"* (1Juan 5:19, Isaías 60:2extc).

Ha muchos se le ha hablado *«La Verdad»* y más que eso nadie va poder alegar ignorancia en aquel día, todos habrán escuchado *»La Palabra de Verdad«*, porque hay una ira venidera.

(1Tesalonicenses 1:10).

»Muchos dirán Dios sólo es amor«. (1Juan 4:8).

«Pero les puedo decir que esa es una de sus tantas características»;

> *«DIOS ES AMOR, PADRE, PAZ, PROVEEDOR, PRINCIPIO Y FIN»*

»Pero al igual«;

> *»DIOS ES JUSTO, JUSTICIA, CORRECCIÓN, FUEGO CONSUMIDOR«*

En el medio de todas las cosas Él pretende que nadie perezca, pero que todos se arrepientan y procedan al arrepentimiento. (Ezequiel 18:23, 32).

Esto no es más que dejar de hacer aquellas cosas que no le agradan a Dios llamado pecado y que nos sometamos a su Voluntad. Pero hay muchos que tienen aquel espíritu contrario, aquel espíritu de rebeldía por lo cual cayó Satanás del cielo:

> *"Descendió al Seol tu soberbia, y el sonido de tus arpas; gusanos serán tu cama, y gusanos te cubrirán. !!Cómo caíste del cielo, oh Lucero, hijo de la mañana! Cortado fuiste por tierra, tú que debilitabas a las naciones. Tú que decías en tu corazón: Subiré al cielo; en lo alto, junto a las estrellas de Dios, levantaré mi trono, y en el monte del testimonio me sentaré, a los lados del norte; sobre las alturas de las nubes subiré, y seré semejante al Altísimo. Mas tú derribado eres hasta el Seol, a los lados del abismo. Y les dijo: Yo veía a Satanás caer del cielo como un rayo."* (Isaías 14:11-15, Lucas 10:18)

"y rechazan dicha Verdad"

El Padre en su Eterno Amor por la creación, su creación, envió a su Amado Hijo Jesús para convencer a su pueblo, a nosotros de sus/nuestros pecados, para que nadie muera, sino que tenga vida eterna:

> *"Y dará a luz un hijo, y llamarás su nombre JESÚS, porque él salvará a su pueblo de sus pecados. Porque de tal manera amó Dios al mundo, que ha dado a su Hijo unigénito, para que todo aquel que en él cree, no se pierda, mas tenga vida eterna."* (Mateo 1:21, Juan 3:16).

Pero estos no le recibieron y los que no le reciban ya han sido condenados:

> *"A lo suyo vino, y los suyos no le recibieron. El que en él cree, no es condenado; pero el que no cree, ya ha sido condenado, porque no ha creído en el nombre del unigénito Hijo de Dios."* (Juan 1:11, 3:18).

Y una vez más hoy en día no le reciben, porque prefieren seguir en su mentira y en los negocios de este mundo y me iría más allá, hay muchos hermanos que han decidido seguir en sus pecados, delitos y placeres: *"Porque los que quieren enriquecerse caen en tentación y lazo, y en muchas codicias necias y dañosas, que hunden a los hombres en destrucción y perdición; porque raíz de todos los males es el amor al dinero, el cual codiciando algunos, se extraviaron de la fe, y fueron traspasados de muchos dolores."* (1Timoteo 6:9-10).

Ignorando y resistiendo a «*La Verdad*» misma.

¿Poncio Pilato quizás murió sin La Verdad? No lo creo «*La Verdad*» estuvo delante de sus ojos, así que en aquel día no podría alegar ignorancia e inclusive le llamo Rey al Rey de reyes, pero no espero la respuesta de lo que es La Verdad porque él no era de La Verdad:

> *"Todo aquel que es de la verdad, oye mi voz."* (Juan 18:37extc).

Todos pecamos y estamos destituidos de la Gloria de Dios:

> *"por cuanto todos pecaron, y están destituidos de la gloria de Dios,"* (Romanos 3:23).

Y esa es «*La Verdad*». Necesitamos un intermediario entre Dios y los hombres. (1Timoteo 2:5).

Por eso nació como hombre, murió como hombre, llevó todos nuestros pecados y fue Glorificado como Dios. Él llevó los pecados en la cruz del Calvario, El Padre a través de su Hijo se nos reveló como El Salvador, El Salvador de este mundo, hoy es el día de Salvación no endurezca tu corazón. (2Corintios 6:2, Salmo 95:8).

Hoy "*La Salvación*" llegó a tu casa. (Lucas 19:9). Siendo tú casa tu corazón. El Padre, El Hijo y El Espíritu Santo tocan a la puerta, a la puerta tu corazón y si decides abrir ellos entrarán y harán morada y cenarán contigo:

> *"He aquí, yo estoy a la puerta y llamo; si alguno oye mi voz y abre la puerta, entraré a él, y cenaré con él, y él conmigo. Respondió Jesús y le dijo: El que me ama, mi palabra guardará; y mi Padre le amará, y vendremos a él, y haremos morada con él."* (Apocalipsis 3:20, Juan 14:23).

«¡A Dios sea La Gloria por ésta Salvación y ésta Verdad tan Grande! Ésta Verdad que te hace, que me hace, que nos hizo, que nos hace y que nos hará libre, en el día a día de nuestra estadía en la tierra de los vivientes»:

> *"y conoceréis la verdad, y la verdad os hará libres."* (Juan 8:32)

¡En Cristo Jesús Siempre Y ¡Amén!

Hermano, hermana, hombre del mundo no seamos como Pilato que no esperó la respuesta del Salvador Jesús y creamos con nuestros corazones y confesemos con nuestras bocas que Jesús Es El Hijo de Dios, porque con el corazón se cree para justicia, pero con la boca se confiesa para Salvación. (Romanos 10:10).

«¡HOY ES EL DÍA DE SALVACIÓN!»

Si quieres que Cristo entre y reine en tu vida confiesa conmigo esta oración:

«Señor Jesús, yo reconozco que eres El Hijo De Dios, yo reconozco que moriste en La Cruz por mis pecados y rebeliones, yo te pido que me perdones en este preciso momento y que inscribas mi nombre En El Libro De La Vida y yo te prometo nunca más o nunca apartarme de Ti y ¡Amén!»

Si hiciste esa oración de todo corazón y confesaste a Cristo como tu Único y Verdadero Salvador ya has pasado de muerte a vida, de tinieblas a Luz Admirable y eres una nueva criatura en Aquel que te Amó primero, por eso desde hoy le vas amar y le vas hacer El Señor de tu vida.

En este preciso momento hay una fiesta en Los Cielos sólo por ti, mi hermano, mi hermana, porque por un solo pecador que se arrepienta hay regocijo en Los Cielos.

Bendigo tu vida grandemente, recibe un beso, abrazo santo y amor que sólo Cristo puede poner en nuestros corazones. De tu hermano que acabas de ganar, un hermano y amigo más.

¡Gloria A Dios! ¡Tuyo siempre en Cristo Jesús y Amén!

Diciembre 27, 2014

=22=
El Mensaje Que Ya No Se Predica En La Casa De Dios

"Te encarezco delante de Dios y del Señor Jesucristo, que juzgará a los vivos y a los muertos en su manifestación y en su reino, que prediques la palabra; que instes a tiempo y fuera de tiempo; redarguye, reprende, exhorta con toda paciencia y doctrina." (2Timoteo 4:1-2).

Hoy en día hay una escasez desde "EL PÚLPITO" de una «PALABRA» concisa y sincera de lo que es el;

«ARREPENTIMIENTO,
LA RECONCILIACIÓN,
LOS PECADOS,
EL INFIERNO Y
LA IRA VENIDERA»

Y es tan claro que hoy en día se está predicando y viviendo un evangelio de conveniencia y financiero, al parecer muchos hombres de Dios han olvidado a que fueron llamados y lo que es «LA HONRA DEL MINISTERIO».

"Y él mismo constituyó a unos, apóstoles; a otros, profetas; a otros, evangelistas; a otros, pastores y maestros, a fin de perfeccionar a los santos para la obra del ministerio, para la edificación del cuerpo de Cristo, Harás llegar delante de ti a Aarón tu hermano, y a sus hijos consigo, de entre los hijos de Israel, para que sean mis sacerdotes; a Aarón y a Nadab, Abiú,

Eleazar e Itamar hijos de Aarón. Y nadie toma para sí esta honra, sino el que es llamado por Dios, como lo fue Aarón. (Efesios 4:11-12, Éxodo 28:1, Hebreos 5:4).

Cuando sabemos que todo esto pasará: *"Respondiendo él, les dijo: ¿Veis todo esto? De cierto os digo, que no quedará aquí piedra sobre piedra, que no sea derribada."* (Mateo 24:2).

Y algunos lo sabemos y lo anhelamos: *"Porque sabemos que toda la creación gime a una, y a una está con dolores de parto hasta ahora; y no sólo ella, sino que también nosotros mismos, que tenemos las primicias del Espíritu, nosotros también gemimos dentro de nosotros mismos, esperando la adopción, la redención de nuestro cuerpo. Porque en esperanza fuimos salvos; pero la esperanza que se ve, no es esperanza; porque lo que alguno ve, ¿a qué esperarlo? Pero si esperamos lo que no vemos, con paciencia lo aguardamos."* (Romanos 8:24-25).

El ver aquel día donde nuestro Rey vendrá en las nubes:

> *"He aquí que viene con las nubes, y todo ojo le verá, y los que le traspasaron; y todos los linajes de la tierra harán lamentación por él. Sí, amén."* (Apocalipsis 1:7).

Ya hoy en día sólo escucho el mensaje de que Dios es amor:

> *"El que no ama, no ha conocido a Dios; porque Dios es amor."* (1Juan 4:8).

Eso es muy cierto y real, pero esa es una y/o quizás su principal característica, pero también en Él hay: «*IRA y Él es FUEGO CONSUMIDOR*»:

> *"porque nuestro Dios es fuego consumidor."* (Hebreos 12:29).

Hay algunos Ministros que han excluido el mensaje de la «VENIDA DE JESÚS, EL REY de reyes».

> *"El Señor no retarda su promesa, según algunos la tienen por tardanza, sino que es paciente para con nosotros, no queriendo que ninguno perezca, sino que todos procedan al arrepentimiento."* (2Pedro 3:9)

«EL MENSAJE DE LA CRUZ»:

"Porque la palabra de la cruz es locura a los que se pierden; pero a los que se salvan, esto es, a nosotros, es poder de Dios." (1Corintios 1:18).

Sólo quieren hablar de *«LA GRACIA»* y esto no es de Dios, porque se vuelve disolución, pero los Ministros hacen esas cosas para no ofender a nadie, pero: «¿debemos agradar a Dios o a los hombres?»

"Pues, ¿busco ahora el favor de los hombres, o el de Dios? ¿O trato de agradar a los hombres? Pues si todavía agradará a los hombres, no sería siervo de Cristo." (Gálatas 1:10).

Porque un día estaremos frente al Rey para compadecer por nuestras buenas y malas obras:

"Porque es necesario que todos nosotros comparezcamos ante el tribunal de Cristo, para que cada uno reciba según lo que haya hecho mientras estaba en el cuerpo, sea bueno o sea malo." (2Corintios 5:10).

Y aunque abogados tenemos: *"Hijitos míos, estas cosas os escribo para que no pequéis; y si alguno hubiere pecado, abogado tenemos para con el Padre, a Jesucristo el justo."* (1Juan 2:1).

Debemos procurar que nuestros nombres estén en el libro de la vida: *"El que venciere será vestido de vestiduras blancas; y no borraré su nombre del libro de la vida, y confesaré su nombre delante de mi Padre, y delante de sus ángeles."* (Apocalipsis 3:5).

Porque algunos no estarán allí: *"Sean raídos del libro de los vivientes, Y no sean escritos entre los justos. Y la adoraron todos los moradores de la tierra cuyos nombres no estaban escritos en el libro de la vida del Cordero que fue inmolado desde el principio del mundo."* (Salmo 69:28, Apocalipsis 13:8)

Y otros irán a vida eterna y otros para condenación y vergüenza perpetua:

"Y muchos de los que duermen en el polvo de la tierra serán despertados, unos para vida eterna, y otros para vergüenza y confusión perpetua." (Daniel 12:2).

Por eso en la Iglesia existe y veo un «TSUNAMI ESPIRITUAL». Donde muchos se enfrían y deslizan porque se ha perdido «EL TEMOR EN LA CASA DE DIOS»:

"Y les enseñaba, diciendo: ¿No está escrito: Mi casa será llamada casa de oración para todas las naciones? Mas vosotros la habéis hecho cueva de ladrones." (Marcos 11:17).

Se ha entrado en un conformismo: *"No os conforméis a este siglo, sino transformaos por medio de la renovación de vuestro entendimiento, para que comprobéis cuál sea la buena voluntad de Dios, agradable y perfecta."* (Romanos 12:2).

Pero si los Pastores o líderes no hablan de esto ¡ya! ¡Que se puede esperar de las ovejas!

Ahora veo y entiendo porque el pueblo de Dios perece, porque le falta y rechazan el conocimiento:

"Mi pueblo fue destruido, porque le faltó conocimiento. Por cuanto desechaste el conocimiento, yo te echaré del sacerdocio; y porque olvidaste la ley de tu Dios, también yo me olvidaré de tus hijos." (Oseas 4:6).

Cuando el Apóstol Pablo nos exhortaba y aún nos exhorta, porque:

«LA PALABRA DE DIOS ES LA MISMA AYER, HOY Y POR LOS SIGLOS»

A guardar nuestra salvación con temor y temblor:

"Por tanto, amados míos, como siempre habéis obedecido, no como en mi presencia solamente, sino mucho más ahora en mi ausencia, ocupaos en vuestra salvación con temor y temblor," (Filipenses 2:12).

Hay algunos que sólo han decidido pararse sobre *"La Gracia"* »ESO ES DEL DIABLO« Estos quieren hacer lo que quieren, porque están sobre «LA GRACIA». Porque hay muchos que creen que, porque levantan las manos, van a la Iglesia, hablan de Dios es suficiente y ¿tú qué haces cuando nadie te ve?

> *"Porque te confiaste en tu maldad, diciendo: Nadie me ve.*
> *Tu sabiduría y tu misma ciencia te engañaron, y dijiste en*
> *tu corazón: Yo, y nadie más."* (Isaías 47:10).

Pero hay uno que todo lo examina y lo expone todo:

> *"Jehová está en su santo templo; Jehová tiene en el cielo su*
> *trono; Sus ojos ven, sus párpados examinan a los hijos de*
> *los hombres."* (Salmo 11:4).

> ¿Te has conformado a este tiempo?
> Hay que regresar al mensaje de;
> «*LA CRUZ* de que hay
> *CIELO* y hay un
> *INFIERNO*».

Y me iría más allá hay algunos engañadores que predican que no hay infierno que esto aquí en la tierra es todo «¡MENTIROSOS! ¡HIPÓCRITAS!». No sé en qué se han basado para extraer esa conclusión porque el que le quite o el que le ponga diluye, así le esté sumando o le esté restando a la Palabra misma.

¡Ay! De aquel que le quite o que le ponga ya estos tienen su condenación: *"No añadiréis a la palabra que yo os mando, ni disminuiréis de ella, para que guardéis los mandamientos de Jehová vuestro Dios que yo os ordeno. Yo testifico a todo aquel que oye las palabras de la profecía de este libro: Si alguno añadiere a estas cosas, Dios traerá sobre él las plagas que están escritas en este libro. Y si alguno quitare de las palabras del libro de esta profecía, Dios quitará su parte del libro de la vida, y de la santa ciudad y de las cosas que están escritas en este libro."* (Deuteronomio 4:2, Apocalipsis 22:18).

Es tiempo de vivir y escuchar «*LA SANA DOCTRINA*» Aquella que nos exhorta, nos redarguye, nos corrige, nos lleva a toda verdad:

> *"que prediques la palabra; que instes a tiempo y fuera de*
> *tiempo; redarguye, reprende, exhorta con toda paciencia*

y doctrina. Toda la Escritura es inspirada por Dios, y útil para enseñar, para redargüir, para corregir, para instruir en justicia," (2Timoteo 4:2, 3:16).

Porque nuestro Padre es un Padre corregidor y al que ama azota: *"Porque Jehová al que ama castiga, Como el padre al hijo a quien quiere. Porque el Señor al que ama, disciplina, Y azota a todo el que recibe por hijo."* (Proverbios 3:12, Hebreos 12:6).

Búscalo mientras pueda ser hallado: *"Buscad a Jehová mientras puede ser hallado, llamadle en tanto que está cercano. Deje el impío su camino, y el hombre inicuo sus pensamientos, y vuélvase a Jehová, el cual tendrá de él misericordia, y al Dios nuestro, el cual será amplio en perdonar."* (Isaías 55:6-7).

Porque de repente La Palabra escaseará: *"He aquí vienen días, dice Jehová el Señor, en los cuales enviaré hambre a la tierra, no hambre de pan, ni sed de agua, sino de oír la palabra de Jehová. E irán errantes de mar a mar; desde el norte hasta el oriente discurrirán buscando palabra de Jehová, y no la hallarán."* (Amós 8:11-12).

Y la Fe viene por el oír y el oír «LA PALABRA DE DIOS»:

"Así que la fe es por el oír, y el oír, por la palabra de Dios." (Romanos 10:17).

«¡PADRE VIVIFICANOS, DANOS DE TU VERDADERO MANÁ, PORQUE SÓLO TÚ ERES EL PAN DE VIDA!»:

"Yo soy el pan de vida." (Juan 6:48).

¿Qué ha pasado con el compromiso de muchos en Tu Casa? Porque tu Casa ha de ser llamada «CASA DE ORACION» y la han hecho «CUEVA DE LADRONES». La gente no quiere escuchar los mensajes que vienen de Ti. Como en los días de tus profetas, estos eran;

«IGNORADOS
PERSEGUIDOS
APEDREADOS Y
MUERTOS»:

"Otros experimentaron vituperios y azotes, y a más de esto prisiones y cárceles. Fueron apedreados, aserrados, puestos a prueba, muertos a filo de espada; anduvieron de acá para allá cubiertos de pieles de ovejas y de cabras, pobres, angustiados, maltratados; de los cuales el mundo no era digno; errando por los desiertos, por los montes, por las cuevas y por las cavernas de la tierra. Porque según pienso, Dios nos ha exhibido a nosotros los apóstoles como postreros, como a sentenciados a muerte; pues hemos llegado a ser espectáculo al mundo, a los ángeles y a los hombres. Nosotros somos insensatos por amor de Cristo, mas vosotros prudentes en Cristo; nosotros débiles, mas vosotros fuertes; vosotros honorables, mas nosotros despreciados. Hasta esta hora padecemos hambre, tenemos sed, estamos desnudos, somos abofeteados, y no tenemos morada fija. Nos fatigamos trabajando con nuestras propias manos; nos maldicen, y bendecimos; padecemos persecución, y la soportamos. Nos difaman, y rogamos; hemos venido a ser hasta ahora como la escoria del mundo, el desecho de todos."
(Hebreos 11:36-38, 1Corintios 4:9-13).

Y preferían escuchar el mensaje que no viene de Ti: *"La palabra que nos has hablado en nombre de Jehová, no la oiremos de ti; Porque este pueblo es rebelde, hijos mentirosos, hijos que no quisieron oír la ley de Jehová; que dicen a los videntes: No veáis; y a los profetas: No nos profeticéis lo recto, decidnos cosas halagüeñas, profetizad mentiras;"* (Jeremías 44:16, Isaías 30:9-10).

Y hoy en día veo a muchos hermanos que no quieren cambiar ni escuchar cuando son confrontados con La Palabra misma, hay algunos que prefieren no volverte hablar, porque en el amor de Cristo le dijiste una verdad o como o donde están flaqueando en alguna área de su vida, eso se llama orgullo escondido o expuesto, porque aquel que no recibe corrección tiene orgullo:

"No reprendas al escarnecedor, para que no te aborrezca; Corrige al sabio, y te amará." (Proverbios 9:8)

Porque Dios nos corrige por diversos medios, algunos creen que nunca van a ser expuestos y/o corregidos por nadie y después de la altivez del espíritu viene la caída:

"Antes del quebrantamiento es la soberbia, Y antes de la caída la altivez de espíritu." (Proverbios 16:18).

«IGLESIA VIENEN UN JUICIO ALLÍ EN EL GRAN TRONO BLANCO»

Procuremos que nuestros nombres estén en el libro de la vida:

"Y vi un gran trono blanco y al que estaba sentado en él, de delante del cual huyeron la tierra y el cielo, y ningún lugar se encontró para ellos. Y el que no se halló inscrito en el libro de la vida fue lanzado al lago de fuego." (Apocalipsis 20:11, 15).

Porque muchos aun sirviéndole a Dios no lo van a lograr, porque no es lo mismo conocer a Dios que tener intimidad con él, es establecer una relación, es como un Esposo y la esposa:

"Prendiste mi corazón, hermana, esposa mía; Has apresado mi corazón con uno de tus ojos, Con una gargantilla de tu cuello." (Cantares 4:9).

Se trata de conocer aún los misterios más profundos de su ser: *"Pero Dios nos las reveló a nosotros por el Espíritu; porque el Espíritu todo lo escudriña, aun lo profundo de Dios. Porque ¿quién de los hombres sabe las cosas del hombre, sino el espíritu del hombre que está en él? Así tampoco nadie conoció las cosas de Dios, sino el Espíritu de Dios. Y nosotros no hemos recibido el espíritu del mundo, sino el Espíritu que proviene de Dios, para que sepamos lo que Dios nos ha concedido, lo cual también hablamos, no con palabras enseñadas por sabiduría humana, sino con las que enseña el Espíritu, acomodando lo espiritual a lo espiritual." (1Corintios 2:10-13).*

«PORQUE ÉL SÍ CONOCE TODAS NUESTRAS COSAS» (Génesis 1:26).

Hay una ira venidera para los hijos de desobediencia: *"Haced morir, pues, lo terrenal en vosotros: fornicación, impureza, pasiones desordenadas, malos deseos y avaricia, que es idolatría; cosas por las cuales la ira de Dios viene sobre los hijos de desobediencia, Nadie os engañe con palabras vanas, porque por estas cosas viene la ira de Dios sobre los hijos de desobediencia."* (Colosenses 3:5-6, Efesios 5:6).

En los cuales vivimos y/o estuvimos una vez, pero ya esa vida fue y es la pasada la que no conviene y/o no convenía, la que no agradaba y/o no agrada a Dios, ya el conocimiento entro en nosotros como seguir y/o volver a los viejos rudimentos aquellos caminos de donde El Padre en su eterno amor nos sacó y limpió ¿cómo dejar la vida que agrada a Dios? Porque es mejor no haber conocido de Dios nunca, que después de haberle conocido volver atrás: *"Ciertamente, si habiéndose ellos escapado de las contaminaciones del mundo, por el conocimiento del Señor y Salvador Jesucristo, enredándose otra vez en ellas son vencidos, su postrer estado viene a ser peor que el primero. Porque mejor les hubiera sido no haber conocido el camino de la justicia, que después de haberlo conocido, volverse atrás del santo mandamiento que les fue dado. Pero les ha acontecido lo del verdadero proverbio: El perro vuelve a su vómito, y la puerca lavada a revolcarse en el cieno."* (2Pedro 2:20-22).

«Iglesia vivimos en los tiempos postreros, vivimos en la última hora»: *"Hijitos, ya es el último tiempo; y según vosotros oísteis que el anticristo viene, así ahora han surgido muchos anticristos; por esto conocemos que es el último tiempo."* (1Juan 2:18).

»No te dejes engañar«: *"Porque se levantarán falsos Cristos, y falsos profetas, y harán grandes señales y prodigios, de tal manera que engañarán, si fuere posible, aun a los escogidos. Mas si aún nosotros, o un ángel del cielo, os anunciare otro evangelio diferente del que os hemos anunciado, sea anatema. Como antes hemos dicho, también ahora lo repito: Si alguno os predica diferente evangelio del que habéis recibido, sea anatema."* (Mateo 24:24, Gálatas 1:8-9).

«Que ya Dios habló y habla a través de La Palabra misma, de sus profetas, a través de aquellos hombres genuinos que tienen un compromiso real con Dios»;

«HAY CIELO Y HAY INFIERNO»

"El que venciere heredará todas las cosas, y yo seré su Dios, y él será mi hijo. Pero los cobardes e incrédulos, los abominables y homicidas, los fornicarios y hechiceros, los idólatras y todos

los mentirosos tendrán su parte en el lago que arde con fuego y azufre, que es la muerte segunda." (Apocalipsis 21:7-8).

Pero sin «SANTIDAD» nadie vera a Dios: *"Habla a toda la congregación de los hijos de Israel, y diles: Santos seréis, porque santo soy yo Jehová vuestro Dios. porque escrito está: Sed santos, porque yo soy santo. Seguid la paz con todos, y la santidad, sin la cual nadie verá al Señor."* (Levítico 19:2, 1Pedro 1:16, Hebreos 12:14).

«Desecha los mensajes y los hombres que sólo han traído enfriamiento a tu vida»:

"Y muchos falsos profetas se levantarán, y engañarán a muchos; y por haberse multiplicado la maldad, el amor de muchos se enfriará." (Mateo 24:11-12).

»Que sólo traen palabras huecas y vacías«:

"Mirad que nadie os engañe por medio de filosofías y huecas sutilezas, según las tradiciones de los hombres, conforme a los rudimentos del mundo, y no según Cristo." (Colosenses 2:8).

«Sin El Espíritu del Señor. Porque allí no está Dios, porque La Palabra lo expone todo»:

"Porque nada hay oculto, que no haya de ser manifestado; ni escondido, que no haya de ser conocido, y de salir a luz." (Lucas 8:17).

¡En El Nombre De Jesús! Y ¡Amén!

Febrero 7, 2013

=23=

Porque Instrumento Escogido Me Es Éste
"Elección de Dios: Apóstol Pablo"

"El Señor le dijo: Ve, porque instrumento escogido me es éste, para llevar mi nombre en presencia de los gentiles, y de reyes, y de los hijos de Israel; Ministrando éstos al Señor, y ayunando, dijo el Espíritu Santo: Apartadme a Bernabé y a Saulo para la obra a que los he llamado. Entonces, habiendo ayunado y orado, les impusieron las manos y los despidieron." (Hechos 9:15, 13:2-3).

Esta predica no es una predicación sobre la vida del Apóstol Pablo, pero si como un buen ejemplo, de lo que es o fue una vida transformada por el Poder de Jesús. De un hombre en su caso perseguidor de La Iglesia de Cristo a ser un hombre perseguido por Cristo:

> *"Porque ya habéis oído acerca de mi conducta en otro tiempo en el judaísmo, que perseguía sobremanera a la iglesia de Dios, y la asolaba; Por esta causa yo Pablo, prisionero de Cristo Jesús por vosotros los gentiles;"* (Gálatas 1:13, Efesios 3:1).

Y no sólo de éste hombre habla La Biblia que es La Palabra de Dios, la misma está llena de ejemplos de hombres que en su vida en la tierra no eran sino sólo hombres finitos e imperfectos, pero El Dios del universo los escogió y los levantó para su obra desarrollar.

Pero hoy en día veo y escucho a tantos hermanos hablando tan despectivamente de éste instrumento que fue el Apóstol Pablo un hombre escogido por el mismo Dios, Jesús y El Espíritu Santo y «¡No Entiendo!» Porque éste fue un hombre que al igual que usted y yo mi hermano(a) fue;

«SANTIFICADO
JUSTIFICADO
PERDONADO Y
EQUIPADO»

"Y esto erais algunos; mas ya habéis sido lavados, ya habéis sido santificados, ya habéis sido justificados en el nombre del Señor Jesús, y por el Espíritu de nuestro Dios."
(1Corintios 6:11).

No sólo escogido por el mismo Dios como vimos en los versos de introducción. (Hechos 9:15, 13:2-3).

Porque si usted mi hermano(a) está perdiendo de vista en ambos capítulos que es Dios quien habla, La Voz Del Espíritu Santo, el mismo Jesús entonces está perdiendo La Presencia de Dios o «¿acaso usted y yo somos más que Dios, más que El Espíritu Santo, más que Jesús o usted o yo fuimos los que morimos en La Cruz del Calvario?» Creo y no creo, sé que fue Jesús, el cual en su oración de «Juan 17:20» Les otorga poderes a través del Espíritu Santo a los discípulos y apóstoles y éstos a otros:

"Mas no ruego solamente por éstos, sino también por los que han de creer en mí por la palabra de ellos."

Y de una única y especial manera se le aparece al Apóstol Pablo:

"y al último de todos, como a un abortivo, me apareció a mí." (1Corintios 15:8).

Entonces de donde estos descarados, rebeldes y contumaces pretenden desautorizar lo que Dios mismo dice o dijo a través del Apóstol Pablo, porque Dios es el mismo;

> *«AYER*
> *HOY Y*
> *SIEMPRE»*

Porque Dios no cambia:

> *"Jesucristo es el mismo ayer, y hoy, y por los siglos. Porque yo Jehová no cambio;"* (Hebreos 13:8, Malaquías 3:6extc).

Viven con una excusa: »¡no oigas a Pablo, ve a Jesús!«. Pero me pregunto: «¿no es el mismo Jesús que se le aparece en Damasco y le dice lo que debe de hacer?»

> *"Mas yendo por el camino, aconteció que al llegar cerca de Damasco, repentinamente le rodeó un resplandor de luz del cielo; y cayendo en tierra, oyó una voz que le decía: Saulo, Saulo, ¿por qué me persigues? Él dijo: ¿Quién eres, Señor? Y le dijo: Yo soy Jesús, a quien tú persigues; dura cosa te es dar coces contra el aguijón. El, temblando y temeroso, dijo: Señor, ¿qué quieres que yo haga? Y el Señor le dijo: Levántate y entra en la ciudad, y se te dirá lo que debes hacer."* (Hechos 9:3-6).

Y éste hombre es transformado de un asesino a un hombre lleno de amor. De perseguidor a hacer perseguido por predicar a Cristo, de Saulo a Pablo, entonces yo «¡No Entiendo!» A estos charlatanes, fraudulentos, descarados que andan recibiendo y enseñando que no oigan a Pablo sino a Jesús. Pero Jesús vino a morir por el mundo entero y sus pecados, por usted, por mí, a cumplir la ley no a abolirla y a darnos un mejor y nuevo pacto *«EN EL ESPÍRITU»* pero a la vez más exigente pacto. Porque estos rebeldes y contumaces, aparte que le restan autoridad al Apóstol Pablo que es restársela a Jesús, también pretenden vivir la nueva vida por obras, cuando según la carne no se puede agradar a Dios. (Romanos 8:8).

Ellos creen que porque se porten bien van a ser bendecidos o entrar al cielo, pues le tengo malas noticias Cristo fue quien pagó con su muerte el perdón de nuestros pecados, no usted, no yo, sólo a través de ese nombre es que hay

«SALVACIÓN»:

"Y en ningún otro hay salvación; porque no hay otro nombre bajo el cielo, dado a los hombres, en que podamos ser salvos." (Hechos 4:12).

No a través de usted mismo, porque usted no puede salvarse ni cambiarse asimismo. Por eso es que necesitamos un *«SALVADOR»* no sólo para entrar al cielo, sino para todos los días de nuestras vidas, para que El Espíritu Santo nos ayude a tomar decisiones correctas, ahora Él nos dejó »*LA BIBLIA*« y allí sabemos que es lo que le agrada o no al Esposo, porque esto es como un matrimonio. (Recomiendo Leer Libro De Oseas).

Estos llevan también una Fe y un amor fingido:

"Pues el propósito de este mandamiento es el amor nacido de corazón limpio, y de buena conciencia, y de fe no fingida," (1Timoteo 1:5).

He escuchado tantas expresiones como: »¡Ame hasta que le duela!« «¡No Entiendo!»

Usted ama porque es amado por uno: *"Dios y Dios es amor."* (1Juan 4:8).

No entiendo a veces en que es que se ha convertido este Bendito Evangelio. En un Evangelio de: »¡Yo Puedo! ¡De Autosuficiencia! ¡De mantener un carácter para ser visto por los hombres!«

Diciendo el Cristo que somos:

«SIERVOS INÚTILES»

Que lo que se nos mandó eso hemos hecho. (Lucas 17:10).

Y estos tienen un corazón lleno de cosas que le avergüenza tanto admitirlo delante de otros que no lo dicen, pero Dios te manda, nos manda a entregarlo todo. (Proverbios 28:13, 1Juan 1:9).

De dejar atrás la vida pasada, de aceptar la vida nueva o no es el mismo Dios que dijo: ¿no con ejército, no con escudo sino con mi Santo Espíritu? (Zacarías 4:6).

¡Nooo! Éstos andan detrás de títulos; «Apóstoles, Doctores, Profetas, Pastores». Siendo Jesús manso y humilde y que se humilló hasta los sumos:

"el cual, siendo en forma de Dios, no estimó el ser igual a Dios como cosa a que aferrarse, sino que se despojó a sí mismo, tomando forma de siervo, hecho semejante a los hombres; y estando en la condición de hombre, se humilló

a sí mismo, haciéndose obediente hasta la muerte, y muerte de cruz." (Filipenses 2:6-8).

Le dicen a los demás hermanos: »¡Yo te voy a bendecir! ¡Tú me vas a servir a mí! ¡No yo a ti!«. «¿Pero dónde es que está en ellos el Cristo?»

Porque debemos lavarle los pies a nuestros hermanos y si son pastores deben lavarle los pies a la congregación, no la congregación a ellos. Éstos sólo andan desechando a Dios a través de Pablo y exhortan a otros a hacer lo mismo.

Mi Cristo, mi Jesús se humilló hasta los sumos, les lavó los pies a los discípulos, el día de su traición a su enemigo a sabiendas que en unas horas Judas le iba a traicionar y a entregar, «¡No Entiendo!» Alguien aquí me puede o podría explicar, quienes son estos: »súper apóstoles, falsos profetas», que están engañando al mundo, desautorizando «*LAS SAGRADAS ESCRITURAS*».

Porque si desautorizan a Pablo también desautorizan a Pedro, Juan, Mateo, Lucas, Judas y a Jesús mismo, porque Jesús es quien le dicta la carta del Apocalipsis al Apóstol Juan.

(Apocalipsis 1:1-3, 10-11).

¡Ah! Pero le hablan de «los apóstoles actuales/modernos» Lo cual es otra falsa de Satanás que se viste de ángel de luz al igual que sus ministros desde el púlpito«. (2Corintios 11:14).

Lo único que saben decir es: »¡No toques al ungido de Jehová!« «¡Pero Sigo Sin Entender!» Porque ellos no oyen a Dios a través de un verdadero Apóstol como lo fue Pablo uno de los hombres más fervientes que hay en La Palabra misma que se atrevió a reprender a Pedro porque que andaba en una simulada hipocresía. (Gálatas 2:11-14).

Siendo un hombre escogido por Dios mismo y lo afirma en la mayoría de sus cartas:

"Pablo, siervo de Jesucristo, llamado a ser apóstol, apartado para el evangelio de Dios, Pablo, llamado a ser apóstol de Jesucristo por la voluntad de Dios, Pablo, apóstol de Jesucristo por la voluntad de Dios, Pablo, apóstol (no de hombres ni por hombre, sino por Jesucristo y por Dios el Padre que lo resucitó de los muertos), Pablo, apóstol de Jesucristo por la voluntad de Dios, Pablo, apóstol de Jesucristo por la voluntad de Dios, Pablo, apóstol de Jesucristo por mandato de Dios nuestro Salvador, y del Señor Jesucristo nuestra esperanza, Pablo, apóstol de Jesucristo por la voluntad de Dios, según la promesa de la vida que es en Cristo Jesús, Pablo, siervo de Dios y apóstol

de Jesucristo, conforme a la fe de los escogidos de Dios y el conocimiento de la verdad que es según la piedad," (Romanos 1:1, 1Corintios 1:1, 2Corintios 1:1, Gálatas 1:1, Efesios 1:1, Filipenses 1:1, Colosenses 1:1, 1Timoteo 1:1, 2Timoteo 1:1, Tito 1:1).

»¡PERO SI OYEN Y OBEDECEN A HOMBRES CARNALES QUE LLEVAN A CONGREGACIONES ENTERAS A SUS VIENTRES, POR TANTO A LA PERDICIÓN, A LA DESTRUCCIÓN!«

Hubo un Pastor o no sé si llamarlo Pastor que en una conversación con otros hombres de Dios llama a Pablo arrogante, que no le escucharan y otro Pastor que estaba allí, »dicho sea de paso también tuvo comezón de oír y hoy en día es Apóstol« Le confronta sobre el particular y sentí que este hombre se dijo para sí mismo: «no debí de decir lo que creo sobre Pablo».

Otro hermano, aunque no sé si por igual llamarlo hermano, «predicador, profeta», según él y su esposa, me dice en mi cara que a él no le gusta lo que predica o escribió ese: »tiguere, tipo, fulano« etc… de Pablo o sea que no hay respeto a La Palabra de Dios y a sus escogidos.

Este mismo hermano me dice de ciertos hombres que no andan bien delante de Dios, porque la Biblia dice por sus frutos los conoceréis. (Mateo 7:16).

«PORQUE LA BIBLIA ES LO QUE ES, NO ES EL DAR TUS PROPIAS OPINIONES»

Que estos hombres están haciendo una diferencia en la sociedad y que son mis hermanos. Pero un Pastor que ore enviando maldiciones no lo está haciendo bien, ni en la sociedad y mucho menos delante de un Dios que dice que suya es la venganza y que bendigas a tus enemigos y aun el Cristo dijo de sus enemigos: *«perdónalos que no saben lo que hacen».* Y el primer mártir Esteban le dice Señor: *«No Les Tome En cuenta Este Pecado».* (Romanos 12:19, Mateo 5:44, Lucas 23:34, Hechos 7:60).

Y luego me dice: »pero esos son tus hermanos«, le dije: «serán los tuyos, porque mis hermanos son los que hacen

LA VOLUNTAD DE DIOS».

«¿O acaso son los "Mormones" mis hermanos?» Que dicen que leer el

"Libro del Mormón" es lo mismo que leer "La Biblia" y tienen su propia biblia.

»¿O lo son "Los Testigo de Jehová?"« Que no aceptan que "Jesús es Dios" y si usted no lo sabía: *«¡JESÚS ES DIOS!»*

Dicen que leer unas revistas llamadas; "Despertad y Atalaya" es lo mismo que leer "La Biblia" y tienen su propia biblia que le han quitado y puesto cosas y ya sabemos de aquellos que le quiten o le pongan cosas a La Palabra de Dios, cual va ser su destino final.

«¿O "Los Católicos", que tienes sus lugares llenos de idolatría, le dan culto a María, a los ángeles y a los hombres, son esos mis hermanos?» ¡No! »Como ya dije mi hermano es quien hace «La Voluntad» de Dios. Porque hay cabritos y ovejas, hay trigo y cizaña y no todo el que diga Señor, Señor entrará al Reino de Dios, no todo lo que parece ser de Dios es de Dios y/o es Dios«:

> *"Pero había un hombre llamado Simón, que antes ejercía la magia en aquella ciudad, y había engañado a la gente de Samaria, haciéndose pasar por algún grande. A éste oían atentamente todos, desde el más pequeño hasta el más grande, diciendo: Este es el gran poder de Dios. Y le estaban atentos, porque con sus artes mágicas les había engañado mucho tiempo."* (Hechos 8:9-11).

O sea, de este mago decían: «¡Este es el gran poder de Dios!». No de Satanás, ni de él mismo, sino de Dios. Yo camino por fe y no por vista, números no me sorprenden, ni milagros, cuyos muchos de ellos son falsos:

> *"inicuo cuyo advenimiento es por obra de Satanás, con gran poder y señales y prodigios mentirosos, y con todo engaño de iniquidad para los que se pierden, por cuanto no recibieron el amor de la verdad para ser salvos."* (2Tesalonicenses 2:9-10).

Hubo un Pastor llamado Bob Phillips de La Iglesia: "Times Square Church." Un hombre con una grande experiencia ministerial, con una íntima relación con Dios y un gran conocimiento bíblico.

Comenta de una ocasión que dirigía una Iglesia e invitaron un predicador aparentemente muy usado por Dios. Unas 2 horas antes de llegar el predicador ellos estuvieron reunidos, el Pastor Phillips y sus ayudantes y cuando este hombre llega les dice de cada cosa que hablaron en dicha reunión, el Pastor Bob dice: «¡Este tiene que ser el gran poder de Dios!».

Ese mismo día tienen un servicio especial hubo muchos milagros y uno de ellos fue una mujer que tenía 18 años en una silla de ruedas se levantó sana y camino. ¡Perooo....! Luego que éste predicador se va, la misma mujer volvió a la silla de rueda y su estado fue peor que el anterior, tuvieron como 5 divorcios y luego que investigan a éste hombre, él andaba con una mujer que no era su esposa, y su vida personal y ministerial no era correcta delante de Dios, por ende dejo una maldición en aquella congregación. El Pastor Phillips en su desesperación le pregunta a Dios: ¿Por qué paso esto?

Dios le contesta 2 cosas;

I. «NO TODO LO QUE TIENE APARIENCIA MÍA SOY YO.
II. PARA QUE NO CREAS QUE TÚ NO PUEDES SER ENGAÑADO, CUALQUIERA PUEDE SER BURLADO»

»¡POR ESO NECESITAMOS MUCHO DISCERNIMIENTO EN ESTOS DÍAS!«

Entonces si a usted y a mí no nos gusta lo que dijo el Apóstol Pablo, yo no soy digno de estar en ésta «Asamblea» Predicando, porque estoy hablando del Apóstol Pablo en este mensaje, como pude tomar otro ejemplo, usted y yo estamos convidados a predicar:

«TODO EL CONSEJO DE DIOS».
No lo que nos guste. El Señor mismo nos manda a no apoyarnos en nuestro propio entendimiento y a la vez nos dice que sus caminos no son los nuestros caminos.
(Proverbios 3:5, Isaías 55:8).

«DIOS NO NOS LLAMÓ A DAR NUESTRAS PROPIAS OPINIONES»

Mi hermano(a) «sigo ¡sin enteder!» Pero si puedo decir que en aquel día El Señor les dirá a muchos: «nunca os conocí hacedores de iniquidad». »¿Y sabes por qué a estos hombres no le agrada lo que dice Pablo?« «Porque su carnalidad no le deja aceptar el consejo de Dios a través de este hombre Santo y escogido por Dios mismo para su obra desarrollar».

«ESTOS HOMBRES TIENEN AL VERDADERO JESÚS FUERA DE SUS VIDAS, DE SUS CASAS E IGLESIAS» (Apocalipsis 3:20).

Y están llevando una doble vida, una vida llena de apariencias y no son más que hombres religiosos que hacen las cosas para ser vistos por los hombres y su fundamento no es *Jesús/LA ROCA.* Su fundamento es y está en la arena y cuando lleguen los vientos impetuosos, «porque van a llegar». (Lucas 21:25-26).

Cuando su edificación sea probada por el fuego no podrá mantenerse de y en pie. Porque han puesto su confianza en ellos mismos, en emociones, en hombres, en ¡Yo voy hacer!

Pero El Maestro Jesús nos dice que alejado de Él nada podemos hacer. (Juan 15:5)

Algunos son débiles como *"Acab* y se han casado con *Jezabeles,"* sabiendo que Jezabel es todo lo que se opone a Dios y al orden divino:

> *"Pero tengo unas pocas cosas contra ti: que toleras que esa mujer Jezabel, que se dice profetisa, enseñe y seduzca a mis siervos a fornicar y a comer cosas sacrificadas a los ídolos."* (Apocalipsis 2:20).

No tienen autoridad, ni responsabilidad, ni educación, ni disciplina, ni régimen sobre ellos mismos. Pero si saben pararse en un púlpito a predicar un mensaje a medias, un mensaje de otro, porque un mensaje a medias de éste Evangelio esta diluido, desautorizando Las Escrituras, viven en ilusiones vanas:

> *"Aborrezco a los que esperan en vanidades ilusorias; Mas yo en Jehová he esperado. Los que siguen vanidades ilusorias, Su misericordia abandonan."* (Salmo 31:6, Jonás 2:8).

El Señor me dice que no me impaciente con estos hombres. (Salmo 37:1).

Que si no se arrepienten su destino final es *"EL LAGO DE FUEGO Y AZUFRE"*

Porque sólo el limpio de manos y puro de corazón entrará al Reino de Dios. (Salmo 24:4).

Y El mismo con la espada de su boca matará a estos inicuos: *"Y entonces se manifestará aquel inicuo, a quien el Señor matará con el espíritu de su boca, y destruirá con el resplandor de su venida; inicuo cuyo advenimiento es por obra de Satanás, con gran poder y señales y prodigios mentirosos, y con todo engaño de iniquidad para los que se pierden, por cuanto no recibieron el amor de la verdad para ser salvos."* (2Tesalonicenses 2:8-10).

«¿Y cuál es el y dónde está el amor y la verdad?»

»En La Palabra de Dios. Todo el consejo de Dios está en Su Palabra y es allí donde la ira de Dios viene o vendrá sobre los hijos de desobediencia«.

«¿Por qué La Palabra misma es más cortante que una espada de doble filo y ella sirve para redargüir e instruir?»

> *"Porque la palabra de Dios es viva y eficaz, y más cortante que toda espada de dos filos; y penetra hasta partir el alma y el espíritu, las coyunturas y los tuétanos, y discierne los pensamientos y las intenciones del corazón. Toda la Escritura es inspirada por Dios, y útil para enseñar, para redargüir, para corregir, para instruir en justicia, usa bien la palabra de verdad. (Hebreos 4:12, 2Timoteo 3:16, 2:15extc).*

»¿Y no fue el mismo Dios que nos mandó y nos manda a atarlas en nuestras manos y frontales?«

> *"Y estas palabras que yo te mando hoy, estarán sobre tu corazón; Y las atarás como una señal en tu mano, y estarán como frontales entre tus ojos;"* (Deuteronomio 6:6, 8).

«¿Y no fue el mismo Dios que nos mandó y nos manda a no quitarle ni ponerle?»

> *"No añadiréis a la palabra que yo os mando, ni disminuiréis de ella, para que guardéis los mandamientos de Jehová*

vuestro Dios que yo os ordeno. Guardadlos, pues, y ponedlos por obra; porque esta es vuestra sabiduría y vuestra inteligencia ante los ojos de los pueblos, los cuales oirán todos estos estatutos, y dirán: Ciertamente pueblo sabio y entendido, nación grande es esta. Y si alguno quitare de las palabras del libro de esta profecía, Dios quitará su parte del libro de la vida, y de la santa ciudad y de las cosas que están escritas en este libro." (Deuteronomio 4:2,6, Apocalipsis 22:19).

Y este es el peligro de predicar otro evangelio
«AUNQUE NO HAY OTRO»
Un evangelio a medias y/o su propio evangelio. Usted y otros corren el peligro de que su nombre sea borrado del *«LIBRO DE LA VIDA»*.

Así que mi hermano(a) recuerde que Dios es Soberano, en Su Soberanía lo escogió a usted y a mí, no para vaciar el infierno, sino para hacer una o la obra por la cual fuiste salvo, porque aquellas obras fueron preparadas desde antes de la fundación del mundo para que adensemos en ellas a través del Amado, Jesucristo, Señor de Señores. Así que si estas predicando otro evangelio diferente al de Jesús te exhorto a mostrar arrepentimiento y volver a «Las Sendas Antiguas»:

"Así dijo Jehová: Paraos en los caminos, y mirad, y preguntad por las sendas antiguas, cuál sea el buen camino, y andad por él, y hallaréis descanso para vuestra alma. Entonces tus oídos oirán a tus espaldas palabra que diga: Este es el camino, andad por él; y no echéis a la mano derecha, ni tampoco torzáis a la mano izquierda." (Jeremías 6:16extc, Isaías 30:21).

Y no hagamos como el resto de este versículo que dijeron así:

"Mas dijeron: No andaremos." (Jeremías 6:16extc).

Mi hermano(a) Bendigo tu vida en éste instante. Esperando que éste mensaje halla ministrado tu vida, al igual que la mía, que medites en estas

Palabras que vienen del Dios que te ama, El Dios que ama tu alma, El Dios que te quiere decir en aquel día:

> *«¡PASA ADELANTE BUEN SIERVO, EN LO POCO FUISTE FIEL EN LO MUCHO TE PONDRÉ!»*

Y ¡Amén!

Noviembre 13, 2015

=24=

Llamad a Sansón Para Que Nos Divierta

"Y ella hizo que él se durmiese sobre sus rodillas, y llamó a un hombre, quien le rapó las siete guedejas de su cabeza; y ella comenzó a afligirlo, pues su fuerza se apartó de él. Y le dijo: !!Sansón, los filisteos sobre ti! Y luego que despertó él de su sueño, se dijo: Esta vez saldré como las otras y me escaparé. Pero él no sabía que Jehová ya se había apartado de él. Mas los filisteos le echaron mano, y le sacaron los ojos, y le llevaron a Gaza; y le ataron con cadenas para que moliese en la cárcel. Y el cabello de su cabeza comenzó a crecer, después que fue rapado. Entonces los principales de los filisteos se juntaron para ofrecer sacrificio a Dagón su dios y para alegrarse; y dijeron: Nuestro dios entregó en nuestras manos a Sansón nuestro enemigo. Y viéndolo el pueblo, alabaron a su dios, diciendo: Nuestro dios entregó en nuestras manos a nuestro enemigo, y al destruidor de nuestra tierra, el cual había dado muerte a muchos de nosotros. Y aconteció que cuando sintieron alegría en su corazón, dijeron: Llamad a Sansón, para que nos divierta. Y llamaron a Sansón de la cárcel, y sirvió de juguete delante de ellos; y lo pusieron entre las columnas. Entonces Sansón dijo al joven que le guiaba de la mano: Acércame, y hazme palpar las columnas sobre las que descansa la casa, para que me apoye sobre ellas. Y la casa estaba llena de hombres y mujeres, y todos los principales de los filisteos estaban allí; y en el piso alto había como tres mil hombres y mujeres, que estaban mirando el escarnio de Sansón. Entonces clamó Sansón a Jehová, y dijo: Señor Jehová, acuérdate ahora de mí, y fortaléceme, te ruego, solamente esta vez, oh Dios, para que de una vez tome venganza de los filisteos por mis dos ojos. Asió luego Sansón las dos columnas de en medio, sobre las que descansaba la casa, y echó todo su peso sobre ellas, su mano derecha sobre una y su mano izquierda sobre *la otra. Y dijo Sansón: Muera yo con los filisteos. Entonces se inclinó con toda su fuerza, y cayó la casa sobre los principales, y sobre todo el pueblo que estaba en ella. Y los que mató al morir fueron muchos más que los que había matado durante su vida. Y descendieron sus hermanos y toda la casa de su padre, y le tomaron, y le llevaron, y le sepultaron entre Zora y Estaol, en el sepulcro de su padre Manoa. Y él juzgó a Israel veinte años."* (Jueces 16:19-31).

Es tan triste, desagradable, deplorable ver como los Ministros de Dios se han convertido en un show, una diversión, en muchos lugares dicen estar con Dios y que Dios está allí pero ya Él les dejó: *"Pero él no sabía que Jehová ya se había apartado de él. El Espíritu de Jehová se apartó de Saúl, y le atormentaba un espíritu malo de parte de Jehová."* (Jueces 16:20extc, 1Samuel 16:14).

Se han vuelto bufones, payasos, títeres, los cuales son manejados y manipulados por el mismo Satanás y las tinieblas:

> *"Amados, yo os ruego como a extranjeros y peregrinos, que os abstengáis de los deseos carnales que batallan contra el alma,"* (1Pedro 2:11).

Trayendo vergüenza, pena y deshonra a un Dios de Gloria y Honra, se han enredado en los afanes de esta vida:

> *"Mirad también por vosotros mismos, que vuestros corazones no se carguen de glotonería y embriaguez y de los afanes de esta vida, y venga de repente sobre vosotros aquel día."* (Lucas 21:34).

Dejando atrás el escuchar la voz de Dios:

> *"Acontecerá que si oyeres atentamente la voz de Jehová tu Dios, para guardar y poner por obra todos sus mandamientos que yo te prescribo hoy, también Jehová tu Dios te exaltará sobre todas las naciones de la tierra."* (Deuteronomio 28:1).

Creando un dios personal, el dios de su conveniencia, predicando entre tantas cosas un evangelio financiero:

"porque el reino de Dios no es comida ni bebida, sino justicia, paz y gozo en el Espíritu Santo. No os hagáis tesoros en la tierra, donde la polilla y el orín corrompen, y donde ladrones minan y hurtan; sino haceos tesoros en el cielo, donde ni la polilla ni el orín corrompen, y donde ladrones no minan ni hurtan. Porque donde esté vuestro tesoro, allí estará también vuestro corazón. porque raíz de todos los males es el amor al dinero, el cual codiciando algunos, se extraviaron de la fe, y fueron traspasados de muchos dolores." (Romanos 14:17, Mateo 6:19-21, 1Timoteo 6:10).

«TRAYENDO DESHONRA A DICHO LLAMADO Y AL SEÑOR MISMO. YA NO SE SABE SI EN CIERTOS LUGARES SON REALMENTE IGLESIAS O DISCOTECAS, PROFANANDO EL LUGAR SANTO»

He visto tantas cosas extrañas: «Pastores que se han pasado meses riéndose, diciendo y encantando a los pueblos, diciendo que es un nuevo mover del Espíritu Santo a sabiendas que son movimientos de las mismas tinieblas»: *"que no os dejéis mover fácilmente de vuestro modo de pensar, ni os conturbéis, ni por espíritu, ni por palabra, ni por carta como si fuera nuestra, en el sentido de que el día del Señor está cerca. el cual se opone y se levanta contra todo lo que se llama Dios o es objeto de culto; tanto que se sienta en el templo de Dios como Dios, haciéndose pasar por Dios. inicuo cuyo advenimiento es por obra de Satanás, con gran poder y señales y prodigios mentirosos, y con todo engaño de iniquidad para los que se pierden, por cuanto no recibieron el amor de la verdad para ser salvos. Por esto Dios les envía un poder engañoso, para que crean la mentira, a fin de que sean condenados todos los que no creyeron a la verdad, sino que se complacieron en la injusticia."* (2Tesalonicenses 2:2, 4, 9-12).

Que se han apoderado de los líderes y Pastores y las almas débiles: *"Tienen los ojos llenos de adulterio, no se sacian de pecar, seducen a las almas inconstantes, tienen el corazón habituado a la codicia, y son hijos de maldición."* (2Pedro 2:14).

Que han creído más en los hombres que en el mismo Dios:

"Así ha dicho Jehová: Maldito el varón que confía en el hombre, y pone carne por su brazo, y su corazón se aparta de Jehová." (Jeremías 17:5).

»HAN CAÍDOS ENCANTADOS Y CAUTIVADOS«

Otro Pastor se pone un collar de perro y se pone como el animal mismo y su esposa "la pastora" lo pasea en «*EL ALTAR*» y él dice: »así yo te guiaré«.

Y son tantas las manifestaciones extrañas que hoy en día se manifiestan en «LA CASA DE DIOS», que es indudable que recibieron aquellas ofertas que Jesús «El Maestro» rechazó cuando fue tentando en el desierto por Satanás:

"Y vino a él el tentador, y le dijo: Si eres Hijo de Dios, di que estas piedras se conviertan en pan. Entonces el diablo le llevó a la santa ciudad, y le puso sobre el pináculo del templo, y le dijo: Si eres Hijo de Dios, échate abajo; porque escrito está: A sus ángeles mandará acerca de ti, y, En sus manos te sostendrán, Para que no tropieces con tu pie en piedra. Otra vez le llevó el diablo a un monte muy alto, y le mostró todos los reinos del mundo y la gloria de ellos, y le dijo: Todo esto te daré, si postrado me adorares." (Mateo 4:3, 5-6, 8-9).

Pero «*EL MAESTRO*» que sabía y sabe quién es por la eternidad le contrarrestó con

"LA PALABRA MISMA:"
"El respondió y dijo: Escrito está: No sólo de pan vivirá el hombre, sino de toda palabra que sale de la boca de Dios. Jesús le dijo: Escrito está también: No tentarás al Señor tu Dios. Entonces Jesús le dijo: Vete, Satanás, porque escrito está: Al Señor tu Dios adorarás, y a él sólo servirás." (Mateo 4:4, 7, 10).

Estos se han postrado a los pies de la bestia, porque no pudieron ni creerle, ni esperar en el «*DIOS DE LO IMPOSIBLE*». Y después que anduvieron en libertad su estado ha venido a ser peor que el primero: *"Ciertamente, si habiéndose ellos escapado de las contaminaciones del mundo, por el* conocimiento del Señor y Salvador Jesucristo, enredándose otra vez en ellas son vencidos, su postrer estado viene a ser peor que el primero. Porque mejor les hubiera sido no haber conocido el camino de la justicia, que después de haberlo conocido, volverse atrás del santo mandamiento que les fue dado. Pero les ha acontecido lo del verdadero proverbio: El perro vuelve a su vómito, y la puerca lavada a revolcarse en el cieno." (2Pedro 2:20-22).

Y no solamente ellos, sino que después que muchos se habían escapado de las cosas de éste mundo han vuelto atrás. Atrás aun por encima del conocimiento obtenido de parte de Dios, su estado viene a ser peor que el primero, porque el primer espíritu que estuvo en él o en ellos, regresa con 7 más y su estado es peor que el primero: *"Cuando el espíritu inmundo sale del hombre, anda por lugares secos, buscando reposo, y no lo halla. Entonces dice: Volveré a mi casa de donde salí; y cuando llega, la halla desocupada, barrida y adornada. Entonces va, y toma consigo otros siete espíritus peores que él, y entrados, moran allí; y el postrer estado de aquel hombre viene a ser peor que el primero. Así también acontecerá a esta mala generación."* (Mateo 12:43-45).

Se han dejado dirigir por hombres apóstatas e impíos que han decidido obedecer al »príncipe de las tinieblas« y no al *«PRÍNCIPE DE PAZ»*.

Estos hombres fueron vestidos con "El Efod Sacerdotal"

"Y nadie tomo para si esta honra," (Hebreos 5:4extc).

Estos fueron llamados por el mismo Dios y hoy en día trabajan para Satanás y no solamente esto están llevando a congregaciones completas a las más densas tinieblas, los del mundo se burlan de ellos, por ende, de todos nosotros, porque aún están juntos el trigo y la cizaña:

"Dejad crecer juntamente lo uno y lo otro hasta la siega; y al tiempo de la siega yo diré a los segadores: Recoged primero la cizaña, y atadla en manojos para quemarla; pero recoged el trigo en mi granero." (Mateo 13:30).

Son shows evangélicos y las almas inconstantes que buscan ver esto y alimentar la carne y están detrás de las señales, éstos son cautivados por estos falsos profetas:

"Pero hubo también falsos profetas entre el pueblo, como habrá entre vosotros falsos maestros, que introducirán encubiertamente herejías destructoras, y aún negarán al Señor que los rescató, atrayendo sobre sí mismos destrucción repentina. Y muchos seguirán sus disoluciones, por causa de los cuales el camino de la verdad será blasfemado, y por avaricia harán mercadería de vosotros con palabras fingidas. Sobre los tales ya de largo tiempo la condenación no se tarda, y su perdición no se duerme." (2Pedro 2:1-3).

»Pero nosotros los de la «*FE*» caminamos por cual y tal no por visión óptica«:

"(porque por fe andamos, no por vista);" (2Corintios 5:7).

«Aunque no veamos debemos de creer y esperar en el Dios de nuestra salvación»:

"Con todo, yo me alegraré en Jehová, Y me gozaré en el Dios de mi salvación."
(Habacuc 3:18).

»En aquel que fue quien nos amó primero y no nosotros a nosotros mismos«:

"Nosotros le amamos a él, porque él nos amó primero."
(1Juan 4:19).

«ESTOS HAN TERMINADO COMO SANSÓN DIVIERTIENDO A LOS HIJOS DE LAS TINIEBLAS QUE SON MÁS SAGACES QUE LOS HIJOS DE LA LUZ»

"Y alabó el amo al mayordomo malo por haber hecho sagazmente; porque los hijos de este siglo son más sagaces en el trato con sus semejantes que los hijos de luz."
(Lucas 16:8).

Luego que fueron sacados de la cárcel, después de haber escuchado las buenas nuevas, de ser curados y libertados: *"El Espíritu de Jehová el Señor está sobre mí, porque me ungió Jehová; me ha enviado a predicar buenas nuevas a los abatidos, a vendar a los quebrantados de corazón, a publicar libertad a los cautivos, y a los presos apertura de la cárcel;"* (Isaías 61:1).

Han vuelto al lugar de donde salieron al lodo cenagoso, al vómito, pero es mejor no saber del Señor que después de haber sabido de Él volver atrás, pero Dios a muchos ha desechado ya:

> *"Porque como pecado de adivinación es la rebelión, y como*
> *ídolos e idolatría la obstinación. Por cuanto tú desechaste*
> *la palabra de Jehová, él también te ha desechado para que*
> *no seas rey."* (1Samuel 15:23).

Y a otros que mostrarán arrepentimiento le dará una vez más, una nueva unción, unción limpia, nueva, fresca y renovada y allí vendrá;

> «*LA GLORIA DE DIOS*, vendrá sobre ellos con
> *PODER, PODER DE DIOS*, no con poder de las tinieblas,
> *PODER DE DIOS*»

> "Llevando un testimonio real y auténtico de un *"DIOS VIVO"*

Una vez más el Cristo de La Gloria vendrá con «*Poder*» sobre muchos de ellos y nosotros, porque Dios es Fiel, Fiel para terminar lo que comenzó, Dios no miente él no sabe y no puede mentir, lo que promete lo cumple: *"Dios no es hombre, para que mienta, Ni hijo de hombre para que se arrepienta. El dijo, ¿y no hará? Habló, ¿y no lo ejecutará?"* (Números 23:19).

Hay muchos que estamos a la expectativa de las promesas y llamado de Dios en y para nuestras vidas, El Señor no se ha olvidado de nosotros, El Señor nos está perfeccionando, puliendo, limpiándonos para su Gloria y Honra manifestar,

> *"Y meteré en el fuego a la tercera parte, y los fundiré como*
> *se funde la plata, y los probaré como se prueba el oro. El*
> *invocará mi nombre, y yo le oiré, y diré: Pueblo mío; y él*
> *dirá: Jehová es mi Dios."* (Zacarías 13:9).

Todo lo que pasa y está pasando en tu vida en mi vida, mi hermano, es por y para un

«*PROPOSITO DIVINO*».

Y así como Sansón fue llevado en cautiverio, le sacaron los ojos y fue burla y escarnio.

Siendo escarnio: «burla tenaz que se hace con el propósito de afrentar». "Burla y escarnio de las prisiones de los enemigos por no haber sabido y quizás no sabido sino olvidado el llamado y el encargo que se le fue imputado para la glorificación de Dios." Porque la obra, la batalla es de Él, Él es quien va delante de nosotros, abriendo puertas, rompiendo cerrojos de bronce:

> *"Yo iré delante de ti, y enderezaré los lugares torcidos; quebrantaré puertas de bronce, y cerrojos de hierro haré pedazos;"* (Isaías 45:2).
> ¡ALELUYAAA!!!

Sólo escuchemos atentamente su voz, obedezcamos y Él hará el resto, Él es un Dios de lo Sobrenatural, Él es un Dios Fiel y en las causas perdidas es donde Él se glorifica, una vez más oremos que se acuerde y que nos fortalezca para su obra desarrollar, y que cuando lleguemos allí a «*SU PRESENCIA*» nos diga: »Pasa al descanso de tu señor, buen siervo y fiel, en lo poco fuiste fiel, en lo mucho te pondré«:

> *"Su señor le dijo: Bien, buen siervo y fiel; sobre poco has sido fiel, sobre mucho te pondré; entra en el gozo de tu señor."* (Mateo 25:23).

Porque absolutamente nada nos separará de amor de Cristo, porque de todas estas cosas él nos ha hecho y hará más que vencedores:

> *"¿Quién nos separará del amor de Cristo? ¿Tribulación, o angustia, o persecución, o hambre, o desnudez, o peligro, o espada? Por lo cual estoy seguro de que ni la muerte, ni la vida, ni ángeles, ni principados, ni potestades, ni lo presente, ni lo por venir, ni lo alto, ni lo profundo, ni*

ninguna otra cosa creada nos podrá separar del amor de Dios, que es en Cristo Jesús Señor nuestro. Antes, en todas estas cosas somos más que vencedores por medio de aquel que nos amó." (Romanos 8:35, 38-39, 37).

Siendo;

(1) *Tribulación:* «congoja, pena, tormento o aflicción moral, persecución o adversidad que padece el hombre».

(2) *Angustia:* «aflicción, congoja, ansiedad, temor opresivo sin causa precisa, aprieto, situación apurada, dolor o sufrimiento».

(3) *Persecución:* «instancia enfadosa y continua con que se acosa a alguien a fin de que condescienda a lo que de él se solicita».

(4) *Hambre:* «escasez de alimentos básicos, que causa carestía y miseria generalizada.

(5) *Desnudez:* «cualidad de desnudo».

(6) *Peligro:* «riesgo contingencia inminente de que suceda algún mal, lugar, paso, obstáculo o situación en que aumenta la inminencia del daño».

(7) *La muerte:* «cesación o término de la vida».

(8) *La vida:* «unión del alma y del cuerpo, espacio de tiempo que transcurre desde el nacimiento de un animal "hombre" o un vegetal hasta su muerte».

(9) *Ángeles:* «en la tradición cristiana, espíritu celeste criado por Dios para su ministerio, cada uno de los espíritus celestes creados, y en particular los que pertenecen al último de los nueve coros, según la clasificación de la teología tradicional».

(10) *Principados:* «territorio o lugar sujeto a la potestad de un príncipe, primacía, ventaja o superioridad con que algo excede en alguna calidad a otra cosa con la cual se compara, espíritus bienaventurados, príncipes de todas las virtudes celestiales, que cumplen los mandatos divinos».

(11) *Potestades:* «espíritus bienaventurados que ejercen cierta ordenación en cuanto a las diversas operaciones que los espíritus superiores ejecutan en los inferiores».

(12) *Lo presente:* «se dice del tiempo en que actualmente está alguien cuando refiere algo».

(13) *Lo porvenir:* «suceso o tiempo futuro».

(14) *Lo alto:* «levantado, elevado sobre la tierra».

(15) *Lo profundo:* «más cavado y hondo que lo regular».

Mi hermano, mi hermana, resiste que todos estamos siendo probados como el oro, pero esto es parte de la preparación y el equipamiento de un Dios Poderoso. ¿Por qué cómo vamos poder ayudar a otros sino hemos tenido ciertas experiencias? Pero al que más se le dé, más se le va a demandar: *"aquel a quien se haya dado mucho, mucho se le demandará, y al que mucho se le haya confiado, más se le pedirá."* (Lucas 12:48extc).

Deja que El Señor te procese, por más doloroso que sea no vuelvas atrás porque sólo hubo y habrá un sacrificio que es en Cristo Jesús: *"Porque si pecáremos voluntariamente después de haber recibido el conocimiento de la verdad, ya no queda más sacrificio por los pecados, sino una horrenda expectación de juicio, y de hervor de fuego que ha de devorar a los adversarios."* (Hebreos 10:26-27).

El Señor dice: «*No Temas, SOY YO*» quien permite todas éstas situaciones, pero no temas yo estoy contigo, aunque no veas, yo te ayudo, porque yo soy tu ayudador, que te esfuerzo y te doy mi Espíritu, Espíritu no de cobardía, sino de amor, poder y dominio propio:

"Porque no nos ha dado Dios espíritu de cobardía, sino de poder, de amor y de dominio propio." (2Timoteo 1:7).

Esfuérzate se valiente, porque en aquel día nos nacerá «EL SOL DE JUSTICIA» en sus alas traerá salvación: *"Mas a vosotros los que teméis mi nombre, nacerá el Sol de justicia, y en sus alas traerá salvación; y saldréis, y saltaréis como becerros de la manada."* (Malaquías 4:2).

Y ¡Amén!

Junio 1, 2013

=25=

Temían A Jehová, Y Honraban A Sus dioses

"Temían a Jehová, y honraban a sus dioses, según la costumbre de las naciones de donde habían sido trasladados." (2Reyes 17:33).

Hoy en día, en estos últimos tiempos, en la última hora, en los días postreros, vemos como esta sociedad se ha ido tras la idolatría de ídolos y falsos dioses, porque Dios sólo hay uno:

"Oye, Israel: Jehová nuestro Dios, Jehová uno es." (Deuteronomio 6:4).

Y vemos a través de La Palabra misma y la historia no sólo del mundo, sino de los hijos del Altísimo en el mundo como se repite dicho patrón y/o conducta:

"Mas como en los días de Noé, así será la venida del Hijo del Hombre. Porque como en los días antes del diluvio estaban comiendo y bebiendo, casándose y dando en casamiento, hasta el día en que Noé entró en el arca, y no entendieron hasta que vino el diluvio y se los llevó a todos, así será también la venida del Hijo del Hombre. Asimismo como sucedió en los días de Lot; comían, bebían, compraban, vendían, plantaban, edificaban; mas el día en que Lot salió de Sodoma, llovió del cielo fuego y azufre, y los destruyó a todos. Así será el día en que el Hijo del Hombre se manifieste." (Mateo 24:37-39, Lucas 17:28-30).

Y como la Palabra misma comprueba que el final de esta exhortación y/o adoración a dioses ajenos no es más que la misma exclusión de la no entrada al Reino de Los Cielos con la exclusión de sus nombres del «LIBRO DE LA VIDA»:

"Sean raídos del libro de los vivientes, Y no sean escritos entre los justos. El que venciere será vestido de vestiduras blancas; y no borraré su nombre del libro de la vida, y confesaré su nombre delante de mi Padre, y delante de sus ángeles." (Salmo 69:28, Apocalipsis 3:5).

Me iría más allá, las conductas, actitudes y patrones de muchos, inclusive hermanos en Cristo van dando un patrón y/o resultado de si fueron o no fueron escogidos por El Dios Viviente para buenas obras desde antes de la fundación del mundo porque por sus frutos lo conoceréis:

"Porque somos hechura suya, creados en Cristo Jesús para buenas obras, las cuales Dios preparó de antemano para que anduviésemos en ellas. No me elegisteis vosotros a mí, sino que yo os elegí a vosotros, y os he puesto para que vayáis y llevéis fruto, y vuestro fruto permanezca; para que todo lo que pidiereis al Padre en mi nombre, él os lo dé. Por sus frutos los conoceréis. ¿Acaso se recogen uvas de los espinos, o higos de los abrojos? Así, todo buen árbol da buenos frutos, pero el árbol malo da frutos malos. No puede el buen árbol dar malos frutos, ni el árbol malo dar frutos buenos. Todo árbol que no da buen fruto, es cortado y echado en el fuego. Así que, por sus frutos los conoceréis." (Efesios 2:10, Juan 15:16, Mateo 7:16-20).

Cuando lleguen momentos y no sólo cuando lleguen, ya están aquí, de saber a quién adorar, porque nuestro Dios, Jehová Dios celos es:

"¿O pensáis que la Escritura dice en vano: El Espíritu que él ha hecho morar en nosotros nos anhela celosamente?" (Santiago 4:5).

De acuerdo a La Palabra misma los pueblos son tentados a escoger a quien adorar:

"Y acercándose Elías a todo el pueblo, dijo: ¿Hasta cuándo claudicaréis vosotros entre dos pensamientos? Si Jehová es Dios, seguidle; y si Baal, id en pos de él. Y el pueblo

> *no respondió palabra. Y si mal os parece servir a Jehová,*
> *escogeos hoy a quién sirváis; si a los dioses a quienes sirvieron*
> *vuestros padres, cuando estuvieron al otro lado del río, o a*
> *los dioses de los amorreos en cuya tierra habitáis; pero yo y*
> *mi casa serviremos a Jehová. Quitad, pues, ahora los dioses*
> *ajenos que están entre vosotros, e inclinad vuestro corazón*
> *a Jehová Dios de Israel." (1Reyes 18:21, Josué 24:15, 23).*

Porque hay muchos que dicen tener temor de Dios y dicen que Dios está con ellos, pero con sus hechos lo niegan: *"Dice, pues, el Señor: Porque este pueblo se acerca a mí con su boca, y con sus labios me honra, pero su corazón está lejos de mí, y su temor de mí no es más que un mandamiento de hombres que les ha sido enseñado; Respondiendo él, les dijo: Hipócritas, bien profetizó de vosotros Isaías, como está escrito: Este pueblo de labios me honra, Mas su corazón está lejos de mí. Pues en vano me honran, Enseñando como doctrinas mandamientos de hombres." (Isaías 29:13, Marcos 7:6-7).*

Viven en un sistema creado por hombres mismos, carente de El Espíritu correcto, El Espíritu de Dios y «¿Cuándo llegue la hora de la prueba que ira a pasar con estos?»

> *"Por cuanto has guardado la palabra de mi paciencia, yo*
> *también te guardaré de la hora de la prueba que ha de venir*
> *sobre el mundo entero, para probar a los que moran sobre*
> *la tierra." (Apocalipsis 3:10).*

»Dicho sistema mostrará la debilidad de su poder, porque sólo«

«EL REINO DE DIOS Y LAS PALABRAS DE DIOS SON PODER, PODER PARA SALVACIÓN»

> *"Porque no me avergüenzo del evangelio, porque es poder*
> *de Dios para salvación a todo aquel que cree; al judío*
> *primeramente, y también al griego." (Romanos 1:16).*

Y si hay salvación, hay conversión y si hay conversión hay liberación y no es más que dar la espalda a las cosas que antes te traían falsas convicciones, seguridades y confort, aquellas cosas que iban y son conforme a la corriente de éste mundo y los que son amigos de este mundo son y se constituyen enemigos del Dios Vivo y Altísimo:

> *"!!Oh almas adúlteras! ¿No sabéis que la amistad del mundo es enemistad contra Dios? Cualquiera, pues, que quiera ser amigo del mundo, se constituye enemigo de Dios."*
> (Santiago 4:4).

Es tiempo de apagar los ídolos a sabiendas que todo tiene su tiempo debajo del cielo:

> *"Todo tiene su tiempo, y todo lo que se quiere debajo del cielo tiene su hora."* (Eclesiastés 3:1).

Y a sabiendas que un día estaremos frente al «REY de reyes» siendo juzgando por nuestras buenas y malas obras: *"Y vi un gran trono blanco y al que estaba sentado en él, de delante del cual huyeron la tierra y el cielo, y ningún lugar se encontró para ellos. Y vi a los muertos, grandes y pequeños, de pie ante Dios; y los libros fueron abiertos, y otro libro fue abierto, el cual es el libro de la vida; y fueron juzgados los muertos por las cosas que estaban escritas en los libros, según sus obras. Y el mar entregó los muertos que había en él; y la muerte y el Hades entregaron los muertos que había en ellos; y fueron juzgados cada uno según sus obras. Y la muerte y el Hades fueron lanzados al lago de fuego. Esta es la muerte segunda. Y el que no se halló inscrito en el libro de la vida fue lanzado al lago de fuego. Porque es necesario que todos nosotros comparezcamos ante el tribunal de Cristo, para que cada uno reciba según lo que haya hecho mientras estaba en el cuerpo, sea bueno o sea malo."* (Apocalipsis 20:11-15, 2Corintios 5:10).

Y a sabiendas que El Señor es un Dios celoso y no comparte su Gloria con nadie y hay sistemas religiosos como »La Iglesia Católica« que ha pasado por alto esto, llenando sus lugares de idolatría e inclusive poniendo a la virgen María al igual y/o por encima del mismo Jesús y/o Dios. »Lo siento mí Dios honró a esa santa mujer para traer a nuestro amado Jesús a éste mundo, pero eso sólo fue un instrumento de Dios y fue escogida porque:

"LA GRACIA DE DIOS"

Estaba sobre ella«: *"Y entrando el ángel en donde ella estaba, dijo: !!Salve, muy favorecida! El Señor es contigo; bendita tú entre las mujeres. Entonces el ángel le dijo: María, no temas, porque has hallado gracia delante de Dios."* (Lucas 1:28, 30).

Estos nos dejan a sus seguidores ser conocedores de «*LA PALABRA*», porque La Palabra es verdad y la verdad os hará libres:

"y conoceréis la verdad, y la verdad os hará libres." (Juan 8:32).

Estos creen y se creen que ellos como institución, como Iglesia son los que salvan, a sabiendas que sólo Jesús es;

«*EL CAMINO*
LA VERDAD
LA VIDA Y
LA PUERTA»

Entre Dios y los hombres:

"Jesús le dijo: Yo soy el camino, y la verdad, y la vida; nadie viene al Padre, sino por mí. Yo soy la puerta; el que por mí entrare, será salvo; y entrará, y saldrá, y hallará pastos." (Juan 14:6, 10:9).

Venerando no sólo santos, sino ángeles y hombres y sabemos cuál es el final de esta institución, la cual ha matado a tantos santos:

"Y en ella se halló la sangre de los profetas y de los santos, y de todos los que han sido muertos en la tierra." (Apocalipsis 18:24).

Y tanto daño a hecho a ésta sociedad y sabemos que las profecías se cumplen cada día más, ellos mismo como institución reconocen ser »LA GRAN RAMERA« y tenemos un «*DIOS PODEROSO*» que se levantará y vengará a sus santos muertos, este es el tiempo de buscar al Dios Vivo: *"Buscad a Jehová mientras puede ser hallado, llamadle en tanto que está cercano."* (Isaías 55:6). Y no instituciones que han convertido las bendiciones que el mismo Dios otorga en maldiciones, vemos como el Dios Vivo fue y será exaltado por los siglos de los siglos.

Iglesia de Dios, hermanos, hermanas, preparémonos para una persecución de nosotros mismos, porque estos han mezclado El Reino de Los Cielos con los reinos de la tierra y eso se vuelve en disolución y fornicación, por eso esta se ha convertido en »LA GRAN RAMERA« porque el mismo Jesús cuando lo quisieron ser rey se apartó de la multitud:

"Pero entendiendo Jesús que iban a venir para apoderarse de él y hacerle rey, volvió a retirarse al monte él solo. Mas Jesús, llamándolos, les dijo: Sabéis que los que son tenidos por gobernantes de las naciones se enseñorean de ellas, y sus grandes ejercen sobre ellas potestad. Pero no será así entre vosotros, sino que el que quiera hacerse grande entre vosotros será vuestro servidor, y el que de vosotros quiera ser el primero, será siervo de todos. Porque el Hijo del Hombre no vino para ser servido, sino para servir, y para dar su vida en rescate por muchos." (Juan 6:15, Marcos 10:42-45).

Porque Él conocía y sabía las intenciones de los hombres y sus intenciones eran hacerlo rey para satisfacer sus mismos intereses.

Nuestra misión es y ha de ser el establecimiento del Reino de los Cielos aquí en la tierra, dirigir a los que fueron creados por El mismo Dios, porque todo lo que El Padre creó fue bueno:

"Y vio Dios que era bueno." (Génesis 1:4, 10, 12, 18, 21, 25, 31)

Dirigir a estos que se han perdido en los asuntos de este mundo: *"No os conforméis a este siglo, sino transformaos por medio de la renovación de vuestro entendimiento, para que comprobéis cuál sea la buena voluntad de Dios, agradable y perfecta."* (Romanos 12:2).

Al único que;

«SALVA

SANA Y

LIBERTA»

Que es Cristo Jesús, sólo somos: «*Instrumentos, Canales y Vasijas*». *PERO TODA LA GLORIA Y HONRA ES DE ÉL Y PARA ÉL.*

«Iglesia y mundo es tiempo de decidir y saber a dónde perteneces, si al «*REINO DE LOS CIELOS*» o al »reino de las tinieblas«. Éste es el momento de tomar dicha decisión y no seguir creyendo que con tu temor a Dios y siguiendo a tus dioses estas agradándole, porque Jehová tu Dios uno es»: *"Jesús le respondió: El primer mandamiento de todos es: Oye, Israel; el Señor nuestro Dios, el Señor uno es."* (Marcos 12:29).

Y así como Sadrac, Mesac y Abed-Nego decidieron seguir honrando a su Dios y no postrarse ante un dios falso: *"Hay unos varones judíos, los cuales pusiste sobre los negocios de la provincia de Babilonia: Sadrac, Mesac y Abed-nego; estos varones, oh rey, no te han respetado; no adoran tus dioses, ni adoran la estatua de oro que has levantado. Entonces Nabucodonosor dijo con ira y con enojo que trajesen a Sadrac, Mesac y Abed-nego. Al instante fueron traídos estos varones delante del rey. Habló Nabucodonosor y les dijo: ¿Es verdad, Sadrac, Mesac y Abed-nego, que vosotros no honráis a mi dios, ni adoráis la estatua de oro que he levantado? Ahora, pues, ¿estáis dispuestos para que al oír el son de la bocina, de la flauta, del tamboril, del arpa, del salterio, de la zampoña y de todo instrumento de música, os postréis y adoréis la estatua que he hecho? Porque si no la adorareis, en la misma hora seréis echados en medio de un horno de fuego ardiendo; ¿y qué dios será aquel que os libre de mis manos? Sadrac, Mesac y Abed-nego respondieron al rey Nabucodonosor, diciendo: No es necesario que te respondamos sobre este asunto. He aquí nuestro Dios a quien servimos puede librarnos del horno de fuego ardiendo; y de tu mano, oh rey, nos librará. Y si no, sepas, oh rey, que no serviremos a tus dioses, ni tampoco adoraremos la estatua que has levantado. Entonces Nabucodonosor se llenó de ira, y se demudó el aspecto de su rostro contra Sadrac, Mesac y Abed-nego, y ordenó que el horno se calentase siete veces más de lo acostumbrado. Entonces el rey Nabucodonosor se espantó, y se levantó apresuradamente y dijo a los de su consejo: ¿No echaron a tres varones atados dentro del fuego? Ellos respondieron al rey: Es verdad, oh rey. Y él dijo: He aquí yo veo cuatro varones sueltos, que se pasean en medio del fuego sin sufrir ningún daño; y el aspecto del cuarto es semejante a hijo de los dioses. Entonces Nabucodonosor se acercó a la puerta del horno de fuego ardiendo, y dijo: Sadrac, Mesac y Abed-nego, siervos del Dios Altísimo, salid y venid. Entonces Sadrac, Mesac y Abed-nego salieron de en medio del fuego. Y se juntaron los sátrapas, los gobernadores, los capitanes y los consejeros del rey, para mirar a estos varones, cómo el fuego no había tenido poder alguno sobre sus cuerpos, ni aun el cabello de sus cabezas se había quemado; sus ropas estaban intactas, y ni siquiera olor de fuego tenían. Entonces Nabucodonosor dijo: Bendito sea el Dios de ellos, de Sadrac, Mesac y Abed-nego, que envió su ángel y libró a sus siervos que confiaron en él, y que no cumplieron el edicto del rey, y entregaron sus cuerpos antes que servir y adorar a otro dios que su Dios. Por lo tanto, decreto que todo pueblo, nación o lengua que dijere blasfemia contra el Dios de Sadrac, Mesac y Abed-nego, sea descuartizado, y su casa convertida en muladar; por cuanto no hay dios que pueda librar como éste. Entonces el rey engrandeció a Sadrac, Mesac y Abed-nego en la provincia de Babilonia."* (Daniel 3:12-17, 24-30).

Así te dice El Señor:

«*AÚN HAY TIEMPO PARA ELEGIR A QUIEN VAS A SERVIR, PORQUE TU DECISIÓN VA AFECTAR TU PRESENTE Y TU FUTURO*»

Porque el Espíritu es eterno y sabemos que los idólatras no tienen, ni tendrán entrada en El Reino De Los Cielos y Dios es quien honra y quien te ha honrado: *"Pero los cobardes e incrédulos, los abominables y homicidas, los fornicarios y hechiceros, los idólatras y todos los mentirosos tendrán su parte en el lago que arde con fuego y azufre, que es la muerte segunda. Mas los perros estarán fuera, y los hechiceros, los fornicarios, los homicidas, los idólatras, y todo aquel que ama y hace mentira."* (Apocalipsis 21:8, 22:15).

¿Por qué deshonrarlo delante de esta sociedad? Qué importa que como a Daniel te vean orando a tu Dios que está en los cielos y te ha honrado, porque la idolatría es abominación.

"Cuando Daniel supo que el edicto había sido firmado, entró en su casa, y abiertas las ventanas de su cámara que daban hacia Jerusalén, se arrodillaba tres veces al día, y oraba y daba gracias delante de su Dios, como lo solía hacer antes." (Daniel 6:10).

Este es el tiempo de postrarnos ante el único «REY de reyes y SEÑOR de Señores» y si perezco que perezca: *"Ve y reúne a todos los judíos que se hallan en Susa, y ayunad por mí, y no comáis ni bebáis en tres días, noche y día; yo también con mis doncellas ayunaré igualmente, y entonces entraré a ver al rey, aunque no sea conforme a la ley; y si perezco, que perezca."* (Ester 4:16).

Ya nuestros nombres están en «*EL LIBRO DE LA VIDA*» y sabemos dónde vamos y estamos muertos, porque vive Cristo en nosotros:

"Con Cristo estoy juntamente crucificado, y ya no vivo yo, mas vive Cristo en mí; y lo que ahora vivo en la carne, lo vivo en la fe del Hijo de Dios, el cual me amó y se entregó a sí mismo por mí. Porque para mí el vivir es Cristo, y el morir

es ganancia. Todo lo puedo en Cristo que me fortalece."
(Gálatas 2:20, Filipenses 1:21, 4:13).

Y Dios es quien exalta, porque el trabajo en El Señor no es en vano y Él no es injusto:

"Entonces el rey engrandeció a Sadrac, Mesac y Abed-nego en la provincia de Babilonia. Así que, hermanos míos amados, estad firmes y constantes, creciendo en la obra del Señor siempre, sabiendo que vuestro trabajo en el Señor no es en vano. Porque Dios no es injusto para olvidar vuestra obra y el trabajo de amor que habéis mostrado hacia su nombre, habiendo servido a los santos y sirviéndoles aún." (Daniel 3:30, 1Corintios 15:58, Hebreos 6:10).

Y sabemos cuál es la exclusión de los idólatras y no sólo lo dice La Palabra en todos sus libros, sino que el mismo Jesús cuando hablaba a Juan en Apocalipsis fue muy específico, no una vez sino varias veces de quienes iban adorar a la bestia, a la estatua y cuál era el final de estos.

No sólo se trata de hablar es de hacer aquello para que Dios nos constituyó: «exaltar su Santo y Bendito Nombre». »No el de la virgen María, no el de los ángeles, no de santos, no de hombres«.

"Y la adoraron todos los moradores de la tierra cuyos nombres no estaban escritos en el libro de la vida del Cordero que fue inmolado desde el principio del mundo. La bestia que has visto, era, y no es; y está para subir del abismo e ir a perdición; y los moradores de la tierra, aquellos cuyos nombres no están escritos desde la fundación del mundo en el libro de la vida, se asombrarán viendo la bestia que era y no es, y será." (Apocalipsis 13:8, 17:8).

Porque Él mismo dijo: «*toda rodilla se doblará y confesará que Él es Rey*»:

"Por mí mismo hice juramento, de mi boca salió palabra en justicia, y no será revocada: Que a mí se doblará toda rodilla, y jurará toda lengua." (Isaías 45:23)

»¡NO A NINGUN ÍDOLO!«

«¡A ÉL, A TI, SEA LA GLORIA Y HONRA, AL AMADO DE LAS NACIONES!»

"He aquí que viene con las nubes, y todo ojo le verá, y los que le traspasaron; y todos los linajes de la tierra harán

lamentación por él. Sí, amén. y haré temblar a todas las naciones, y vendrá el Deseado de todas las naciones; y llenaré de gloria esta casa, ha dicho Jehová de los ejércitos." (Apocalipsis 1:7, Hageo 2:7).

«NO HAY OTRO NOMBRE DADO A LOS HOMBRES, ÉL ES EL;
ALFA Y OMEGA,
PRINCIPIO Y FIN»

Y Él es y ha de ser el todo en todos:

"Pero luego que todas las cosas le estén sujetas, entonces también el Hijo mismo se sujetará al que le sujetó a él todas las cosas, para que Dios sea todo en todos." (1Corintios 15:28).

»Y LA IGLESIA DICE: ¡Amén!«

Porque Él viene en breve a dar retribución y pago a todo aquel ser viviente, algunos que estamos y somos atribulados, dará reposo y a otros retribución, porque no conocieron o no quisieron conocer de Dios, porque en aquel día nadie podrá alegar ignorancia de que no tuvieron oportunidad de escuchar este «*BENDITO EVANGELIO*», porque será predicado éste por todo el mundo y entonces vendrá el fin:

"Porque es justo delante de Dios pagar con tribulación a los que os atribulan, y a vosotros que sois atribulados, daros reposo con nosotros, cuando se manifieste el Señor Jesús desde el cielo con los ángeles de su poder, en llama de fuego, para dar retribución a los que no conocieron a Dios, ni obedecen al evangelio de nuestro Señor Jesucristo; Y será predicado este evangelio del reino en todo el mundo, para testimonio a todas las naciones; y entonces vendrá el fin." (2Tesalonicenses 1:6-8, Mateo 21:14).

Iglesia, hermano, hermana, hombre del mundo, apaga tu ídolo, la hora ni el día, nadie la sabe, El Señor está a la puerta, es tiempo de levantar las cabezas y estar erguidos que nuestra redención está cerca: *"Cuando estas cosas comiencen a suceder, erguíos y levantad vuestra cabeza, porque vuestra redención está cerca."* (Lucas 21:28).

«Adora a Dios le dijo un ángel a Juan *"discípulo amado de Jesús,"* cuando este intento postrarse ante él y no una vez sino dos veces»: *"Yo me postré a sus pies para adorarle. Y él me dijo: Mira, no lo hagas; yo soy consiervo tuyo, y de tus hermanos que retienen el testimonio de Jesús. Adora a Dios; porque el testimonio de Jesús es el espíritu de la profecía. Pero él me dijo: Mira, no lo hagas; porque yo soy consiervo tuyo, de tus hermanos los profetas, y de los que guardan las palabras de este libro. Adora a Dios."* (Apocalipsis 19:10, 22:9).

»Cuando el mismo Dios nos ha dicho que somos un poco menores que los ángeles«:

"Le has hecho poco menor que los ángeles, Y lo coronaste de gloria y de honra."
(Salmo 8:5).

«Y nosotros les juzgaremos "a los caídos"»:

"Y a los ángeles que no guardaron su dignidad, sino que abandonaron su propia morada, los ha guardado bajo oscuridad, en prisiones eternas, para el juicio del gran día;"
(Judas 1:6).

»¿Cómo postrarme ante ídolos?« Porque el postrarse es sujeción y decir me rindo a ti, a tus poderes, eres superior a mí. Lo quería Satanás hacer con Jesús, pero mí Jesús sabía y sabe por los siglos que Él es Dios. No como Adán y Eva que se sometieron a un ser extraño y perdieron el dominio de lo que El Padre mismo le había entregado para cuidar: *"Echó, pues, fuera al hombre, y puso al oriente del huerto de Edén querubines, y una espada encendida que se revolvía por todos lados, para guardar el camino del árbol de la vida."* (Génesis 3:24).

Así Dios te entregó un: «CUERPO, ALMA Y ESPÍRITU» y no cualquier Espíritu, *"Su Espíritu Santo,"* para que cuides de ello y le traigas honra: *"Entonces dijo Dios: Hagamos al hombre a nuestra imagen, conforme a nuestra semejanza; y señoree en los peces del mar, en las aves de los cielos, en las bestias, en toda la tierra, y en todo animal que se arrastra sobre la tierra. ¿No sabéis que sois templo de Dios, y que el Espíritu de Dios mora en vosotros?"* (Génesis 1:26, 1Corintios 3:16).

Por eso Jesús se hizo hombre, hombre como nosotros y padeció cómo y por nosotros, pero no se encontró pecado en Él: *"Haya, pues, en vosotros este sentir que hubo también en Cristo Jesús, el cual, siendo en forma de Dios, no estimó el ser igual a Dios como cosa a que aferrarse, sino que se despojó a sí mismo, tomando forma de siervo, hecho semejante a los hombres; y estando en la condición de hombre, se humilló a sí mismo, haciéndose obediente hasta la muerte, y muerte de cruz. Por lo cual Dios también le exaltó hasta lo sumo, y le dio un nombre que es sobre todo nombre, Ciertamente llevó él nuestras enfermedades, y sufrió nuestros dolores; y nosotros le tuvimos por azotado, por herido de Dios y abatido. Mas él herido fue por nuestras rebeliones, molido por nuestros pecados; el castigo de nuestra paz fue sobre él, y por su llaga fuimos nosotros curados. quien llevó él mismo nuestros pecados en su cuerpo sobre el madero, para que nosotros, estando muertos a los pecados, vivamos a la justicia; y por cuya herida fuisteis sanados."* (Filipenses 2:5-9, Isaías 53:4-5, 1Pedro 2:24).

Y si Él murió por ti y por mí y llevó no algunos sino todos los pecados en la cruz:

"Porque de tal manera amó Dios al mundo, que a dado a su Hijo unigénito, para que todo aquel que en él cree, no se pierda, mas tenga vida eterna." (Juan 3:16).

¿Por qué tomar este sacrificio en vano?

"Porque si pecáremos voluntariamente después de haber recibido el conocimiento de la verdad, ya no queda más sacrificio por los pecados, sino una horrenda expectación de juicio, y de hervor de fuego que ha de devorar a los adversarios. El que viola la ley de Moisés, por el testimonio de dos o de tres testigos muere irremisiblemente. ¿Cuánto mayor castigo pensáis que merecerá el que pisoteare al Hijo de Dios, y tuviere por inmunda la sangre del pacto en la cual fue santificado, e hiciere afrenta al Espíritu de gracia?" (Hebreos 10:26-29)

«Y EN ESPECIAL LES HABLO A LOS DE LA FE, QUE YA TIENEN EL CONOCIMIENTO Y EL ESPÍRITU DE DIOS»

Adora a Dios y no sólo aquí en la tierra de los vivientes sino aun le adoraremos en la y por la eternidad.

¡A SU NOMBRE SEA LA GLORIA!
¡GLORIA A DIOS!
¡AL QUE VIVE POR LOS
SIGLOS DE LOS SIGLOS! Y ¡AMÉN!

"Y el uno al otro daba voces, diciendo: Santo, santo, santo,
Jehová de los ejércitos; toda la tierra está llena de su gloria.
Y los cuatro seres vivientes tenian cada uno seis alas, y
alrededor y por dentro estaban llenos de ojos; y no cesaban
día y noche de decir: Santo, santo, santo es el Señor Dios
Todopoderoso, el que era, el que es, y el que ha de venir."
(Isaías 6:3, Apocalipsis 4:8).

Y ¡Amén!

Mayo 31, 2013

=26=

Un Pueblo Que Se Niega A Escuchar La Voz De Dios

"La palabra que nos has hablado en nombre de Jehová, no la oiremos de ti; sino que ciertamente pondremos por obra toda palabra que ha salido de nuestra boca, para ofrecer incienso a la reina del cielo, derramándole libaciones, como hemos hecho nosotros y nuestros padres, nuestros reyes y nuestros príncipes, en las ciudades de Judá y en las plazas de Jerusalén, y tuvimos abundancia de pan, y estuvimos alegres, y no vimos mal alguno. Mas desde que dejamos de ofrecer incienso a la reina del cielo y de derramarle libaciones, nos falta todo, y a espada y de hambre somos consumidos. Y cuando ofrecimos incienso a la reina del cielo, y le derramamos libaciones, ¿acaso le hicimos nosotras tortas para tributarle culto, y le derramamos libaciones, sin consentimiento de nuestros maridos?" (Jeremías 44:16-19).

Últimamente o con el pasar de los años han surgido muchas corrientes y religiones:

"Estoy maravillado de que tan pronto os hayáis alejado del que os llamó por la gracia de Cristo, para seguir un evangelio diferente. No que haya otro, sino que hay algunos que os perturban y quieren pervertir el evangelio de Cristo. Mas si aun nosotros, o un ángel del cielo, os anunciare otro evangelio diferente del que os hemos anunciado, sea anatema. Como antes hemos dicho, también ahora lo repito: Si alguno os predica diferente evangelio del que habéis recibido, sea anatema. Pues, ¿busco ahora el favor de los hombres, o el de Dios? ¿O trato de agradar a los hombres? Pues si todavía agradará a los hombres, no sería siervo de Cristo." (Gálatas 1:6-10).

Donde todos dicen ser y tener la verdad, pero la única verdad es Jesucristo, porque Él lo dijo en la Palabra:

"Jesús le dijo: Yo soy el camino, y la verdad, y la vida; nadie viene al Padre, sino por mí." (Juan 14:6).

Y por igual el Apóstol Pablo le dijo a Timoteo:
«PREDICA LA PALABRA»:

"Como te rogué que te quedases en Efeso, cuando fui a Macedonia, para que mandases a algunos que no enseñen diferente doctrina, ni presten atención a fábulas y genealogías interminables, que acarrean disputas más bien que edificación de Dios que es por fe, así te encargo ahora. Pues el propósito de este mandamiento es el amor nacido de corazón limpio, y de buena conciencia, y de fe no fingida, de las cuales cosas desviándose algunos, se apartaron a vana palabrería, queriendo ser doctores de la ley, sin entender ni lo que hablan ni lo que afirman. que prediques la palabra; que instes a tiempo y fuera de tiempo; redarguye, reprende, exhorta con toda paciencia y doctrina. Porque vendrá tiempo cuando no sufrirán la sana doctrina, sino que teniendo comezón de oír, se amontonarán maestros conforme a sus propias concupiscencias, y apartarán de la verdad el oído y se volverán a las fábulas. Pero tú sé sobrio en todo, soporta las aflicciones, haz obra de evangelista, cumple tu ministerio." (1Timoteo 1:3-7, 2Timoteo 4:2-5).

Hoy en día, tanto los no conversos como los mismos hijos de Dios, no quieren escuchar el mensaje de confrontación o aquel mensaje que expone sus pecados.

«MIS HERMANOS ESTÁN TAN DESLIZADOS»

"Por tanto, es necesario que con más diligencia atendamos a las cosas que hemos oído, no sea que nos deslicemos. Porque si la palabra dicha por medio de los ángeles fue firme, y toda transgresión y desobediencia recibió justa retribución, ¿cómo escaparemos nosotros, si descuidamos una salvación tan grande? La cual, habiendo sido anunciada primeramente por el Señor, nos fue confirmada por los que oyeron, testificando Dios juntamente con ellos, con señales y prodigios y diversos milagros y repartimientos del Espíritu Santo según su voluntad." (Hebreos 2:1-4).

«ESTÁN TAN DESLIZADOS»

En los afanes de este mundo: *"Por tanto os digo: No os afanéis por vuestra vida, qué habéis de comer o qué habéis de beber; ni por vuestro cuerpo, qué habéis de vestir. ¿No es la vida más que el alimento, y el cuerpo más que el vestido? Mirad también por vosotros mismos, que vuestros corazones no se carguen de glotonería y embriaguez y de los afanes de esta vida, y venga de repente sobre vosotros aquel día. Ninguno que milita se enreda en los negocios de la vida, a fin de agradar a aquel que lo tomó por soldado."* (Mateo 6:25, Lucas 21:34, 2Timoteo 2:4).

Que no pretende, ni quieren seguir y/o escuchar el mensaje de exhortación. Siendo Dios un Padre corregidor por demás:

> *"Porque el Señor al que ama, disciplina, Y azota a todo el que recibe por hijo."*
> (Hebreos 12:6).

Y nosotros teniendo una naturaleza caída, es o sería normal recibir exhortación desde

«EL PÚLPITO» por hombres que el mismo Dios ha levantado para llevar «SU PALABRA»:

"El que hace a los vientos sus mensajeros, Y a las flamas de fuego sus ministros. Ciertamente de los ángeles dice: El que hace a sus ángeles espíritus, Y a sus ministros llama de fuego. Y él mismo constituyó a unos, apóstoles; a otros, profetas; a otros, evangelistas; a otros, pastores y maestros, a fin de perfeccionar a los santos para la obra del ministerio, para la edificación del cuerpo de Cristo," (Salmo 104:4, Hebreos 1:7, Efesios 4:11-12).

Pero si los que estamos dentro de la Iglesia nos salvamos con dificultad, que será los que están afuera: *"Y: Si el justo con dificultad se salva, ¿En dónde aparecerá el impío y el pecador?"* (1Pedro 4:18).

Pero nosotros mismos como *"EMBAJADORES DEL REINO DE DIOS"* tenemos que poner el ejemplo en esta sociedad podrida, perversa y perdida.

Un domingo saliendo de mi Amada Casa, La Casa Del Señor: "Times Square Church" Iba caminando con alguien y pasamos por uno de esos shows de Broadway/New York, en el cual había una fila como de bloque y medio esperando para entrar a la función y la mayoría de los que esperaban eran homosexuales y lesbianas, *»no tengo nada contra ellos, mucho menos el* mismo Dios, Dios lo que no ama de y en ellos es su pecado« Me dice la persona que estaba conmigo: *"se van a quedar muchos si Cristo viene"* y le respondí con la escritura de "1Pedro 4:18" la misma que use anteriormente. Pero me iría más allá, hay muchos hermanos que están pecando deliberadamente:

"Porque si pecáremos voluntariamente después de haber recibido el conocimiento de la verdad, ya no queda más sacrificio por los pecados, sino una horrenda expectación de juicio, y de hervor de fuego que ha de devorar a los adversarios. El que viola la ley de Moisés, por el testimonio de dos o de tres testigos muere irremisiblemente. ¿Cuánto mayor castigo pensáis que merecerá el que pisoteare al Hijo de Dios, y tuviere por inmunda la sangre del pacto en la cual fue santificado, e hiciere afrenta al Espíritu de gracia? Pues conocemos al que dijo: Mía es la venganza, yo daré el pago, dice el Señor. Y otra vez: El Señor juzgará a su pueblo. !!Horrenda cosa es caer en manos del Dios vivo!" (Hebreos 10:26-31).

Que no quieren escuchar la voz de Dios a través de sus Profetas, porque esto cambiará su estilo de vida y su amistad con el mundo y Dios es enemigo del mundo:

"!!Oh almas adúlteras! ¿No sabéis que la amistad del mundo es enemistad contra Dios? Cualquiera, pues, que quiera ser amigo del mundo, se constituye enemigo de Dios. No améis al mundo, ni las cosas que están en el mundo. Si alguno ama al mundo, el amor del Padre no está en él. Porque todo lo que hay en el mundo, los deseos de la carne, los deseos de los ojos, y la vanagloria de la vida, no proviene del Padre, sino del mundo. Y el mundo pasa, y sus deseos; pero el que hace la voluntad de Dios permanece para siempre. Hermanos míos, no os extrañéis si el mundo os aborrece. Amados, no creáis a todo espíritu, sino probad los espíritus si son de Dios; porque muchos falsos profetas han salido por el mundo. En esto conoced el Espíritu de Dios: Todo espíritu que confiesa que Jesucristo ha venido en carne, es de Dios; y todo espíritu que no confiesa que Jesucristo ha venido en carne, no es de Dios; y este es el espíritu del anticristo, el cual vosotros habéis oído que viene, y que ahora ya está en el mundo. Hijitos, vosotros sois de Dios, y los habéis vencido; porque mayor es el que está en vosotros, que el que está en el mundo. Ellos son del mundo; por eso hablan del mundo, y el mundo los oye. En esto se mostró el amor de Dios para con nosotros, en que Dios envió a su Hijo unigénito al mundo, para que vivamos por él. Y nosotros hemos visto y testificamos que el Padre ha enviado al Hijo, el Salvador del mundo. En esto se ha perfeccionado el amor en nosotros, para que tengamos confianza en el día del juicio; pues como él es, así somos nosotros en este mundo. Porque todo

lo que es nacido de Dios vence al mundo; y esta es la victoria que ha vencido al mundo, nuestra fe. ¿Quién es el que vence al mundo, sino el que cree que Jesús es el Hijo de Dios? Sabemos que somos de Dios, y el mundo entero está bajo el maligno." (Santiago 4:4, 1Juan 2:15-17, 3:13, 4:1-5, 9, 14, 17, 5:4-5, 19).

«ES TIEMPO DE ESCUCHAR Y VIVIR LA PALABRA DE DIOS»

"Acontecerá que si oyeres atentamente la voz de Jehová tu Dios, para guardar y poner por obra todos sus mandamientos que yo te prescribo hoy, también Jehová tu Dios te exaltará sobre todas las naciones de la tierra." (Deuteronomio 28:1).

Porque el hombre se ha amparado que lo que trae incertidumbre no es de Dios y están muy errados: *"Esta persuasión no procede de aquel que os llama. Yo confío respecto de vosotros en el Señor, que no pensaréis de otro modo; mas el que os perturba llevará la sentencia, quienquiera que sea. para que ya no seamos niños fluctuantes, llevados por doquiera de todo viento de doctrina, por estratagema de hombres que para engañar emplean con astucia las artimañas del error,"* (Gálatas 5:8, 10, Efesios 4:14).

Todo tiene su tiempo debajo del cielo:

"Todo tiene su tiempo, y todo lo que se quiere debajo del cielo tiene su hora."
(Eclesiastés 3:1).

Y el pecado no sólo es de los que están en el mundo, sino de aquellos que están en:

«LA CASA DEL SEÑOR»:

"yo los llevaré a mi santo monte, y los recrearé en mi casa de oración; sus holocaustos y sus sacrificios serán aceptos sobre mi altar; porque mi casa será llamada casa de oración para todos los pueblos. ¿Es cueva de ladrones delante de vuestros ojos esta casa sobre la cual es invocado mi nombre? He aquí que también yo lo veo, dice Jehová. y les dijo: Escrito está: Mi casa, casa de oración será llamada; mas vosotros

la habéis hecho cueva de ladrones." (Isaías 56:7, Jeremías 7:11, Mateo 21:13).

No sólo como ovejas, sino de los mismos «Ministros» de los que sólo pretenden tener el pueblo contento, porque no quieren que nadie se le vaya de la Iglesia:

«MANIPULANDO
ADULTERANDO Y
DILUYENDO»

La Palabra y este Bendito Evangelio:

"Antes bien renunciamos a lo oculto y vergonzoso, no andando con astucia, ni adulterando la palabra de Dios, sino por la manifestación de la verdad recomendándonos a toda conciencia humana delante de Dios. desead, como niños recién nacidos, la leche espiritual no adulterada, para que por ella crezcáis para salvación,"
(2Corintios 4:2, 1Pedro 2:2).

Siendo:
(1) Manipular: «manejar los negocios a su modo, o mezclarse en los ajenos, intervenir
con medios hábiles con frecuencia para servir sus intereses o los ajenos».
(2) Adulterar: «cometer adulterio, viciar, falsificar alguna cosa».
(2.1) Viciar: «dañar o corromper física o moralmente, falsear o adulterar los géneros, no suministrados conforme a su debida ley o mezclarlos con otros de inferior calidad.
Falsificar un escrito introduciendo, quitando o enmendando alguna palabra, frase o cláusula. Tomar el sentido de una proposición, explicándola o entendiéndola siniestramente».
(2.2) Falsificar: «falsear o adulterar una cosa».
(3) Diluir: «restarle o sumarle a la sustancia original». *"AGUA + LODO"*

Pero el pecado ya llegó al tope. Dios siempre me muestra tantas cosas inmorales, que sólo me queda gritar: *«¡PADRE VEN!»* por tu Iglesia.
Recientemente caminaba por una calle «Fort Washington/179th ST. en

la ciudad que vivo: New York» y pasé por una Iglesia Católica/Episcopal »Santa Cruz« y veo un letrero que decía:

«¿Gays y Cristianos?» Y estaba tanto en inglés como en español y me detuve a leerlo y decía lo siguiente:

>»Algunas personas pensarán o piensan que estas dos palabras no pueden ir juntas. La Iglesia Episcopal, que es la rama estadounidense de la comunión Anglicana da la bienvenida a todos«.
>«Tenemos;
>"MIEMBROS GAYS
>OBISPOS GAYS
>SACERDOTES GAYS
>PARROCOS GAYS"
>Porque Dios ama a todos por igual».

Esa es una de las tantas »MENTIRAS« que el diablo ha querido implementar, no sólo hacia la sociedad, sino a nosotros mismos como cristianos:

"y por haberse multiplicado la maldad, el amor de muchos se enfriará." (Mateo 24:12).

Y eso no es así porque mi *«BIBLIA, LA PALABRA DE DIOS»* me dice otra cosa sobre la homosexualidad y no solamente sobre ello, sino sobre cualquier conducta que alteré el orden divino o que pase de *«SANTO»* a »pecado« no está Dios allí, ni es de Dios:

"¿No sabéis que los injustos no heredarán el reino de Dios? No erréis; ni los fornicarios, ni los idólatras, ni los adúlteros, ni los afeminados, ni los que se echan con varones, ni los ladrones, ni los avaros, ni los borrachos, ni los maldicientes, ni los estafadores, heredarán el reino de Dios." (1Corintios 6:9-10).

Y no sólo esto al día siguiente volví a pasar por ésta Iglesia y veo el mismo comunicado pero esta vez con todos los sellos de la Iglesia para que no quede duda que dicho comunicado estaba amparado por la misma Iglesia, no por algún particular »QUE DESCARADOS« Cuando «*LA PALABRA DE DIOS*» nos dice lo contrario sobre este tipo de comportamiento:

> *"como Sodoma y Gomorra y las ciudades vecinas, las cuales de la misma manera que aquéllos, habiendo fornicado e ido en pos de vicios contra naturaleza, fueron puestas por ejemplo, sufriendo el castigo del fuego eterno."* (Judas 1:7).

Y es allí donde muchos han creído a la mentira:

> *"Pero el Espíritu dice claramente que en los postreros tiempos algunos apostatarán de la fe, escuchando a espíritus engañadores y a doctrinas de demonios;"* (1Timoteo 4:1).

Y han caído en el error: *"Esta persuasión no procede de aquel que os llama. para que ya no seamos niños fluctuantes, llevados por doquiera de todo viento de doctrina, por estratagema de hombres que para engañar emplean con astucia las artimañas del error,"* (Gálatas 5:8, Efesios 4:14).

Dejando a un lado «*LA PALABRA DE DIOS*» y yéndose tras falsas doctrinas:

> *"Pero hubo también falsos profetas entre el pueblo, como habrá entre vosotros falsos maestros, que introducirán encubiertamente herejías destructoras, y aun negarán al Señor que los rescató, atrayendo sobre sí mismos destrucción repentina."* (2Pedro 2:1).

Porque están tan en la carne que prefieren que a lo malo le llamen bueno y a lo bueno le llamen malo: *"!!Ay de los que a lo malo dicen bueno, y a lo bueno malo; que hacen de la luz tinieblas, y de las tinieblas luz; que ponen lo amargo por dulce, y lo dulce por amargo!"* (Isaías 5:20).

Pero tanto son culpables los Ministros como las ovejas, que desde el Púlpito le dan al pueblo aquellas enseñanzas que tocan los botones de sus emociones y sus intereses y el pueblo les gustan y las reciben. Pero yo me uno a Jeremías y los profetas para decirles que las cosas no van a seguir iguales, como hasta ahora han estado, el pecado ya llegó al tope y pronto verán un

«DIOS DE IRA»:

"sino una horrenda expectación de juicio, y de hervor de fuego que ha de devorar a los adversarios. !!Horrenda cosa es caer en manos del Dios vivo!" (Hebreos 10:27, 31).

Si no cambian su forma de pensar y actuar: *"si se humillare mi pueblo, sobre el cual mi nombre es invocado, y oraren, y buscaren mi rostro, y se convirtieren de sus malos caminos; entonces yo oiré desde los cielos, y perdonaré sus pecados, y sanaré su tierra."* (2Crónicas 7:14).

Y todos tenemos que humillarnos diariamente: *"¿Quiero yo la muerte del impío? dice Jehová el Señor. ¿No vivirá, si se apartare de sus caminos?"* (Ezequiel 18:23).

«TODOS TENEMOS QUE ARREPENTIRNOS CADA DÍA, PORQUE DIOS PRETENDE Y AÚN DA TIEMPO A UN ARREPENTIMIENTO Y A UNA RECONCILIACIÓN CON EL CRISTO DE LA GLORIA»

"Porque no quiero la muerte del que muere, dice Jehová el Señor; convertíos, pues, y viviréis. Buscad a Jehová mientras puede ser hallado, llamadle en tanto que está cercano. El Señor no retarda su promesa, según algunos la tienen por tardanza, sino que es paciente para con nosotros, no queriendo que ninguno perezca, sino que todos procedan al arrepentimiento." (Ezequiel 18:32, Isaías 55:6, 2Pedro 3:9).

Porque El Padre no quiere la muerte del que muere, Él quiere un arrepentimiento, que escuchemos la voz del Señor y sus profetas: *"Acontecerá que si oyeres atentamente la voz de Jehová tu Dios, para guardar y poner por obra todos sus mandamientos que yo te prescribo hoy, también Jehová tu Dios te exaltará sobre todas las naciones de la tierra."* (Deuteronomio 28:1).

Que destrucción viene: *"Destrucción viene; y buscarán la paz, y no la habrá. Mira que te he puesto en este día sobre naciones y sobre reinos, para arrancar y para destruir, para arruinar y para derribar, para edificar y para plantar. que cuando digan: Paz y seguridad, entonces vendrá sobre ellos destrucción repentina, como los dolores a la mujer encinta, y no escaparán."* (Ezequiel 7:25, Jeremías 1:10, 1Tesalonicenses 5:3).

Estos Pastores de »LA PROSPERIDAD« que sólo han salido por el mundo para robar y matar éste «EVANGELIO Y LA FE» de las ovejas: *"El ladrón no viene sino para hurtar y matar y destruir; mas los malos hombres y los engañadores irán de mal en peor, engañando y siendo engañados. Pero hubo también falsos profetas entre el pueblo, como habrá entre vosotros falsos maestros, que introducirán encubiertamente herejías destructoras, y aun negarán al Señor que los rescató, atrayendo sobre sí mismos destrucción repentina. y por avaricia harán mercadería de vosotros con palabras fingidas. Sobre los tales ya de largo tiempo la condenación no se tarda, y su perdición no se duerme. sabe el Señor librar de tentación a los piadosos, y reservar a los injustos para ser castigados en el día del juicio; Estos son manchas en vuestros ágapes, que comiendo impúdicamente con vosotros se apacientan a sí mismos; nubes sin agua, llevadas de acá para allá por los vientos; árboles otoñales, sin fruto, dos veces muertos y desarraigados; fieras ondas del mar, que espuman su propia vergüenza; estrellas errantes, para las cuales está reservada eternamente la oscuridad de las tinieblas."* (Juan 1010extc, 2Timoteo 3:13, 2Pedro 2:1, 3, 9, Judas 1:12-13).

«¿Qué irán a decir cuando llegue éste mal momento que ya está a la puerta?»:

> *"El Señor no retarda su promesa, según algunos la tienen por tardanza, sino que es paciente para con nosotros, no queriendo que ninguno perezca, sino que todos procedan al arrepentimiento."* (2Pedro 3:9).

Y sólo los que estemos sobre «*LA ROCA FIRME*» que es «*CRISTO JESÚS*» podremos resistir estos embates, porque no son sólo destrucciones físicas y/o materiales:

> *"Porque el anhelo ardiente de la creación es el aguardar la manifestación de los hijos de Dios. Porque la creación fue sujetada a vanidad, no por su propia voluntad, sino por causa del que la sujetó en esperanza; porque también la creación misma será libertada de la esclavitud de corrupción, a la libertad gloriosa de los hijos de Dios. Porque sabemos que toda la creación gime a una, y a una está con dolores de parto hasta ahora; Entonces habrá señales en el sol, en la luna y en las estrellas, y en la tierra angustia de las gentes, confundidas a causa del bramido del mar y de las olas;"* (Romanos 8:19-22, Lucas 21:25).

Sino ataques a las emociones, al sistema nervioso y pensante del ser humano »impío, pecador, inconverso«: *"desfalleciendo los hombres por el temor y la expectación de las cosas que sobrevendrán en la tierra; porque las potencias de los cielos serán conmovidas."* (Lucas 21:26).

A lo que fue o es la seguridad de muchos, muchos que han logrado por sus propias fuerzas, diciendo no está Dios con nosotros, sin Dios estar allí: *"Sus jefes juzgan por cohecho, y sus sacerdotes enseñan por precio, y sus profetas adivinan por dinero; y se apoyan en Jehová, diciendo: ¿No está Jehová entre nosotros? No vendrá mal sobre nosotros. Los plantaste, y echaron raíces; crecieron y dieron fruto; cercano estás tú en sus bocas, pero lejos de sus corazones."* (Miqueas 3:11, Jeremías 12:2).

«LA HORA ES DE TOMAR UNA DECISIÓN QUE VA A AFECTAR TODA TU VIDA, PORQUE HAY: VIDA ETERNA Y HAY CONDENACIÓN ETERNA»

Tú eliges hermano, hermana, hombre del mundo:

"Y muchos de los que duermen en el polvo de la tierra serán despertados, unos para vida eterna, y otros para vergüenza y confusión perpetua. Esto es demostración del justo juicio de Dios, para que seáis tenidos por dignos del reino de Dios, por el cual asimismo padecéis. Porque es justo delante de Dios pagar con tribulación a los que os atribulan, y a vosotros que sois atribulados, daros reposo con nosotros, cuando se manifieste el Señor Jesús desde el cielo con los ángeles de su poder, en llama de fuego, para dar retribución a los que no conocieron a Dios, ni obedecen al evangelio de nuestro Señor Jesucristo; los cuales sufrirán pena de eterna perdición, excluidos de la presencia del Señor y de la gloria de su poder, cuando venga en aquel día para ser glorificado en sus santos y ser admirado en todos los que creyeron (por cuanto nuestro testimonio ha sido creído entre vosotros). Porque es necesario que todos nosotros comparezcamos ante el tribunal de Cristo, para que cada uno reciba según lo que haya hecho mientras estaba en el cuerpo, sea bueno o sea malo. Y el diablo que los engañaba fue lanzado en el lago de fuego y azufre, donde estaban la bestia y el falso profeta; y serán atormentados día y noche por los siglos de los siglos. Y vi un gran trono blanco y al que estaba sentado en él, de delante del cual huyeron la tierra y el cielo, y ningún lugar se encontró para ellos. Y vi a los muertos, grandes y pequeños, de pie ante Dios; y los libros fueron abiertos, y otro libro fue abierto, el cual es el libro de la vida; y fueron juzgados los muertos por las cosas que estaban escritas en los libros, según sus obras. Y el mar entregó los muertos que había en él; y la muerte y el Hades entregaron los muertos que

había en ellos; y fueron juzgados cada uno según sus obras. Y la muerte y el Hades fueron lanzados al lago de fuego. Esta es la muerte segunda. Y el que no se halló inscrito en el libro de la vida fue lanzado al lago de fuego. El solamente es mi roca y mi salvación; Es mi refugio, no resbalaré mucho. El solamente es mi roca y mi salvación. Es mi refugio, no resbalaré." (Daniel 12:2, 2Tesalonicenses 1:5-10, 2Corintios 5:10, Apocalipsis 20:10-15, Salmo 62:2, 6).

Mi hermano, mi hermana, hombre del mundo, deja las obras infructuosas de las tinieblas y vuélvete a Dios con todas tus fuerzas, con todo tu corazón, con todo tu ser. Aún hay oportunidad, la puerta del arca a través del «*CRISTO DE LA GLORIA*» aún está abierta, escucha su voz atentamente y cobíjate bajo sus alas, porque la amistad con el mundo te constituye en enemigo de Dios, porque Dios es enemigo del mundo, porque el mundo está bajo el maligno, pero mayor es «*Él*» que él que está en el mundo.

Te bendigo en este día, mi hermano, mi hermana. A ti hombre del mundo, que de oídas has oído de Dios, espero que en su bendita voluntad y en su tiempo puedas decir: «*¡Pero ahora mis ojos lo ven!*»

«*PORQUE EL QUE HABITA AL ABRIGO DEL ALTÍSIMO MORARÁ BAJO LA SOMBRA DEL OMNIPOTENTE*».

¡EN EL NOMBRE DE JESÚS SIEMPRE! Y ¡AMÉN!

Agosto 2, 2012

=27=

Y Cuando Llegó La Noche
"a los hipócritas [i'pokrita] a los religiosos"

"Y cuando llegó la noche, trajeron a él muchos endemoniados; y con la palabra echó fuera a los demonios, y sanó a todos los enfermos;" (Mateo 8:16).

Realmente que en «*LA PALABRA* y no cualquier "palabra" sino en *LA PALABRA DE DIOS*» porque en ella hay poder:

> *"Porque la palabra de la cruz es locura a los que se pierden; pero a los que se salvan, esto es, a nosotros, es poder de Dios. Porque no me avergüenzo del evangelio, porque es poder de Dios para salvación a todo aquel que cree; al judío primeramente, y también al griego."* (1Corintios 1:18, Romanos 1:16).

Porque por ella fueron hechos los cielos y la tierra: *"En el principio creó Dios los cielos y la tierra. Por la palabra de Jehová fueron hechos los cielos, Y todo el ejército de ellos por el aliento de su boca. Estos ignoran voluntariamente, que en el tiempo antiguo fueron hechos por la palabra de Dios los cielos, y también la tierra, que proviene del agua y por el agua subsiste,"* (Génesis 1:1, Salmo 33:6, 2Pedro 3:5).

Y aquí vemos que por ella fueron sanados muchos y libertados endemoniados.

Así como en el principio hay algo muy peculiar en cuanto a la oscuridad, porque en el principio todo estaba desorganizado y en tinieblas:

"Y la tierra estaba desordenada y vacía, y las tinieblas estaban sobre la faz del abismo, y el Espíritu de Dios se movía sobre la faz de las aguas." (Génesis 1:2).

Y por «*LA PALABRA*» Dios ordenó la luz y fue la luz y vio Dios que era buena la luz:

"Y dijo Dios: Sea la luz; y fue la luz. Y vio Dios que la luz era buena; y separó Dios la luz de las tinieblas." (Génesis 1:3-4).

Así el mismo Dios nos llamó de las tinieblas a ser «LUZ ADMIRABLE, a ser LA LUZ» de este mundo: *"Vosotros sois la luz del mundo; una ciudad asentada sobre un monte no se puede esconder. Ni se enciende una luz y se pone debajo de un almud, sino sobre el candelero, y alumbra a todos los que están en casa. Así alumbre vuestra luz delante de los hombres, para que vean vuestras buenas obras, y glorifiquen a vuestro Padre que está en los cielos. Mas vosotros sois linaje escogido, real sacerdocio, nación santa, pueblo adquirido por Dios, para que anunciéis las virtudes de aquel que os llamó de las tinieblas a su luz admirable; para que abras sus ojos, para que se conviertan de las tinieblas a la luz, y de la potestad de Satanás a Dios; para que reciban, por la fe que es en mí, perdón de pecados y herencia entre los santificados."* (Mateo 5:14-16, 1Pedro 2:9, Hechos 26:18).

A través de la predicación: *"alabando a Dios, y teniendo favor con todo el pueblo. Y el Señor añadía cada día a la iglesia los que habían de ser salvos. que prediques la palabra; que instes a tiempo y fuera de tiempo; redarguye, reprende, exhorta con toda paciencia y doctrina."* (Hechos 2:47, 2Timoteo 4:2).

Y de una vez por todas caminar sobre «*LA PALABRA*» y como la misma es lámpara a nuestros pies: *"Lámpara es a mis pies tu palabra, Y lumbrera a mi camino."* (Salmo 119:105).

Jesús vino a deshacer las obras de las tinieblas: *"El que practica el pecado es del diablo; porque el diablo peca desde el principio. Para esto apareció el Hijo de Dios, para deshacer las obras del diablo."* (1Juan 3:8).

Jesús vino a confrontar las mismas y a exponer las obras de los mismos letrados y/o religiosos de la época que viviendo un evangelio sólo de letras sin Espíritu, haciendo sus obras y viviendo en y de apariencias, se habían y se han convertidos en hijos de su padre el diablo:

"Respondieron y le dijeron: Nuestro padre es Abraham. Jesús les dijo: Si fueseis hijos de Abraham, las obras de Abraham haríais. Pero ahora procuráis matarme a mí, hombre que os he hablado la verdad, la cual he oído de Dios; no hizo esto Abraham. Vosotros hacéis las obras de vuestro padre. Entonces le dijeron: Nosotros no somos nacidos de fornicación; un padre tenemos, que es Dios. Jesús entonces les dijo: Si vuestro padre fuese Dios, ciertamente me amaríais; porque yo de Dios he salido, y he venido; pues no he venido de mí mismo, sino que él me envió. ¿Por qué no entendéis mi lenguaje? Porque no podéis escuchar mi palabra. Vosotros sois de vuestro padre el diablo, y los deseos de vuestro padre queréis hacer. El ha sido homicida desde el principio, y no ha permanecido en la verdad, porque no hay verdad en él. Cuando habla mentira, de suyo habla; porque es mentiroso, y padre de mentira. Y a mí, porque digo la verdad, no me creéis. ¿Quién de vosotros me redarguye de pecado? Pues si digo la verdad, ¿por qué vosotros no me creéis? El que es de Dios, las palabras de Dios oye; por esto no las oís vosotros, porque no sois de Dios." (Juan 8:39-47).

«DIOS NO QUIERE RELIGIÓN, EL PADRE QUIERE RELACIÓN»

Estos hombres no podían ni mover una hoja de lechuga, porque habían perdido la visión de lo que es *«EL REINO DE DIOS»* aquí en la tierra, se habían metido en un sistema creado por ellos mismos y ya no por Dios: *"Dice, pues, el Señor: Porque este pueblo se acerca a mí con su boca, y con sus labios me honra, pero su corazón está lejos de mí, y su temor de mí no es más que un mandamiento de hombres que les ha sido enseñado;"* (Isaías 29:13).

Cristo viene a exponer sus obras erradas y equivocadas, mal intencionadas: *"Entonces habló Jesús a la gente y a sus discípulos, diciendo: En la cátedra de Moisés se sientan los escribas y los fariseos. Así que, todo lo que os* digan que guardéis, guardadlo y hacedlo; más no hagáis conforme a sus obras, porque dicen, y no hacen. Porque atan cargas pesadas y difíciles de llevar, y las ponen sobre los hombros de los hombres; pero ellos ni con un dedo quieren moverlas. Antes, hacen todas sus obras para ser vistos por los hombres. Pues ensanchan sus filacterias, y extienden los flecos de sus mantos; y aman los primeros asientos en las cenas, y las primeras sillas en las sinagogas, y las salutaciones en las plazas, y que los hombres los llamen: Rabí, Rabí. Pero vosotros no queráis que os llamen Rabí; porque uno es vuestro Maestro, el Cristo, y todos vosotros sois hermanos. Y no llaméis padre vuestro a nadie en la tierra; porque uno es vuestro Padre, el que está en los cielos. Ni seáis llamados maestros; porque uno es vuestro Maestro, el Cristo. El que es el mayor de vosotros, sea vuestro siervo. Porque el que se enaltece será humillado, y el que se humilla será enaltecido. Mas! !ay de vosotros, escribas y fariseos, hipócritas! porque cerráis el reino de los cielos delante de los hombres; pues ni entráis vosotros, ni dejáis entrar a los que están entrando. !!Ay de vosotros, escribas y fariseos, hipócritas! porque devoráis las casas de las viudas, y como pretexto hacéis largas oraciones; por esto recibiréis mayor condenación. !!Ay de vosotros, escribas y fariseos, hipócritas! porque recorréis mar y tierra para hacer un prosélito, y una vez hecho, le hacéis dos veces más hijo del infierno que vosotros. !!Ay de vosotros, guías ciegos! que decís: Si alguno jura por el templo, no es nada; pero si alguno jura por el oro del templo, es deudor. !!!Insensatos y ciegos! porque ¿cuál es mayor, el oro, o el templo que santifica al oro? También decís: Si alguno jura por el altar, no es nada; pero si alguno jura por la ofrenda que está sobre él, es deudor.!!Necios y ciegos! porque ¿cuál es mayor, la ofrenda, o el altar que santifica la ofrenda? Pues el que jura por el altar, jura por él, y por todo lo que está sobre él; y el que jura por el templo, jura por él, y por el que lo habita; y el que jura por el cielo, jura por el trono de Dios, y por aquel que está sentado en él. !!Ay de vosotros, escribas y fariseos, hipócritas! porque diezmáis la menta y el eneldo y el comino, y dejáis lo más importante de la ley: la justicia, la misericordia y la fe. Esto era necesario hacer, sin dejar de hacer aquello. !!Guías ciegos, que coláis el mosquito, y tragáis el camello! !!Ay de vosotros, escribas y fariseos, hipócritas! porque limpiáis lo de fuera del vaso y del plato, pero por dentro estáis llenos de robo y de injusticia. !!Fariseo ciego! Limpia primero lo de dentro del vaso y del plato, para que también lo de fuera sea limpio. !!Ay de vosotros, escribas y fariseos, hipócritas! porque sois semejantes a sepulcros blanqueados, que por fuera, a la verdad, se muestran hermosos, mas por dentro están llenos de huesos de muertos y de toda inmundicia. Así también vosotros por fuera, a la verdad, os mostráis justos a los hombres, pero por dentro estáis llenos de *hipocresía e iniquidad. !!Ay de vosotros, escribas y fariseos, hipócritas! porque edificáis los sepulcros de los profetas, y adornáis los monumentos de los justos, y decís: Si hubiésemos vivido en los días de nuestros padres, no hubiéramos sido sus cómplices en la sangre de los profetas. Así que dais testimonio contra vosotros mismos, de que sois hijos de aquellos que mataron a los profetas. !!Vosotros también llenad la medida de vuestros padres! !!Serpientes, generación de víboras! ¿Cómo escaparéis de la condenación del infierno? Por tanto, he aquí yo os envío profetas y sabios y escribas; y de ellos, a unos mataréis y crucificaréis, y a otros azotaréis en vuestras sinagogas, y perseguiréis de ciudad en ciudad; para que venga sobre vosotros toda la sangre justa que se ha derramado sobre la tierra, desde la sangre de Abel el justo hasta la sangre de Zacarías hijo de Berequías, a quien matasteis entre el templo y el altar. De cierto os digo que todo esto vendrá sobre esta generación."* (Mateo 23:1-36).

Y proféticamente se esperaba;
«UN MESÍAS,
EL HIJO DE DIOS,
UN PROFETA,
UN LIBERTADOR»:

"Por tanto, el Señor mismo os dará señal: He aquí que la virgen concebirá, y dará a luz un hijo, y llamará su nombre Emanuel. Acontecerá en aquel tiempo que la raíz de Isaí, la cual estará puesta por pendón a los pueblos, será buscada por las gentes; y su habitación será gloriosa. He aquí, una virgen concebirá y dará a luz un hijo, Y llamarás su nombre Emanuel, que traducido es: Dios con nosotros. que os ha nacido hoy, en la ciudad de David, un Salvador, que es CRISTO el Señor."
(Isaías 7:14, 11:10, Mateo 1:23, Lucas 2:11).

Pero estos estaban tan ciegos que habían perdido toda visión espiritual:
"Dijo Jesús: Para juicio he venido yo a este mundo; para que los que no ven, vean, y los que ven, sean cegados. Entonces algunos de los fariseos que estaban con él, al oír esto, le dijeron: ¿Acaso nosotros somos también ciegos? Jesús les respondió: Si fuerais ciegos, no tendríais pecado; mas ahora, porque decís: Vemos, vuestro pecado permanece. !!Ay de vosotros, guías ciegos! que decís: Si alguno jura por el templo, no es nada; pero si alguno jura por el oro del templo, es deudor. !!!Insensatos y ciegos! porque ¿cuál es mayor, el oro,

o el templo que santifica al oro? !!Necios y ciegos! porque ¿cuál es mayor, la ofrenda, o el altar que santifica la ofrenda? !!Fariseo ciego! Limpia primero lo de dentro del vaso y del plato, para que también lo de fuera sea limpio." (Juan 9:39-41, Mateo 23:16-17, 19, 26).

Que cuando llegó El Mesías no pudieren verle y estos que estaban en el »LAGO DEL PECADO« no podían resistir dichas confrontaciones a través de «*LA PALABRA*» misma, porque «*LA PALABRA*» lo expone todo, éstos no eran más que hipócritas:

»Del griego [i'pokrita]: que aparenta tener una cualidad, opinión o sentimientos, persona que aparenta tener sentimientos o cualidades que no posee. Hypockretes: "actores" para los cuales ya están reservada la más densa oscuridad y hay una ira venidera para ellos de lo cual no podrán escapar«.

"!!Serpientes, generación de víboras! ¿Cómo escaparéis de la condenación del infierno? De cierto os digo que todo esto vendrá sobre esta generación. fieras ondas del mar, que espuman su propia vergüenza; estrellas errantes, para las cuales está reservada eternamente la oscuridad de las tinieblas. Estos son fuentes sin agua, y nubes empujadas por la tormenta; para los cuales la más densa oscuridad está reservada para siempre." (Mateo 23:33,36, Judas 1:13, 2Pedro 2:17).

«ELLOS CREEN ANDAR EN LA LUZ Y LAS TINIEBLAS ESTÁN SOBRE ELLOS»

Ahora mismo estuve en la biblioteca y trate de hablarle y ni siquiera hablarle, sino darle un »Evangelio de Juan de Living Waters/Aguas Vivas« y una invitación de mi Amada Iglesia, a la persona que me atendió, esta persona me contestó:

»¡Gracias! No me interesa, soy judía!» «¡Hipócrita!!! Y crees que tu nacionalidad terrenal te va a salvar y/o llevar al Reino de Los Cielos». Cuando no todos son hijos de Abraham y no todos los de Israel son israelitas, cuando nosotros los gentiles somos ramas injertadas:

"No que la palabra de Dios haya fallado; porque no todos los que descienden de Israel son israelitas, ni por ser descendientes de Abraham, son todos hijos; sino: En Isaac te será llamada descendencia. Esto es: No los que son hijos según la carne son los hijos de Dios, sino que los que son hijos según la promesa son contados como descendientes. Pues si algunas de las ramas fueron desgajadas, y tú, siendo olivo silvestre, has sido injertado en lugar de ellas, y has sido hecho participante de la raíz y de la rica savia del olivo, no te jactes contra las ramas; y si te jactas, sabe que no sustentas tú a la raíz, sino la raíz a ti. Pues las ramas, dirás, fueron desgajadas para que yo fuese injertado. Bien; por su incredulidad fueron desgajadas, pero tú por la fe estás en pie. No te ensoberbezcas, sino teme. Porque si Dios no perdonó a las ramas naturales, a ti tampoco te perdonará." (Romanos 9:6-8, 11:17-21).

Gracias a su oscuridad y al continúo rechazo de «*La Predicación de este Bendito Evangelio y El Cristo De La Gloria*» nos dieron entrada a nosotros los gentiles:

"Digo, pues: ¿Han tropezado los de Israel para que cayesen? En ninguna manera; pero por su transgresión vino la salvación a los gentiles, para provocarles a celos. Y si su transgresión es la riqueza del mundo, y su defección la riqueza de los gentiles, ¿cuánto más su plena restauración? Porque a vosotros hablo, gentiles. Por cuanto yo soy apóstol a los gentiles, honro mi ministerio," (Romanos 11:11-13).

Y aún ellos siguen en las tinieblas y alegando un poderío inexistente, porque no es una Jerusalén terrenal la que se espera, ni seremos conciudadanos aquí en la tierra, sino una:

«JERUSALÉN ESPIRITUAL Y UNA CIUDADANIA CELESTIAL»

Ya adquirida a través del Cristo: *"Al que venciere, yo lo haré columna en el templo de mi Dios, y nunca más saldrá de allí; y escribiré sobre él el nombre de mi Dios, y el nombre de la ciudad de mi Dios, la nueva Jerusalén, la cual desciende del cielo, de mi Dios, y mi nombre nuevo. Vi un cielo nuevo y una tierra nueva; porque el primer cielo y la primera tierra pasaron, y el mar ya no existía más. Y yo Juan vi la santa ciudad, la nueva Jerusalén, descender del cielo, de Dios, dispuesta como una esposa ataviada para su marido. Y me llevó en el Espíritu a un monte grande y alto, y me mostró la gran ciudad santa de Jerusalén, que descendía del cielo, de Dios, En aquel tiempo estabais sin Cristo, alejados de la ciudadanía de Israel y ajenos a los pactos de la promesa, sin esperanza y sin Dios en el mundo. Pero ahora en Cristo Jesús, vosotros que en otro tiempo estabais lejos, habéis sido hechos cercanos por la sangre de Cristo. Así que ya no sois extranjeros ni advenedizos, sino conciudadanos de los santos, y miembros de la familia de Dios,"* (Apocalipsis 3:12, 21:1-2, 10, Efesios 2:12-13, 19).

Y ellos creen que pueden hacer y deshacer, sí lo pueden hacer, pero aquí en la tierra, mientras nuestras riquezas son «EN GLORIA»:

"No os hagáis tesoros en la tierra, donde la polilla y el orín corrompen, y donde ladrones minan y hurtan; sino haceos tesoros en el cielo, donde ni la polilla ni el orín corrompen, y donde ladrones no minan ni hurtan. Porque donde esté vuestro tesoro, allí estará también vuestro corazón. Mi Dios, pues, suplirá todo lo que os falta conforme a sus riquezas en gloria en Cristo Jesús." (Mateo 6:19-21, Filipenses 4:19).

Las de ellos son terrenales: *"Y les dijo: Mirad, y guardaos de toda avaricia; porque la vida del hombre no consiste en la abundancia de los bienes que posee. También les refirió una parábola, diciendo: La heredad de un hombre rico había producido mucho. Y él pensaba dentro de sí, diciendo: ¿Qué haré, porque no tengo dónde guardar mis frutos? Y dijo: Esto haré: derribaré mis graneros, y los edificaré mayores, y allí guardaré todos mis frutos y mis bienes; y diré a mi alma: Alma, muchos bienes tienes guardados para muchos años; repósate, come, bebe, regocíjate. Pero Dios le dijo: Necio, esta noche vienen a pedirte tu alma; y lo que has provisto, ¿de quién será? Así es el que hace para sí tesoro, y no es rico para con Dios."* (Lucas 12:15-21).

»¡AY! HIPÓCRITAS! NO SABEN Y/O NO QUIEREN SABER LO QUE LE ESPERA. PORQUE LA ÚNICA ENTRADA AL REINO ES: *"EL CRISTO DE LA GLORIA"*»: *"Yo soy la puerta; el que por mí entrare, será salvo; y entrará, y saldrá, y hallará pastos."* (Juan 10:9).

Él cual le dará su recompensa en aquel día por ignorarlo. Es allí en la noche, en las tinieblas, en la oscuridad donde estos están por no recibir en cuerpo las obras de los cielos, van a permanecer excluidos: *"en llama de fuego, para dar retribución a los que no conocieron a Dios, ni obedecen al evangelio de nuestro Señor Jesucristo; los cuales sufrirán pena de eterna perdición, excluidos de la presencia del Señor y de la gloria de su poder,"* (2Tesalonicenses 1:8-9).

«¡MI ALMA TE ALABA MI CRISTO!»

Tú que me sacaste de las tinieblas a luz admirable como
no voy a exaltar tu «*SANTO NOMBRE*»

La noche está avanzando desechad toda obras de las tinieblas, los que
duermen que duerman, pero nosotros los de la luz velamos, porque los
días están malos y solo tu Padre eres la luz, porque tu Santo Espíritu está
sobre nosotros y dentro de nosotros y debemos y ya hemos desechados las
obras de las tinieblas: "*Sed, pues, imitadores de Dios como hijos amados.
Y andad en amor, como también Cristo nos amó, y se entregó a sí mismo
por nosotros, ofrenda y sacrificio a Dios en olor fragante. Pero fornicación y
toda inmundicia, o avaricia, ni aun se nombre entre vosotros, como conviene
a santos; ni palabras deshonestas, ni necedades, ni truhanerías, que no
convienen, sino antes bien acciones de gracias. Porque sabéis esto, que ningún
fornicario, o inmundo, o avaro, que es idólatra, tiene herencia en el reino de
Cristo y de Dios. Nadie os engañe con palabras vanas, porque por estas cosas
viene la ira de Dios sobre los hijos de desobediencia. No seáis, pues, partícipes
con ellos. Porque en otro tiempo erais tinieblas, mas ahora sois luz en el Señor;
andad como hijos de luz (porque el fruto del Espíritu es en toda bondad,
justicia y verdad), comprobando lo que es agradable al Señor. Y no participéis
en las obras infructuosas de las tinieblas, sino más bien reprendedlas; porque
vergonzoso es aun hablar de lo que ellos hacen en secreto. Mas todas las cosas,
cuando son puestas en evidencia por la luz, son hechas manifiestas; porque la
luz es lo que manifiesta todo. Por lo cual dice: Despiértate, tú que duermes, Y
levántate de los muertos, Y te alumbrará Cristo. Mirad, pues, con diligencia
cómo andéis, no como necios sino como sabios, aprovechando bien el tiempo,
porque los días son malos. Por tanto, no seáis insensatos, sino entendidos de
cuál sea la voluntad del Señor. No os embriaguéis con vino, en lo cual hay
disolución; antes bien sed llenos del Espíritu, hablando entre vosotros con
salmos, con himnos y cánticos espirituales, cantando y alabando al Señor
en vuestros corazones; dando siempre gracias por todo al Dios y Padre, en el
nombre de nuestro Señor Jesucristo.*" (Efesios 5:1-20).

«TÚ pagaste un alto precio allí en LA CRUZ y viniste al mundo para
exponer las malas obras del mundo»:

> "*No puede el mundo aborreceros a vosotros; mas a mí me
> aborrece, porque yo testifico de él, que sus obras son malas.*"
> (Juan 7:7).

»Y como éste va de mal en peor, engañando y siendo engañado«: *"mas los malos hombres y los engañadores irán de mal en peor, engañando y siendo engañados."* (2Timoteo 3:13).

«Pero tú nos dijiste que no somos de aquí»: *"Yo les he dado tu palabra; y el mundo los aborreció, porque no son del mundo, como tampoco yo soy del mundo. No son del mundo, como tampoco yo soy del mundo."* (Juan 17:14, 16).

»Y aquí tendremos aflicciones, pero que no nos preocupemos porque ya tú has vencido al mundo«: *"Estas cosas os he hablado para que en mí tengáis paz. En el mundo tendréis aflicción; pero confiad, yo he vencido al mundo."* (Juan 16:33).

Iglesia este es el tiempo del arrepentimiento, de la reconciliación con y a través del «Cristo De La Gloria», porque el que no se encuentre en el libro de la vida será lanzado y atormentado en el lago de fuego y azufre:

> *"Y el que no se halló inscrito en el libro de la vida fue lanzado al lago de fuego."* (Apocalipsis 20:15).

Despiértate tú que duermes y te alumbrará Cristo. (Efesios 5:14).

Si tú le dijiste «¡SÍ! al Señor ya no te competen, ni la oscuridad, ni la noche, ni las tinieblas».

Ese derecho expiró en ti, ahora tiene los derechos del «*PADRE DE LAS LUCES*» en él cual no hay sombra de variedad:

> *"Toda buena dádiva y todo don perfecto desciende de lo alto, del Padre de las luces, en el cual no hay mudanza, ni sombra de variación."* (Santiago 1:17)

¡ALABADO SEA DIOS!
¡BENDITO TU NOMBRE PADRE AMADO!
¡ALELUYA! ¡ALELUYA! ¡ALELUYA!

«¿Y sí él es nuestro Padre y es el Padre de las luces que haces aún en tinieblas?»

Si aún andas en las obras que no te competen entonces tu cuerpo está en tinieblas:

> *"La lámpara del cuerpo es el ojo; así que, si tu ojo es bueno,*
> *todo tu cuerpo estará lleno de luz; pero si tu ojo es maligno,*
> *todo tu cuerpo estará en tinieblas. Así que, si la luz que en*
> *ti hay es tinieblas, ¿cuántas no serán las mismas tinieblas?"*
> (Mateo 6:22-23).

Todo lo terrenal ha y debe de morir en ti, porque eres una nueva criatura y ya no debes apoyarte en tu propio consejo:

> *"Fíate de Jehová de todo tu corazón, Y no te apoyes en tu*
> *propia prudencia. Reconócelo en todos tus caminos, «Y él*
> *enderezará tus veredas»:*
> *No temas, porque yo estoy contigo; no desmayes, porque yo*
> *soy tu Dios que te esfuerzo; siempre te ayudaré, siempre te*
> *sustentaré con la diestra de mi justicia."* (Proverbios 3:5-6,
> Isaías 41:13).

Porque ya no vives tú, vive Cristo en ti: *"Con Cristo estoy juntamente crucificado, y ya no vivo yo, mas vive Cristo en mí; y lo que ahora vivo en la carne, lo vivo en la fe del Hijo de Dios, el cual me amó y se entregó a sí mismo por mí. (Gálatas 2:20).*

Deja la religiosidad a un lado, la religión no salva, la religión mata:

> *"el cual asimismo nos hizo ministros competentes de un*
> *nuevo pacto, no de la letra, sino del espíritu; porque la letra*
> *mata, mas el espíritu vivifica."* (2Corintios 3:6).
> «SÓLO CRISTO JESÚS;
> *SANA*
> *SALVA Y*
> *LIBERTA»*

Llegó la hora y la hora es, porque no todo el que diga: ¡Señor! ¡Señor! entrará al reino de Dios:

> *"No todo el que me dice: Señor, Señor, entrará en el reino de*
> *los cielos, sino el que hace la voluntad de mi Padre que está*
> *en los cielos."* (Mateo 7:21).

Muchos llamados, pocos escogidos:

"Porque muchos son llamados, y pocos escogidos." (Mateo 22:14).

Y aun los escogidos serán engañados:

> *"Porque se levantarán falsos Cristos, y falsos profetas,*
> *y harán grandes señales y prodigios, de tal manera que*
> *engañarán, si fuere posible, aun a los escogidos."*
> (Mateo 24:24).

Llegó la hora y la hora es de deshacernos de las obras infructuosas de las tinieblas, porque la luz va alumbrando y las tinieblas tienen que retroceder. (Efesios 5:11, 1Juan 2:8).

«¡BENDITO EL QUE VIENE EN EL NOMBRE DEL SEÑOR!»

Porque somos la lámpara y una vez más las tinieblas tienen que retroceder, a ti te hablo ¡Hipócrita! ¡Religioso! Que oras de pie en medio de la Congregación para que te vean, a ti que demuda el rostro para que sepan que estas en ayuno, a ti que te jactas de lo que haces, a ti que te gustan los saludos, a ti que te gustan los primeros asientos. El Señor conoce tus obras y El Cristo no está en ti, está fuera de ti, porque lo has excluido de ti y de los tuyos, cuando sólo se trata de «ÉL». Haz utilizado el lenguaje carnal, cuando tu Padre te habla en lo Espiritual:

> *"Pero el hombre natural no percibe las cosas que son del*
> *Espíritu de Dios, porque para él son locura, y no las puede*
> *entender, porque se han de discernir espiritualmente."*
> (1Corintios 2:14).

Ya estos tienen su paga sino se arrepienten y se reconcilian y reconocen que sólo Cristo es la puerta, Él lo dijo:

> *"Jesús le dijo: Yo soy el camino, y la verdad, y la vida; nadie*
> *viene al Padre, sino por mí."* (Juan 14:6).

Y la verdad os hará libre: *"y conoceréis la verdad, y la verdad os hará libres."* (Juan 8:32).

Estos han querido vivir en una mentira, cuando ellos saben la verdad, estos quieren vivir de obras cuando es por Gracia y luego de la Gracia viene la Fe y luego de la Fe las Obras, porque la Fe sin Obras en muerta:

> *"Porque por gracia sois salvos por medio de la fe; y esto no de vosotros, pues es don de Dios; Porque como el cuerpo sin espíritu está muerto, así también la fe sin obras está muerta."* (Efesios 2:8, Santiago 2:26).

A ti que estas en una falsa doctrina como hay tantas, que le quitan y/o le ponen a «LA PALABRA porque LA PALABRA» es una sola, como Jehová tu Dios uno es:

> *"Oye, Israel: Jehová nuestro Dios, Jehová uno es."* (Deuteronomio 6:4).

No hay muchas palabras hay una sola Palabra, ¡Ay! De aquellos que le quitan y le ponen, esos ya tienen su paga:

> *"Yo testifico a todo aquel que oye las palabras de la profecía de este libro: Si alguno añadiere a estas cosas, Dios traerá sobre él las plagas que están escritas en este libro."* (Apocalipsis 22:18).

> «Esta Bendita Palabra es *"FIEL Y VERDADERA"* como El Cristo que su nombre es: *"FIEL Y VERDADERO,"* *"ADMIRABLE,"* *"REY de reyes,"* *"SEÑOR de señores,"* *"EL GRAN YO SOY,"* *"EL YO SOY,"* *"EL SOY YO"*»

Sólo él te puede llevar y dar la luz, "no ningún sistema terrenal." Porque nuestro reino es celestial y nuestra batalla es espiritual, no contra sangre y carne, sino contra las tinieblas:

> *"Porque no tenemos lucha contra sangre y carne, sino contra principados, contra potestades, contra los gobernadores de las tinieblas de este siglo, contra huestes espirituales de maldad en las regiones celestes."* (Efesios 6:12).

¿Cómo combatir las tinieblas si aún éstas en ellas? Debes renunciar a todo aquello que no es ni le agrada a Dios, Dios es enemigo del pecado por ende de las tinieblas, nada queda oculto todo sale a la luz y el pecado es igual a muerte.

Todos los grandes crímenes se hacen en la oscuridad, cuando nadie ve, creen ellos que nadie ve, pero hay uno que todo lo expone:

"Jehová está en su santo templo; Jehová tiene en el cielo su trono; Sus ojos ven, sus párpados examinan a los hijos de los hombres. Porque nada hay oculto, que no haya de ser manifestado; ni escondido, que no haya de ser conocido, y de salir a luz. Porque nada hay encubierto, que no haya de descubrirse; ni oculto, que no haya de saberse. Por tanto, todo lo que habéis dicho en tinieblas, a la luz se oirá; y lo que habéis hablado al oído en los aposentos, se proclamará en las azoteas." (Salmo11:4, Lucas 8:17, 12:2-3).

Porque Él ama la justicia y aborrece el latrocinio: *"Porque yo Jehová soy amante del derecho, aborrecedor del latrocinio para holocausto; por tanto, afirmaré en verdad su obra, y haré con ellos pacto perpetuo."* (Isaías 61:8).

Nada permanece oculto todo sale a la luz y la luz todo lo manifiesta. (Lucas 8:17).

El Señor nos prometió y nos dijo que sus ministros los haría y son como llamas de fuego:

"El que hace a los vientos sus mensajeros, Y a las flamas de fuego sus ministros. Ciertamente de los ángeles dice: El que hace a sus ángeles espíritus, Y a sus ministros llama de fuego." (Salmo 104:4, Hebreos 1:7).

¿Por qué hay algunos que se disfrazan de ángel de luz?

"Porque éstos son falsos apóstoles, obreros fraudulentos, que se disfrazan como apóstoles de Cristo. Y no es maravilla, porque el mismo Satanás se disfraza como ángel de luz. Así que, no es extraño si también sus ministros se disfrazan como ministros de justicia; cuyo fin será conforme a sus obras." (2Corintios 11:13-15).

Y estos están en los púlpitos llevando una enseñanza torcida y arrastrando a miles a las tinieblas, de estos profetizo Enoc:

"De éstos también profetizó Enoc, séptimo desde Adán, diciendo: He aquí, vino el Señor con sus santas decenas de millares, para hacer juicio contra todos, y dejar convictos a

todos los impíos de todas sus obras impías que han hecho impíamente, y de todas las cosas duras que los pecadores impíos han hablado contra él. Estos son murmuradores, querellosos, que andan según sus propios deseos, cuya boca habla cosas infladas, adulando a las personas para sacar provecho." (Judas 1:14-16).

Porque Jesús no retarda su llegada como algunos la tienen por tardanza, aún hay tiempo para el arrepentimiento: *"El Señor no retarda su promesa, según algunos la tienen por tardanza, sino que es paciente para con nosotros, no queriendo que ninguno perezca, sino que todos procedan al arrepentimiento."* (2Pedro 3:9).

Estos hombres están impartiendo un espíritu de error y que el mismo Dios permite para que estos sean condenados por no creer y aceptar el evangelio de la paz, amor y justicia:

"Por esto Dios les envía un poder engañoso, para que crean la mentira, a fin de que sean condenados todos los que no creyeron a la verdad, sino que se complacieron en la injusticia." (2Tesalonicenses 2:11-12).

Estos serán lanzados fuera con los hipócritas, donde será el lloro y crujir de dientes:

"Y entonces les declararé: Nunca os conocí; apartaos de mí, hacedores de maldad. Allí será el llanto y el crujir de dientes, cuando veáis a Abraham, a Isaac, a Jacob y a todos los profetas en el reino de Dios, y vosotros estéis excluidos. y lo castigará duramente, y pondrá su parte con los hipócritas; allí será el lloro y el crujir de dientes." (Mateo 7:23, Lucas 13:28, Mateo 24:51).

Sí mi hermano hay un cielo y hay un infierno, pero este es el momento de saber y decidir cuál será el REY/rey de tu vida y aún estos hombres se van a jactar de decir: »¿No hicimos obras en tú nombre?« Y El Señor les dirá: «Nunca os conocí hacedores de maldad»:

"Apartaos de mí, todos los hacedores de iniquidad; Y entonces les declararé: Nunca os conocí; apartaos de mí, hacedores de maldad." (Salmo 6:8extc, Mateo 7:23).

Porque sí fueron ungidos por Dios:

"Porque irrevocables son los dones y el llamamiento de Dios." (Romanos 11:29).

Pero decidieron excluir al «DUEÑO DE LA OBRA», de la obra misma, o sea usurparon algo que no le correspondía y así mismo «EL PADRE NUESTRO» lo excluirá del Reino mismo y no sólo a ellos sino a Congregaciones completas, que son de gran crecimiento aquí en la tierra, pero no tienen nada en Los Cielos, Congregaciones enteras serán arrastradas con ellos a las tinieblas, por poner su confianza en el hombre: *"Así ha dicho Jehová: Maldito el varón que confía en el hombre, y pone carne por su brazo, y su corazón se aparta de Jehová. Será como la retama en el desierto, y no verá cuando viene el bien, sino que morará en los sequedales en el desierto, en tierra despoblada y deshabitada."* (Jeremías 17:5-6).

Y no en

«EL DIOS DE SU SALVACIÓN»:

"Jehová, roca mía y castillo mío, y mi libertador; Dios mío, fortaleza mía, en él confiaré; Mi escudo, y la fuerza de mi salvación, mi alto refugio. Viva Jehová, y bendita sea mi roca, Y enaltecido sea el Dios de mi salvación; En Dios está mi salvación y mi gloria; En Dios está mi roca fuerte, y mi refugio. He aquí Dios es salvación mía; me aseguraré y no temeré; porque mi fortaleza y mi canción es JAH Jehová, quien ha sido salvación para mí. En gran manera me gozaré en Jehová, mi alma se alegrará en mi Dios; porque me vistió con vestiduras de salvación, me rodeó de manto de justicia, como a novio me atavió, y como a novia adornada con sus joyas. Con todo, yo me alegraré en Jehová, Y me gozaré en el Dios de mi salvación. Mas yo a Jehová miraré, esperaré al Dios de mi salvación; el Dios mío me oirá." (Salmos 18:2, 46, 62:7, Isaías 12:2, 61:10, Habacuc 3:18, Miqueas 7:7).

Iglesia despierta que estos hipócritas aún andan de noche y un ciego no puede guiar a otro ciego, los dos caerán en un pozo:

"Dejadlos; son ciegos guías de ciegos; y si el ciego guiare al ciego, ambos caerán en el hoyo." (Mateo 15:14).

«¡IGLESIA, DESPIERTA TÚ QUE DUERMES
Y TE ALUMBRARÁ CRISTO!»
¡A SU NOMBRE SEA LA GLORIA!

Mi hermano, mi hermana, hombre del mundo, tú que crees que la religión, los hombres, los santos, la nacionalidad te van a salvar, sólo El Cristo es la puerta entre Dios y los hombres.

A ti que aún andas en oscuridad, en pecado, el pecado es igual a muerte y eso es lo que nos separa de un Dios que aún da tiempo al arrepentimiento y reconciliación, a través de Jesús que es la puerta a la vida eterna, reconcíliate con Él, arrepiéntete que no es más que darle la espalda al pecado.

Este es el día de salvación para tú vida. Si aún no conoces a Dios y/o crees no conocerle repite conmigo esta breve oración, pero poderosa, porque te llevará de muerte a vida, de tinieblas a la luz admirable:

«Señor Jesús yo reconozco que tú eres el hijo de Dios, que moriste por mí y mis pecados allí en *"La Cruz"* Yo reconozco que soy un pecador y que he andado alejado de ti, yo hoy te pido que me perdones y que inscriba mi nombre en el libro de la vida y te prometo nunca o nunca más apartarme de ti».

Si hiciste ésta oración en éste momento hay una fiesta en los cielos, por tu arrepentimiento y/o reconciliación con «¡EL CRISTO DE LA GLORIA!»

¡BIENVENIDO AL REINO DE DIOS!
¡MI HERMANO! ¡MI HERMANA!

Y ESPERANDO:

«*QUE SIEMPRE TE COBIJES BAJO LA SOMBRA DEL ALTÍSIMO, BAJO SUS ALAS, BAJO SUS PLUMAS*».
¡EN CRISTO JESÚS SIEMPRE! Y ¡AMÉN!

Enero 3, 2013

=28=

Sólo A Tu Dios Amarás, Porque Jehová Dios Celoso Es "a los idólatras"

"Y amarás a Jehová tu Dios de todo tu corazón, y de toda tu alma, y con todas tus fuerzas. No te harás imagen, ni ninguna semejanza de lo que este arriba en el cielo, ni abajo en la tierra, ni en las aguas debajo de la tierra. No te inclinarás a ellas, ni la honrarás, porque yo soy Jehová tu Dios, fuerte, celoso, que visito la maldad de los padres sobre los hijos hasta la tercera y cuarta generación de los que me aborrecen, y hago misericordia a millares, a los que me aman y guardan mis mandamientos. Mas los perros estarán fuera, y los hechiceros, los fornicarios, los homicidas, los idólatras, y todo aquel que ama y hace mentira." (Deuteronomio 6:5, Éxodo 20:4-6, Apocalipsis 22:15).

Siendo la acción de amar: «tener amor por alguien o por algo».

Siendo el amor: «el sentimiento que mueve a desear que la realidad amada, otra persona, un grupo humano o alguna cosa, o procurar que ese deseo se cumpla y a gozar como bien propio el hecho de haberlo cumplido».

Amor de Dios, de los hijos de la Gloria o la persona que lo siente como «Al Padre». Siendo Dios un Dios que primeramente y ante todas las cosas es amor, por eso amarás a Jehová tu Dios sobre todas las cosas:

"Amados, amémonos unos a otros; porque el amor es de Dios. Todo aquel que ama, es nacido de Dios, y conoce a Dios. El que no ama, no ha conocido a Dios; porque Dios es amor." (1Juan 4:7-8).

Pero siendo Dios por igual un Dios fuego consumidor: *"Porque Jehová tu Dios es fuego consumidor, Dios celoso. Entiende, pues, hoy, que es Jehová tu Dios el que pasa delante de ti como fuego consumidor, que los destruirá y humillará delante de ti; y tú los echarás, y los destruirá en seguida, como Jehová te ha dicho. Humo subió de su nariz, Y de su boca fuego consumidor; Carbones fueron por él encendidos. Por Jehová de los ejércitos serás visitada con truenos, con terremotos y con gran ruido, con torbellino y tempestad, y llama de fuego consumidor. Y Jehová hará oír su potente voz, y hará ver el descenso de su brazo, con furor de rostro y llama de fuego consumidor, con torbellino, tempestad y piedra de granizo. Los pecadores se asombraron en Sion, espanto sobrecogió a los hipócritas. ¿Quién de nosotros morará con el fuego consumidor? ¿Quién de nosotros habitará con las llamas eternas? porque nuestro Dios es fuego consumidor."* (Deuteronomio 4:24, 9:3, Salmo 18:8, Isaías 29:6, 30:30, 33:14, Hebreos 12:29).

A Él crearnos nos hizo conforme a su semejanza, a su imagen nos hizo, varón y hembra nos hizo, nos creó por amor: *"Entonces dijo Dios: Hagamos al hombre a nuestra imagen, conforme a nuestra semejanza; y señoree en los peces del mar, en las aves de los cielos, en las bestias, en toda la tierra, y en todo animal que se arrastra sobre la tierra. Y creó Dios al hombre a su imagen, a imagen de Dios lo creó; varón y hembra los creó."* (Génesis 1:26-27).

Él depositó en nosotros: «De Su Carácter, de Sus Actitudes, De Su Sustancia y uno de los tantos componentes es el Amor»:

"El que no ama, no ha conocido a Dios; porque Dios es amor. En esto consiste el amor: no en que nosotros hayamos amado a Dios, sino en que él nos amó a nosotros, y envió a su Hijo en propiciación por nuestros pecados. Amados, si Dios nos ha amado así, debemos también nosotros amarnos unos a otros. Nadie ha visto jamás a Dios. Si nos amamos unos a otros, Dios permanece en nosotros, y su amor se ha perfeccionado en nosotros. Y nosotros hemos conocido y creído el amor que Dios tiene para con nosotros. Dios es amor; y el que permanece en amor, permanece en Dios, y Dios en él. Un mandamiento nuevo os doy: Que os améis unos a otros; como yo os he amado, que también os améis unos a otros." (1Juan 4:8, 10-12, 16, Juan 13:34).

«EL SEÑOR NOS AMÓ PRIMERO,
QUE NOSOTROS A ÉL» (1Juan 4:10).

Que a la vez instauró un nuevo mandamiento a través de Jesús que nos amaramos los unos a los otros: *"Como el Padre me ha amado, así también yo os he amado; permaneced en mi amor. Si guardareis mis mandamientos, permaneceréis en mi amor; así como yo he guardado los mandamientos de mi Padre, y permanezco en su amor. Estas cosas os he hablado, para que mi gozo esté en vosotros, y vuestro gozo sea cumplido. Este es mi mandamiento: Que os améis unos a otros, como yo os he amado. Nadie tiene mayor amor que este, que uno ponga su vida por sus amigos. Vosotros sois mis amigos, si hacéis lo que yo os mando. Ya no os llamaré siervos, porque el siervo no sabe lo que hace su señor; pero os he llamado amigos, porque todas las cosas que oí de mi Padre, os las he dado a conocer. No me elegisteis vosotros a mí, sino que yo os elegí a vosotros, y os he puesto para que vayáis y llevéis fruto, y vuestro fruto permanezca; para que todo lo que pidiereis al Padre en mi nombre, él os lo dé. Esto os mando: Que os améis unos a otros."* (Juan 15:9-17).

El Padre nos ama sobre todas las cosas, porque Él es amor, pero cuando quitamos la mirada hacía Él, se vuelve en una encmistad para con Él, porque Él nos anhela celosamente:

"!!Oh almas adúlteras! ¿No sabéis que la amistad del mundo es enemistad contra Dios? Cualquiera, pues, que quiera ser amigo del mundo, se constituye enemigo de Dios. ¿O pensáis que la Escritura dice en vano: El Espíritu que él ha hecho morar en nosotros nos anhela celosamente?" (Santiago 4:4-5).

Porque Él nos creó para;

«ADORARLE
EXHALTARLE Y
AMARLE»

Sólo a Él, para depender de Él.

Pero en la Palabra hay unos personajes destacados y aborrecidos por Dios, entre ellos están los »idólatras« Que son los que Dios más repugna, en toda la Palabra, porque al Dios ser un Dios celoso, que nos cela y estos idolatran a otros dioses cuando Dios sólo hay uno:

> *"Porque hay un solo Dios, y un solo mediador entre Dios y los hombres, Jesucristo hombre,"* (1Timoteo 2:5).

Estos idolatran: »*a otros dioses, ídolos, imágenes, cosas, personas, porque el término idolatría va más allá de adorar imágenes*«.

Siendo un idólatra: «aquel que adora ídolos y que ama excesivamente a una persona o cosa y tanto las definiciones de idolatrar e idolatría connota un amor excesivo a una persona o cosa»:

> *"Y amarás a Jehová tu Dios de todo tu corazón, y de toda tu alma, y con todas tus fuerzas."* (Deuteronomio 6:5).

Estos personajes van más allá del mover teórico, tienen deseos desenfrenados de poner todo su ser, todas sus fuerzas y ni siquiera pensar en Dios, pero suelen decir que Dios está con ellos.

Pero no es así mis amados Dios es celoso y Él ha de ser lo único, no lo segundo, ni a veces, ni por necesidad, debe ser lo único, debe ser el todo en todos: *"Pero luego que todas las cosas le estén sujetas, entonces también el Hijo mismo se sujetará al que le sujetó a él todas las cosas, para que Dios sea todo en todos."* (1Corintios 15:28).

Por eso Él no quiere que adoren dioses ajenos, personas o cosas. (Éxodo 20:3-5).

Porque solo en ellos hay y está la iniquidad, la maldad y los intereses del hombre. Imágenes y figuras tales como; »Corazón de Jesús, Niño divino, Virgen María, Niño de antorcha, Virgen de la Altagracia, Crucifijo entre otros«:

> *"Los ídolos de ellos son plata y oro, Obra de manos de hombres. Tienen boca, mas no hablan; Tienen ojos, mas no ven; Orejas tienen, mas no oyen; Tienen narices, mas no huelen; Manos tienen, mas no palpan; Tienen pies, mas no andan; No hablan con su garganta. Semejantes a ellos son los que los hacen, Y cualquiera que confía en ellos."* (Salmo 115:4-8).

Ya sean figuras, imágenes, fotos, esculturas lo que sea, sólo Dios hay uno:

«EL FIEL Y VERDADERO»

Y estos no tienen poderes algunos:

> *"Derechos están como palmera, y no hablan; son llevados,*
> *porque no pueden andar. No tengáis temor de ellos, porque*
> *ni pueden hacer mal, ni para hacer bien tienen poder. No*
> *hay semejante a ti, oh Jehová; grande eres tú, y grande tu*
> *nombre en poderío."* (Jeremías 10:5-6).

Por eso el pueblo de Israel perdió la batalla y el arca, porque idolatró a la misma, mandándonos Dios que sólo en Él confiaremos: *"Aconteció que cuando el arca del pacto de Jehová llegó al campamento, todo Israel gritó con tan gran júbilo que la tierra tembló. Dijo, pues: Traspasada es la gloria de Israel; porque ha sido tomada el arca de Dios."* (1Samuel 4:5, 22).

Y los filisteos se apoderaron de ella pero graso error: *"Y tomaron los filisteos el arca de Dios, y la metieron en la casa de Dagón, y la pusieron junto a Dagón. Y cuando al siguiente día los Asdod se levantaron de mañana, he aquí Dagón postrado en tierra delante del arca de Jehová; y tomaron a Dagón y lo volvieron a su lugar. Y volviéndose a levantar de mañana el siguiente día, he aquí que Dagón había caído postrado en tierra delante del arca de Jehová; y la cabeza de Dagón y las dos palmas de sus manos estaban cortadas sobre el umbral, habiéndole quedado a Dagón el tronco solamente. Por esta causa los sacerdotes de Dagón y todos los que entran en el templo de Dagón no pisan el umbral de Dagón en Asdod, hasta hoy."* (1Samuel 5:2-5).

> «ES QUE DONDE HAY dioses falsos FRENTE AL ÚNICO
> Y VERDADERO DIOS, ÉSTE LES HUMILLA, PORQUE
> SÓLO ÉL ES DIOS Y SÓLO ÉL DEBE SER EXALTADO»

Y es tanta la maldad y el interés, que Dios pretende a todos los que creen en estas cosas sin sentido que se vuelvan de sus malos caminos y procedan al arrepentimiento antes que perezcan:

> *"Mi pueblo fue destruido, porque le faltó conocimiento.*
> *Por cuanto desechaste el conocimiento, yo te echaré del*

sacerdocio; y porque olvidaste la ley de tu Dios, también yo me olvidaré de tus hijos." (Oseas 4:6).

Él quiere ponernos un nuevo corazón: *"Y volverán allá, y quitarán de ella todas sus idolatrías y todas sus abominaciones. Y les daré un corazón, y un espíritu nuevo pondré dentro de ellos; y quitaré el corazón de piedra de en medio de su carne, y les daré un corazón de carne, para que anden en mis ordenanzas, y guarden mis decretos y los cumplan, y me sean por pueblo, y yo sea a ellos por Dios. Mas a aquellos cuyo corazón anda tras el deseo de sus idolatrías y de sus abominaciones, yo traigo su camino sobre sus propias cabezas, dice Jehová el Señor."*
(Ezequiel 11:18-21).

Aquellos los que quieran según su obstinación de adorar imágenes, cosas y personas ya El Señor les tiene su paga:

"Y sobre vosotras pondrán vuestras perversidades, y pagaréis los pecados de vuestra idolatría; y sabréis que yo soy Jehová el Señor." (Ezequiel 23:49).

Porque es cierto que tu Dios, mi Dios es celoso:

"Por tanto, así ha dicho Jehová el Señor: Ahora volveré la cautividad de Jacob, y tendré misericordia de toda la casa de Israel, y me mostraré celoso por mi santo nombre."
(Ezequiel 39:25).

Por eso Él quiere que dejen a un lado todas estas conductas y se deshagan de ellas:

"Las esculturas de sus dioses quemarás en el fuego; no codiciarás plata ni oro de ellas para tomarlo para ti, para que no tropieces en ello, pues es abominación a Jehová tu Dios." (Deuteronomio 7:25).

Y hay de aquellos que no escucharon, que no pusieron atención y no buscaron a Jehová:
"Extenderé mi mano sobre Judá, y sobre todos los habitantes de Jerusalén, y exterminaré de este lugar los restos de Baal, y el nombre de

los ministros idólatras con sus sacerdotes; y a los que sobre los terrados se postran al ejército del cielo, y a los que se postran jurando por Jehová y jurando por Milcom; y a los que se apartan de en pos de Jehová, y a los que no buscaron a Jehová, ni le consultaron." (Sofonías 1:4-6).

Por eso mi amado si usted está en el camino correcto, no se junte con ésta gente, aun sean sus hermanos: *"no absolutamente con los fornicarios de este mundo, o con los avaros, o con los ladrones, o con los idólatras; pues en tal caso os sería necesario salir del mundo. Más bien os escribí que no os juntéis con ninguno que, llamándose hermano, fuere fornicario, o avaro, o idólatra, o maldiciente, o borracho, o ladrón; con el tal ni aun comáis."* (1Corintios 5:10-11).

Porque tales no heredarán el reino de Dios: *"¿No sabéis que los injustos no heredarán el reino de Dios? No erréis; ni los fornicarios, ni los idólatras, ni los adúlteros, ni los afeminados, ni los que se echan con varones,"* (1Corintios 6:9).

Y si usted anda en la idolatría y como dije al inicio del mensaje, no sólo consiste en adorar y/o idolatrar imágenes, sino el amor excesivo a cosas y personas:

"Haced morir, pues, lo terrenal en vosotros: fornicación, impureza, pasiones desordenadas, malos deseos y avaricia que es idolatría; Por tanto, amados míos, huid de la idolatría." (Colosenses 3:5, 1Corintios 10:14).

Porque esto pertenece a las obras de la carne y así no se puede agradar a Dios:

"Pero si sois guiados por el Espíritu, no estáis bajo la ley. Y manifiestas son las obras de la carne, que son: adulterio, fornicación, inmundicia, lascivia, idolatría, hechicerías, enemistades, pleitos, celos, iras, contiendas, disensiones, herejías, envidias, homicidios, borracheras, orgías, y cosas semejantes a estas; acerca de las cuales os amonesto, como ya os he dicho antes, que los que practican tales cosas no heredarán el reino de Dios. y los que viven según la carne no pueden agradar a Dios." (Gálatas 5:18-21, Romanos 8:8).

Y éstos no heredarán el reino de Dios: *"Porque sabéis esto, que ningún fornicario, o inmundo, o avaro, que es idólatra, tiene herencia en el reino de Cristo y de Dios."* (Efesios 5:5).

Por eso hay que hacer morir lo terrenal en nosotros, porque eso es del mundo, es del diabólico:

> *"Haced morir, pues, lo terrenal en vosotros: fornicación,*
> *impureza, pasiones desordenadas, malos deseos y avaricia*
> *que es idolatría; cosas por las cuales la ira de Dios viene*
> *sobre los hijos de desobediencia,"* (Colosenses 3:5-6).

Porque si ya llegamos al camino de la verdad, porque estar en Cristo es estar en el camino y en la verdad, porque él es el camino y lo verdadero: *"Jesús le dijo: Yo soy el camino, y la verdad, y la vida; nadie viene al Padre, sino por mí. Baste ya el tiempo pasado para haber hecho lo que agrada a los gentiles, andando en lascivias, concupiscencias, embriaguez, orgías, disipación y abominables idolatrías."* (Juan 14:6, 1Pedro 4:3).

Por eso mis amados, hombre del mundo te exhorto que dejes las cosas del mundo, que no son más que obras infructuosas de las tinieblas, porque pasan hacer obras sin sentidos y de condenación, por eso hay que desecharlas: *"comprobando lo que es agradable al Señor. Y no participéis en las obras infructuosas de las tinieblas, sino más bien reprendedlas;"* (Efesios 5:10-11).

Y te humilles ante el Grande entre los grandes, porque Él es el Grande:

> *"si se humillare mi pueblo, sobre el cual mi nombre es*
> *invocado, y oraren y buscaren mi rostro, y se convirtieren*
> *de sus malos caminos; entonces yo oiré desde los cielos, y*
> *perdonaré sus pecados, y sanaré su tierra. Ahora estarán*
> *abiertos mis ojos y atentos mis oídos a la oración en este*
> *lugar;"* (2Crónicas 7:14-15).

Y cuando le reconocemos y reconocemos que hemos vivido una vida equivocada, llena de desaciertos y desenfrenos y no aquella vida para la cual fuimos creados, pasamos a ser su pueblo, el cual Él lo llenará de bienaventuranzas:

> *"Bienaventurado el pueblo que tiene esto; Bienaventurado*
> *el pueblo cuyo Dios es Jehová."* (Salmo 144:15).

Pero mientras el pueblo sea rebelde, no podrá servir y mucho menos agradar al Dios Vivo:

"Entonces Josué dijo al pueblo: No podréis servir a Jehová, porque él es Dios santo, y Dios celoso; no sufrirá vuestras rebeliones y vuestros pecados." (Josué 24:19).

Y hasta que no llegue ese momento no nos podremos despojar de todo peso:

"Por tanto, nosotros también, teniendo en derredor nuestro tan grande nube de testigos, despojémonos de todo peso y del pecado que nos asedia, y corramos con paciencia la carrera que tenemos por delante," (Hebreos 12:1).

Aquellos pesos que se vuelven una idolatría;

»LA MUJER QUE IDOLATRA A LOS HIJOS, SU CASA, SU ESPOSO, SUS BIENES O AQUEL HOMBRE QUE SÓLO VE Y VELA POR SUS INTERESES, TALES COMO; EL DINERO, "SIENDO ÉSTE LA RAÍZ DE TODOS LOS MALES" SUS CARROS, SUS BIENES. "¡ASÍ NO PODRÁ AGRADAR A DIOS!"«

"Ninguno puede servir a dos señores; porque o aborrecerá al uno y amará al otro, o estimará al uno y menospreciará al otro. No podéis servir a Dios y a las riquezas. Y él pensaba dentro de sí, diciendo: ¿Qué haré, porque no tengo dónde guardar mis frutos? Y dijo: Esto haré: derribaré mis graneros, y los edificaré mayores, y allí guardaré todos mis frutos y mis bienes; y diré a mi alma: Alma, muchos bienes tienes guardados para muchos años; repósate, come, bebe, regocíjate. Pero Dios le dijo: Necio, esta noche vienen a pedirte tu alma; y lo que has provisto, ¿de quién será? Así es el que hace para sí tesoro, y no es rico para con Dios." (Mateo 6:24, Lucas 12:17-21).

Antes que Dios te deseche hermano, hombre del mundo, mira tú conciencia, sin ella hay cabida sólo para Dios o hay obstinación e idolatría: *"Porque como pecado de adivinación es la rebelión, y como ídolos e idolatría la obstinación. Por cuanto tú desechaste la palabra de Jehová, 'él también te ha desechado para que no seas rey."* (1Samuel 15:23).

Porque estos no tienen espacio en el reino de los cielos, porque sólo a tu Dios amarás con todas tus fuerzas, con todo tu corazón, con todo tu ser. (Deuteronomio 6:5).

Porque ya Dios nos amó antes que le amaramos, ahora te toca a ti amarle y hacer sus designios, no algunos, todos sus designios, porque los que no lo hacen ya tienen su lugar:

> *"No todo el que me dice: Señor, Señor, entrará en el reino de los cielos, sino el que hace la voluntad de mi Padre que está en los cielos."* (Mateo 7:21).

Y su lugar es fuera del Reino de los Cielos, donde es el crujir de dientes y el lago de fuego y azufre: *"Pero los cobardes e incrédulos, los abominables y homicidas, los fornicarios y hechiceros, los idólatras y todos los mentirosos tendrán su parte en el lago que arde con fuego y azufre, que es la muerte segunda."* (Apocalipsis 21:8).

Y por eso estos personajes entre muchos otros estarán fuera y todo aquel que se le habló del Señor y no quiso reconocerle delante de los hombres no podrán en aquel día alegar ignorancia.

"A cualquiera, pues, que me confiese delante de los hombres, yo también le confesaré delante de mi Padre que está en los cielos. Y a cualquiera que me niegue delante de los hombres, yo también le negaré delante de mi Padre que está en los cielos." (Mateo 10:32-33).

Este tampoco le dará entrada a sus moradas celestiales: *"No se turbe vuestro corazón; creéis en Dios, creed también en mí. En la casa de mi Padre muchas moradas hay; si así no fuera, yo os lo hubiera dicho; voy, pues, a preparar lugar para vosotros. Y si me fuere os preparare lugar, vendré otra vez, y os tomaré a mí mismo, para que donde yo estoy, vosotros también estéis. Y sabéis a donde voy, y sabéis el camino."* (Juan 14:1-4).

Más estos, estarán fuera:

> *"Mas los perros estarán fuera, y los hechiceros, los fornicarios, los homicidas, los idólatras, y todo aquel que ama y hace mentira."* (Apocalipsis 22:15).

Mi hermano, mi hermana, yo te exhorto si ya conoces al Señor que no le ofendas y si les ofendes, no lo hagas más, porque Él te ama, no juegues al cristiano que Dios no puede ser burlado, todo eso que haces ocultamente Él lo expondrá públicamente y quizás no lo haga, pero nada permanece oculto y todo será revelado en aquel día, con la no entrada a su Reino y él que no entra estaba en unas de estas actividades en éste caso »la idolatría«.

Recuerde que él que no niegue o deje padre, madre, mujer e hijos no es digno del reino:

> *"Si alguno viene a mí, y no aborrece a su padre, y madre, y mujer, e hijos, y hermanos, y hermanas, y aun también su propia vida, no puede ser mi discípulo. Y el que no lleva su cruz y viene en pos de mí, no puede ser mi discípulo. Así, pues, cualquiera de vosotros que no renuncia a todo lo que posee, no puede ser mi discípulo."* (Lucas 14:26-27, 33).

Siendo esto parte de la idolatría; «las personas y las cosas. Mientras aquel que si deja todas estas cosas atrás sí heredera la vida eterna»: *"Y cualquiera que haya dejado casas, o hermanos, o hermanas, o padre, o madre, o mujer, o hijos, o tierras, por mi nombre, recibirá cien veces más, y heredará la vida eterna."* (Mateo 19:29).

Hombre del mundo hoy es tu día de salvación, deja esos viejos rudimentos, esos viejos fundamentos, porque pronto serán destruidos y no habrá más tiempo:

> *"Pero el día del Señor vendrá como ladrón en la noche; en el cual los cielos pasarán con grande estruendo, y los elementos ardiendo serán deshechos, y la tierra y las obras que en ella hay serán quemadas. Mas, oh amados, no ignoréis esto: que para con el Señor un día es como mil años, y mil años como un día. Si fueren destruidos los fundamentos, ¿Que ha de hacer el justo? Jehová está en su santo templo; Jehová tiene en el cielo su trono; Sus ojos ven, sus párpados examinan a los hijos de los hombres. Jehová prueba al justo; Pero al malo y al que ama la violencia, su alma los aborrece. Sobre los malos hará llover calamidades; Fuego, azufre y viento abrasador será la porción del cáliz de ellos."* (2Pedro 3:10, 8, Salmo 11:3-6).

Este es el día que hizo Jehová para ti, derriba tus altares y quiebra tus estatuas:

"Derribaréis sus altares, y quebraréis sus estatuas, y cortaréis sus imágenes de Asera." (Éxodo 34:13).

Y los que no procedan al arrepentimiento y al reconocimiento de Dios, el mismo Dios se encargará de ellos:

"Arrancaré tus imágenes de Asera de en medio de ti, y destruiré tus ciudades; y con ira y con furor haré venganza en las naciones que no obedecieron." (Miqueas 5:14-15).

Mi hermano, mi hermana, hombre del mundo este mensaje salió del Horno de Dios, para que dejes de cometer los mismos errores por falta de conocimiento y/o ignorancia. Sólo Cristo es la verdad y el camino, no hay otro Dios en la tierra, ni en los cielos.

¡A Su Nombre sea La Gloria! ¡Gloria a Dios!

Te Bendigo en éste y todos los días y si ya estas debajo de la Sombra del Altísimo, ¡nunca! te apartes de ella y si aún no lo estas te invito a que te cobijes Bajo Su Sombra.

¡En El Nombre De Jesús Siempre! Y ¡Amén!

Agosto 5, 2011

=29=

Astrología, Adivinación, Hechicería, Brujería e Idolatría

"No tendrás dioses ajenos delante de mí. No te harás imagen, ni ninguna semejanza de lo que esté arriba en el cielo, ni abajo en la tierra, ni en las aguas debajo de la tierra. No te inclinarás a ellas, ni las honrarás; porque yo soy Jehová tu Dios, fuerte, celoso, que visito la maldad de los padres sobre los hijos hasta la tercera y cuarta generación de los que me aborrecen, Y amarás a Jehová tu Dios de todo tu corazón, y de toda tu alma, y con todas tus fuerzas." (Éxodo 20:3-5, Deuteronomio 6:5).

Siendo:

(1) Astrología: «el estudio de la posición y del movimiento de los astros, a través de cuya interpretación y observación se pretende conocer y predecir el destino de los hombres y pronosticar los sucesos terrestres».

(1.a) Astrónomos: «los que estudian y/o practican esta rama».

(1.b) Astronomía: «ciencia que trata de cuanto se refiere a los astros y principalmente a las leyes de sus movimientos».

(2) Adivinación: «acción y efecto de adivinar».

(2.a) Adivinar: «predecir lo futuro o descubrir las cosas ocultas, por medio de agüeros o sortilegios. Descubrir por conjeturas alguna cosa oculta o ignorada. Tratándose de un enigma, asentar lo que quiere decir. Acertar algo por alzar».

(2.b) Adivino: «persona que adivina; que predice el futuro por agüeros o conjeturas».

(2.c) Agüeros: «presagio o señal de cosa futura, pronóstico favorable o adverso, formado supersticiosamente por señales o accidentes sin fundamento».

(2.d) Conjeturas: «juicio que se forma de las cosas o acercamientos por indicios y observaciones.

(2.e) Sortilegios: adivinación que se hace por supersticiones».

(3) Hechicería: «arte supersticiosa de hechizar, cualquier cosa de las que emplean los hechiceros en su arte».

(3.a) Hechicero: «que practica la hechicería».

(3.b) Hechizar: «según la credulidad del vulgo, ejercer un maleficio sobre alguien por medio de prácticas supersticiosas».

(4) Brujería: «conjunto de prácticas mágicas o supersticiosas que ejercen los brujos y las brujas».

(4.a) Brujo: «hombre o mujer al que se le atribuye poderes mágicos obtenidos del diablo, dotado de poderes mágicos en determinadas culturas, falso, fraudulento».

(5) Idolatría: «adoración que se da a los ídolos, amor excesivo y vehemente a una persona o cosa».

(5.a) Vehemente: «persona que obra de forma irreflexiva dejándose llevar por los impulsos».

(5.b) Idólatra: «que adora ídolos, que ama excesivamente a una persona o cosa».

(5.c) Idolatrar: «adorar a ídolos».

Como pudimos ver amados todas estas ramas tienen sus deficiencias y/o limitaciones al igual las que lo practican que son limitados;

(1) Astrología/astrólogo: *«se pretende».*

(2) Adivinación/adivinador: *«acertar por alzar».*

(3) Hechicería/hechicero: *«práctica supersticiosa».*

(4) Brujería/brujo: *«poderes mágicos obtenidos del diablo, falso y/o fraudulento».*

(5) Idolatría/idólatra: «adorar ídolos *"sólo a tu Dios adorarás"* o ama excesivamente a una persona o cosa. *"sólo a tu Dios amarás, Sólo Dios es veraz y todo hombre mentiroso y sólo Dios es ilimitado"».* (Deuteronomio 6:5, Romanos 3:4).

Dios es el *Santo, El Supremo, El Creador, La Autoridad* y no cualquier Autoridad, sino La *Suprema, La Máxima, La Única*. Teniendo Él la providencia de todo en todos.

Siendo la providencia: «la disposición anticipada o prevención que mira o conduce al logro de un fin, tomándose un enlace sucedido, para componer o remediar el daño que pueda resultar, adoptando una determinación».

Siendo la adopción: «el recibir como hijo, los requisitos y solemnidades que las leyes imponen al que no lo es naturalmente, recibiendo, haciéndolos propios, pareceres, métodos, doctrinas, ideologías, modas etc., que han sido creadas por otras personas. *"En éste caso una Sola Persona Dios"* dotados de requisitos, solemnidades y configuraciones».

(1) Requisitos: «circunstancia o condición necesaria para una cosa».

(2) Solemnidades: «se hace de año en año, o sea: *"Perpetuo, Constante y Continúo."* Siendo estos el conjunto de requisitos legales para validez de los otorgamientos testamentarios «Heredad y de otros instrumentos que la ley de «*Dios*» denomina públicos y solemnes».

(3) Configuración: «disposición de las partes *"Padre e hijos"* que componen una cosa y le dan su peculiar figura, conformidad, semejanza de una cosa con otra».

"Hagámoslo a nuestra imagen conforme a nuestra semejanza"
(Génesis 1:26).

Desde que el hombre entro en desobediencia, entró en vigencia la ley del libre albedrío y por ende el pecado y el enemigo trajo a la faz de la tierra todos sus designios, falsedades y mentiras:

"en los cuales anduvisteis en otro tiempo, siguiendo la corriente de este mundo, conforme al príncipe de la potestad del aire, el espíritu que ahora opera en los hijos de desobediencia, entre los cuales también todos nosotros vivimos en otro tiempo en los deseos de nuestra carne, haciendo la voluntad de la carne y de los pensamientos, y éramos por naturaleza hijos de ira, los mismos que los demás." (Génesis 3:1-24, Efesios 2:2-3).

Porque eso es el destructor, es todo lo contrario a Dios y el hombre tiene elección de estar en Dios o en sus designios: *"La noche está avanzada, y se* acerca el día. Desechemos, pues, las obras de las tinieblas, y vistámonos las armas de la luz. Andemos como de día, honestamente; no en glotonerías y borracheras, no en lujurias y lascivias, no en contiendas y envidia, sino vestíos del Señor Jesucristo, y no proveáis para los deseos de la carne." (Romanos 13:12-14).

"AHORA AQUEL QUE SE HACE ESCLAVO DE ALGO, ESTE SE VUELVE SU AMO, SU SEÑOR, PORQUE ESTE SE DEJA ENTRONAR DE AQUEL Y/O AQUELLO QUE LE VENCIÓ."

Por eso al Dios ver que tanta era la maldad, decide destruir el mundo y sus designios, designios establecidos por el hombre que eran de sólo maldad y el seguir bajo sus deseos "Génesis, capítulos; 6-8." Pero Dios les guardó la vida a ocho personas, porque El vio gracia en Moisés y la gracia de este le salpicó a sus familiares:

"serás salvo, tú y tu casa. (por gracia sois salvos)," (Hechos 16:31, Efesios 2:5extcs).

Pero el hombre tras su continúo mal siempre ha tenido ese espíritu adánico, el de desobediencia, el del pecado (Efesios 2:1-3).

»HOY TE VENGO HABLAR A TI HOMBRE; ASTRÓLOGO, ADIVINO, HECHICERO, BRUJO E IDÓLATRA « (Romanos 13:12-14)

Dios sólo hay uno y Él mismo estableció a través de sus Palabras su Reino en los cielos y aquí en la tierra, estableció aquellas cosas que no le agradan y que violentan sus designios:

"No todo el que me dice: Señor, Señor, entrará en el reino de los cielos, sino el que hace la voluntad de mi Padre que está en los cielos." (Mateo 7:21).

Siendo La Voluntad: «el derecho que tenemos o teníamos de hacer algo, pero al entregársela al Padre de las Luces, ahora Él hace y decide por nosotros, o sea es de Él, no nuestra y el que no la hace no entrará al Reino a Su Reino. Hay muchos que desde los siglos tienen reservada eternamente la oscuridad de las tinieblas». (Judas 1:13).

Dios, Dios celoso es, Él no nos mandó a tener dioses ajenos, no nos mandó hacer imágenes.

(Éxodo 20:3-5).

Dios es un Dios de designios, gobierna como la única y máxima potencia en los cielos y la tierra, «*Su ¡Sí es Sí! y su ¡No es No!*». Hay cosas que le ofenden y eso es lo que más ha hecho el hombre «OFENDERLE».

Por eso creó una «Ley» para que fuese cumplida por todos y para todos, no para que fuese ignorada, porque Él es el único Dios los demás son dioses falsos:

> *"No hay semejante a ti, oh Jehová; grande eres tú, y grande tú nombre en poderío. Mas Jehová es el Dios verdadero; él es Dios vivo y Rey eterno; a su ira tiembla la tierra, y las naciones no pueden sufrir su indignación."* (Jeremías 10:6, 10).

Por eso dejó designios de: *"No os volváis a los encantadores ni a los adivinos; no los consultéis, contaminándoos con ellos. Yo Jehová vuestro Dios.* »No es permitido por Jehová tu Dios, escuchar a agoreros y a adivinos porque« *Y el hombre o la mujer que evocare espíritus de muertos o se entregare a la adivinación, ha de morir, serán apedreados; su sangre será sobre ellos. Porque estas naciones que vas a heredar, a agoreros y a adivinos oyen; mas a ti no te ha permitido esto Jehová tu Dios."* (Levítico 19:31, 20:27, Deuteronomio 18:14).

Pero hoy en día, aunque aclaro «la Palabra de Dios no cambia es la misma ayer, hoy y por los siglos» Quizás no se sufra una muerte física, carnal, pero sí algo que sería más doloroso, "la muerte espiritual" Porque para estos no hay entrada al Reino de Dios.

«¿Por qué en aquel día donde estarían o han de estar todos estos personajes; astrólogos, adivinos, hechiceros, brujos e idólatras?». Aquel día cuando estemos frente al Gran Trono Blanco »¿Qué le dirá El Gran Yo Soy, a los consultantes y a los consultadores?«

> *"No todo el que me dice: Señor, Señor, entrará en el reino de los cielos, sino el que hace la voluntad de mi Padre que está en los cielos. Muchos me dirán en aquel día: Señor, Señor, ¿no profetizamos en tu nombre, y en tu nombre echamos fuera demonios, y en tu nombre hicimos muchos milagros? Y entonces les declararé: Nunca os conocí; apartaos de mí, hacedores de*

313

maldad. Te has fatigado en tus muchos consejos. Comparezcan ahora y te defiendan los contempladores de los cielos, los que observan las estrellas, los que cuentan los meses, para pronosticar los que vendrá sobre ti." (Mateo 7:21-23, Isaías 47:13).

Mientras los que hacemos su *«Voluntad»*, Él nos respalda con tanto amor y facilidad y por ende nos otorgó vida eterna, porque:

"Él no es injusto para olvidar la obra de amor y vuestra obra en el Señor no es en vano." (Hebreos 6:10, 2Corintios 15:58).

"En todo asunto de sabiduría e inteligencia que el rey les consultó, los halló diez veces mejores que todos los magos y astrólogos que había en todo su reino. Daniel respondió delante del rey, diciendo: El misterio que el rey demanda, ni sabios, ni astrólogos, ni magos, ni adivinos lo pueden revelar al rey. Pero hay un Dios en los cielos, el cual revela los misterios, y él ha hecho saber al rey Nabucodonosor lo que ha de acontecer en los postreros días. He aquí tu sueño, y las visiones que has tenido en tu cama: Y vinieron magos, astrólogos, caldeos y adivinos, y les dije el sueño, pero no me pudieron mostrar su interpretación. El rey gritó en alta voz que hiciesen venir magos, caldeos y adivinos; y dijo el rey a los sabios de Babilonia: Cualquiera que lea esta escritura y me muestre su interpretación, será vestido de púrpura, y un collar de oro llevara en su cuello, y será el tercer Señor en el reino. Entonces fueron introducidos todos los sabios del rey, pero no pudieron leer la escritura ni mostrar al rey su interpretación. En tu reino hay un hombre en el cual mora el espíritu de los dioses santos, y en los días de tu padre se halló en él luz e inteligencia y sabiduría, como sabiduría de los dioses; al que el rey Nabucodonosor tu padre, oh rey, constituyó jefe sobre todos los magos, astrólogos, caldeos y adivinos, por cuanto fue hallado en él mayor espíritu y ciencia y entendimiento, para interpretar sueños y descifrar enigmas y resolver dudas; esto es Daniel, al cual el rey puso por nombre Beltsasar, Llámese, pues, ahora a Daniel, y él te dará la interpretación." (Daniel 1:20, 2:27-28, 4:7, 5:7-8, 11-12).

«ESTE CAMINAR, EL CAMINAR DE DIOS NO SE BASA EN VELOCIDAD, SINO EN RESISTENCIA Y LO MÁS IMPORTANTE EL HACER *"SU VOLUNTAD."* PORQUE MUCHOS SERÁN LLAMADOS, POCOS LOS ESCOGIDOS Y ALGUNOS ESTUVIERON CON

NOSOTROS, PERO YA NO LO ESTÁN, O SEA NUNCA FUERON DE NOSOTROS»
(Mateo 22:14, 1Juan 2:19).

Así como el rey Saúl, hombre ungido de Dios, pero él no sabía o prefería hacer su voluntad y/o la del pueblo antes que la de Dios, porque hasta su nombre significa:

»PEDIDO, ELEGIDO POR Y PARA EL PUEBLO«

"Porque como pecado de adivinación es la rebelión, y como ídolos e idolatría la obstinación. Por cuanto tú desechaste la palabra de Jehová, él también te ha desechado para que no seas rey." (1Samuel 15:23).

"Y consultó Saúl a Jehová; pero Jehová no le respondió ni por sueños, ni por Urim, ni por profetas. Entonces Saúl dijo a sus criados: Buscadme una mujer que tenga espíritu de adivinación, para que yo vaya a ella y por medio de ella pregunte. Y sus criados le respondieron: He aquí hay una mujer en Edor que tiene espíritu de adivinación. Y se disfrazó Saúl, y se puso otros vestidos, y se fue con dos hombres, y vinieron a aquella mujer de noche; y él dijo: Yo te ruego que me adivines por el espíritu de adivinación, y me hagas subir a quien yo te dijere." (1Samuel 28:6-8).

Cuídate hermano, no termines un día como este adorando al dios equivocado y comiendo potaje, caldo y bagazo del diablo, porque Dios desata espíritus engañadores:

"Por esto Dios les envía un poder engañoso, para que crean la mentira, a fin de que sean condenados todos los que los que no creyeron a la verdad, sino que se complacieron en la injusticia." (2Tesalonicenses 2:11-12).

Aquellos que no recibieron y/o no permanecieron en la doctrina del amor, la verdad y la justicia, sino que se complacieron en la injusticia y mentira, para estos no hay entrada en el Reino de Dios.

Por eso él nos manda a rechazar las obras infructuosas de las tinieblas, a vencer el mal con el bien. (Efesios 5:11, Romanos 12:21).

Hay algunos que han permanecido y aún están falta de conocimiento, por eso perecen. Por eso perecen los pueblos, naciones completas y pronto la misma tierra, pero el conocimiento de Jehová llenará toda la tierra. (Oseas 4:6, Habacuc 2:14).

En aquel día nadie podrá alegar ignorancia, porque el evangelio, su evangelio, el evangelio del Cristo de la Gloria fue predicado en toda la tierra, a toda raza, a toda nación, a toda lengua. Pero el hombre ha preferido andar en sus propios caminos, en sus propios designios, no se puede servir a dos Señores. (Mateo 6:24).

Dios no quiere la muerte del que muere, Él quiere la conversión y el arrepentimiento.
(Ezequiel 18:23, 32).

> *"si se humillare mi pueblo, sobre el cual mi nombre es invocado, y oraren, y buscaren mi rostro, y se convirtieren de sus malos caminos; entonces yo oiré desde los cielos, y perdonare sus pecados, y sanaré su tierra." (2Crónicas 7:14).*

> *"Por tanto, de la profecía se os hará noche, y oscuridad del adivinar; y sobre los profetas se pondrá el sol, y el día se entenebrecerá sobre ellos. Y serán avergonzados los profetas, y se confundirán los adivinos; y ellos todos cerrarán sus labios, porque no hay respuesta de Dios. Y haré destruir tus esculturas y tus imágenes de en medio de ti, y nunca más te inclinarás a la obra de tus manos. Arrancaré tus imágenes de Asera de en medio de ti, y destruiré tus ciudades; y con ira y con furor haré venganza en las naciones que no obedecieron." (Miqueas 3:6-7, 5:13-15).*

> *"Maldito el que engaña, el que teniendo machos en su rebaño, promete, y sacrifica a Jehová lo dañado. Porque yo soy Gran Rey, dice Jehová de los ejércitos, y mi nombre es temible entre las naciones. Porque he aquí, viene el día ardiente como un horno, y todos los soberbios y todos los que hacen maldad serán estopa; aquel día que vendrá los abrasará, ha dicho Jehová de los ejércitos, y no les dejará ni raíz ni rama. Hollaréis a los malos,*

los cuales serán ceniza bajo las plantas de vuestros pies, en el día en que yo actúe, ha dicho Jehová de los ejércitos." (Malaquías 1:14, 4:1, 3).

"Y si alguno quitare de las palabras del libro de esta profecía, Dios quitará su parte del libro de la vida, y de la santa ciudad y de las cosas que están escritas en este libro. El que da testimonio de estas cosas dice: Ciertamente vengo en breve. Amén sí, ven Señor Jesús."
(Apocalipsis 22:19-20).

"Y vendré a vosotros para juicio; y seré pronto testigo contra los hechiceros y adúlteros, contra los que juran mentira, y los que defraudan en su salario al jornalero, a la viuda y al huérfano, y los que hacen injusticia al extranjero, no teniendo temor de mí, dice Jehová de los ejércitos." (Malaquías 3:5).

"Pero los cobardes e incrédulos, los abominables y homicidas, los fornicarios y hechiceros, los idólatras y todos los mentirosos tendrán su parte en el lago que arde con fuego y azufre, que es la muerte segunda. Mas los perros estarán fuera, y los hechiceros, los fornicarios, los homicidas, los idólatras, y todo aquel que ama y hace mentira. ¿No sabéis que los injustos no heredarán el reino de Dios? No erréis; ni los fornicarios, ni los idólatras, ni los adúlteros, ni los afeminados, ni los que se echan con varones, ni los ladrones, ni los avaros, ni los borrachos, ni los maldicientes, ni los estafadores, heredarán el reino de Dios." (Apocalipsis 21:8,22:15, 1Corintios 6:9-10)

"Mas a vosotros los que teméis mi nombre, nacerá el Sol de justicia, y en sus alas traerá salvación; y saldréis y saltaréis como becerros de la manada. El que venciere heredará todas las cosas, y yo seré su Dios, y él será mi hijo." (Malaquías 4:2, Apocalipsis 21:7).

"Si alguno conspirare contra ti, lo hará sin mí; el que contra ti conspirare, delante de ti caerá. Ninguna arma forjada contra ti prosperará, y condenarás toda lengua que se levante contra ti en juicio. Esta es la herencia de los siervos de Jehová, y su salvación de mí vendrá, dijo Jehová." (Isaías 54:15, 17).

Así como Balam fue refrenado por una mula que le habló, que no era más que El Ángel de Jehová y no pudo maldecir al pueblo de Israel, más los bendijo "Números, capítulos; 22-23."

"Así para con nosotros" (Isaías 54:15,17).

Ningún brujo, hechicero, adivino, astrólogo o como se llame nos puede hacer daño porque nuestra protección viene de lo Alto, somos cobijados bajo la Sombra del Altísimo, aquel que está con nosotros es más Grande y fuerte que el que está en el mundo, Él es El Poderoso De Israel.

Que se preocupen ellos sino proceden al arrepentimiento y se vuelven de sus malos caminos, porque para ellos hay preparada eterna oscuridad, cáliz de fuego y azufre, aquí en la tierra de los vivientes y luego en las cárceles eternas.

>»Astrólogo, adivino, hechicero, brujo e idólatra
>¡Arrepiéntete!
>Que la salvación de Dios ha llegado a tu vida«.

Hombre de Dios, El Señor no puede ser burlado, Él pesa los corazones, Él te sacó de la tierra de escases, de confusión, mantente firme y no vuelvas atrás:

>*"Ciertamente, si habiéndose ellos escapado de las contaminaciones del mundo, por el conocimiento del Señor y Salvador Jesucristo, enredándose otra vez en ellas son vencidos, su postrer estado viene a ser peor que el primero. Y Jesús le dijo: Ninguno que poniendo su mano en el arado mira hacia atrás, es apto para el reino de Dios."* (2Pedro 2:20, Lucas 9:62).

>*"Pero el Espíritu dice claramente que en los postreros tiempos algunos apostaran de la fe, escuchando a espíritus engañadores y a doctrinas de demonios;"* (1Timoteo 4:1).

Hombre de Dios «¿Qué haces en las obras infructuosas de las tinieblas?» »A ti también te hablo en esta hora. ¡Arrepiéntete! Y vuelve a tu camino, al camino de la Verdad, al único camino porque«:

>*«ÉL ES EL CAMINO Y LA VERDAD Y LA VIDAD.* (Juan 14:6)
>*Y SÓLO EN ÉL HAY PLENITUD DE GOZO».* (Salmo 16:11).

Hermano, hermana, hombre del mundo, inicuo, malo, perverso, a ti te Bendigo por igual en este día. Los tiempos están difíciles y este mensaje que salió de La Boca de Dios, como una espada de doble filo, para romper toda obra de maldad.

Esperando que los que estamos ya Bajo La Sombra Del Altísimo ¡nunca! dejemos de cobijarnos con la misma y aquellos que aún están es oscuridad Dios utilice este medio para mostrarle que hay Luz y hay oscuridad.

¡En El Nombre De Jesús Siempre! y ¡Amén!

Julio 12, 2011

=30=

Fuego Extraño Desde El Altar
"De Honra a deshonra"

"Nadab y Abiú, hijos de Aarón, tomaron cada uno su incensario, y pusieron en ellos fuego, sobre el cual pusieron incienso, y ofrecieron delante de Jehová fuego extraño, que él nunca les mandó. Y salió fuego de delante de Jehová y los quemó, y murieron delante de Jehová. Entonces dijo Moisés a Aarón: Esto es lo que habló Jehová, diciendo: En los que a mí se acercan me santificaré, y en presencia de todo el pueblo seré glorificado. Y Aarón calló." (Levítico 10:1-3).

Es tan contraproducente hoy en día ver como aquellos hombres que Dios llamó para su obra, para hacer de ellos instrumentos, estén introduciendo «*Fuegos Extraños desde El Altar*».

A través de «*La Palabra*» he podido extraer esta enseñanza que sé que va a ministrar tu vida, de como algo que es de «*Honra se convierta en Deshonra*».

Hoy en día es tan común ver desde El Altar hombres como los hijos de Eli: »Ofni y Fines«:

"Los hijos de Elí eran hombres impíos, y no tenían conocimiento de Jehová. Y era costumbre de los sacerdotes con el pueblo, que cuando alguno ofrecía sacrificio, venía el criado del sacerdote mientras se cocía la carne, trayendo en su mano un garfio de tres dientes, y lo metía en el perol, en la olla, en el caldero o en la marmita; y todo lo que sacaba el garfio, el sacerdote lo tomaba para sí. De esta manera hacían con todo israelita que venía a

321

Silo. Asimismo, antes de quemar la grosura, venía el criado del sacerdote, y decía al que sacrificaba: Da carne que asar para el sacerdote; porque no tomará de ti carne cocida, sino cruda. Y si el hombre le respondía: Quemen la grosura primero, y después toma tanto como quieras; él respondía: No, sino dámela ahora mismo; de otra manera yo la tomaré por la fuerza. Era, pues, muy grande delante de Jehová el pecado de los jóvenes; porque los hombres menospreciaban las ofrendas de Jehová." (1Samuel 2:12-17).

Hombres impíos que dirigen «El Altar», hombres con presencia humana, pero no de Dios, hombres que no respetan las autoridades terrenales, mucho menos las celestiales:

"No obstante, de la misma manera también estos soñadores mancillan la carne, rechazan la autoridad y blasfeman de las potestades superiores." (Judas 1:8).

Hombres que quizás habrán salido de un hogar fundamentado en la doctrina del Reino de Dios, pero que de una manera u otra «El Sacerdote de la casa, Mayordomo», se ha desviado de aquella doctrina y han caído en falsas herejías, en fuegos extraños en La Casa Del Dios Padre, haciendo de la Obra de Dios su obra, llevando al Dios de la «Misericordia al Dios de la Ira».

Así pasó con los hijos de Aarón: «Nadab y Abiú», que decidieron entrar un «Fuego Extraño», o sea tomar una decisión contraria a la orden Celestial y de una honra que se ve en "Levítico capítulo 8" pasan a deshonra en "Levítico capítulo 10:"

"Habló Jehová a Moisés, diciendo: Toma a Aarón y a sus hijos con él, y las vestiduras, el aceite de la unción, el becerro de la expiación, los dos carneros, y el canastillo de los panes sin levadura; y reúne toda la congregación a la puerta del tabernáculo de reunión. Hizo, pues, Moisés como Jehová le mandó, y se reunió la congregación a la puerta del tabernáculo de reunión. Y dijo Moisés a la congregación: Esto es lo que Jehová ha mandado hacer. Entonces Moisés hizo acercarse a Aarón y a sus hijos, y los lavó con agua. Y puso sobre él la túnica, y le ciñó con el cinto; le vistió después el manto, y puso sobre él el efod, y lo ciñó con el cinto del efod, y lo ajustó con él. Luego le puso encima el pectoral, y puso dentro del mismo los Urim y Tumim. Después puso la mitra sobre su cabeza, y sobre la mitra, en frente, puso la lámina de oro, la diadema santa, como Jehová había mandado a Moisés. Y tomó Moisés el aceite de la unción y ungió el tabernáculo y todas las cosas

que estaban en él, y las santificó. Y roció de él sobre el altar siete veces, y ungió el altar y todos sus utensilios, y la fuente y su base, para santificarlos. Y derramó del aceite de la unción sobre la cabeza de Aarón, y lo ungió para santificarlo. Después Moisés hizo acercarse los hijos de Aarón, y les vistió las túnicas, les ciñó con cintos, y les ajustó las tiaras, como Jehová lo había mandado a Moisés. Luego hizo traer el becerro de la expiación, y Aarón y sus hijos pusieron sus manos sobre la cabeza del becerro de la expiación, y lo degolló; y Moisés tomó la sangre, y puso con su dedo sobre los cuernos del altar alrededor, y purificó el altar; y echó la demás sangre al pie del altar, y lo santificó para reconciliar sobre él. Después tomó toda la grosura que estaba sobre los intestinos, y la grosura del hígado, y los dos riñones, y la grosura de ellos, y lo hizo arder Moisés sobre el altar. Mas el becerro, su piel, su carne y su estiércol, lo quemó al fuego fuera del campamento, como Jehová lo había mandado a Moisés. Después hizo que trajeran el carnero del holocausto, y Aarón y sus hijos pusieron sus manos sobre la cabeza del carnero; y lo degolló; y roció Moisés la sangre sobre el altar alrededor, y cortó el carnero en trozos; y Moisés hizo arder la cabeza, y los trozos, y la grosura. Lavó luego con agua los intestinos y las piernas, y quemó Moisés todo el carnero sobre el altar; holocausto de olor grato, ofrenda encendida para Jehová, como Jehová lo había mandado a Moisés. Después hizo que trajeran el otro carnero, el carnero de las consagraciones, y Aarón y sus hijos pusieron sus manos sobre la cabeza del carnero. Y lo degolló; y tomó Moisés de la sangre, y la puso sobre el lóbulo de la oreja derecha de Aarón, sobre el dedo pulgar de su mano derecha, y sobre el dedo pulgar de su pie derecho. Hizo acercarse luego los hijos de Aarón, y puso Moisés de la sangre sobre el lóbulo de sus orejas derechas, sobre los pulgares de sus manos derechas, y sobre los pulgares de sus pies derechos; y roció Moisés la sangre sobre el altar alrededor. Después tomó la grosura, la cola, toda la grosura que estaba sobre los intestinos, la grosura del hígado, los dos riñones y la grosura de ellos, y la espaldilla derecha. Y del canastillo de los panes sin levadura, que estaba delante de Jehová, tomó una torta sin levadura, y una torta de pan de aceite, y una hojaldre, y las puso con la grosura y con la espaldilla derecha. Y lo puso todo en las manos de Aarón, y en las manos de sus hijos, e hizo mecerlo como ofrenda mecida delante de Jehová. Después tomó aquellas cosas Moisés de las manos de ellos, y las hizo arder en el altar sobre el holocausto; eran las consagraciones en olor grato, ofrenda encendida a Jehová. Y tomó Moisés el pecho, y lo meció, ofrenda mecida delante de Jehová; del carnero de las consagraciones aquella fue la parte de Moisés, como Jehová lo había mandado a Moisés.

Luego tomó Moisés del aceite de la unción, y de la sangre que estaba sobre el altar, y roció sobre Aarón, y sobre sus vestiduras, sobre sus hijos, y sobre las vestiduras de sus hijos con él; y santificó a Aarón y sus vestiduras, y a sus hijos y las vestiduras de sus hijos con él. Y dijo Moisés a Aarón y a sus hijos: Hervid la carne a la puerta del tabernáculo de reunión; y comedla allí con el pan que está en el canastillo de las consagraciones, según yo he mandado, diciendo: Aarón y sus hijos la comerán. Y lo que sobre de la carne y del pan, lo quemaréis al fuego. De la puerta del tabernáculo de reunión no saldréis en siete días, hasta el día que se cumplan los días de vuestras consagraciones; porque por siete días seréis consagrados. De la manera que hoy se ha hecho, mandó hacer Jehová para expiaros. A la puerta, pues, del tabernáculo de reunión estaréis día y noche por siete días, y guardaréis la ordenanza delante de Jehová, para que no muráis; porque así me ha sido mandado. Y Aarón y sus hijos hicieron todas las cosas que mandó Jehová por medio de Moisés. Nadab y Abiú, hijos de Aarón, tomaron cada uno su incensario, y pusieron en ellos fuego, sobre el cual pusieron incienso, y ofrecieron delante de Jehová fuego extraño, que él nunca les mandó. Y salió fuego de delante de Jehová y los quemó, y murieron delante de Jehová. Entonces dijo Moisés a Aarón: Esto es lo que habló Jehová, diciendo: En los que a mí se acercan me santificaré, y en presencia de todo el pueblo seré glorificado. Y Aarón calló." (Levítico 8:1-36, 10:1-3).

Muriendo en deshonra, calcinados por el Dios fuego consumidor.

> *"porque nuestro Dios es fuego consumidor. !!Horrenda cosa es caer en manos del Dios vivo!"* (Hebreos12:29, 10:31)

Y no culparía a su padre Aarón, sino a esos mismos sacerdotes incompetentes que estuvieron y están en «*El Altar*», pues fueron y han sido elegidos por El Dios Padre, pero se han alejado del camino correcto y se han ido tras sus propios deseos, cayendo en la vergüenza y deshonra.

Así podemos ver por igual a los hijos de Elí, hombres impíos por demás, que ni siquiera tenían conocimiento, ni quién es Dios, ni mucho menos de lo que estaban haciendo, pero estos padecieron de lo que se da en muchos «Ministerios»:

»SI EL SACERDOTE "PAPI" ESTÁ EN EL MINISTERIO, MIS HIJOS POR IGUAL«

«PERO SÉ PORQUE LO SÉ QUE LOS CRISTIANOS MINISTROS, NO SE HACEN ¡NACEN!».

Dice La Palabra que estos eran hombres impíos, que tenían al menos la ofrenda, por ende, al mismo Dios, hombres que vivían en el pecado, pero estaban al frente del «*Ministerio, del Altar*». Hombres que no son más que el vivo reflejo de lo que ésta »Apostasía« que vivimos hoy en día y cuyo final sabemos cuál es;

«EL LAGO DE FUEGO Y AZUFRE»:

"Y el diablo que los engañaba fue lanzado en el lago de fuego y azufre, donde estaban la bestia y el falso profeta; y serán atormentados día y noche por los siglos de los siglos." (Apocalipsis 20:10).

Y ya vemos como los hijos y el sacerdote Eli, fueron quitados de ésta tierra en un mismo día, cayendo en deshonra, porque hasta la Gloria de Dios se fue de ellos que en este caso era el Arca de Dios: *"Pero Elí era muy viejo; y oía de todo lo que sus hijos hacían con todo Israel, y cómo dormían con las mujeres que velaban a la puerta del tabernáculo de reunión. Y les dijo: ¿Por qué hacéis cosas semejantes? Porque yo oigo de todo este pueblo vuestros malos procederes. No, hijos míos, porque no es buena fama la que yo oigo; pues hacéis pecar al pueblo de Jehová. Si pecare el hombre contra el hombre, los jueces le juzgarán; mas si alguno pecare contra Jehová, ¿quién rogará por él? Pero ellos no oyeron la voz de su padre, porque Jehová había resuelto hacerlos morir. Y vino un varón de Dios a Elí, y le dijo: Así ha dicho Jehová: ¿No me manifesté yo claramente a la casa de tu padre, cuando estaban en Egipto en casa de Faraón? Y yo le escogí por mi sacerdote entre todas las tribus de Israel, para que ofreciese sobre mi altar, y quemase incienso, y llevase efod delante de mí; y di a la casa de tu padre todas las ofrendas de los hijos de Israel. ¿Por qué habéis hollado mis sacrificios y mis ofrendas, que yo mandé ofrecer en el tabernáculo; y has honrado a tus hijos más que a mí, engordándoos de lo principal de todas las ofrendas de mi pueblo Israel? Por tanto, Jehová el Dios de Israel dice: Yo había dicho que tu casa y la casa de tu padre andarían delante de mí perpetuamente; mas ahora ha dicho Jehová: Nunca yo tal haga, porque yo honraré a los que me honran, y los que me desprecian serán tenidos en poco. He aquí, vienen días en que cortaré tu brazo y el brazo de la casa de tu padre, de modo que no haya anciano en* tu casa. Verás tu casa humillada, mientras Dios colma de bienes a Israel; y en ningún tiempo habrá anciano en tu casa. El varón de los tuyos que yo no corte de mi altar, será para consumir tus ojos y llenar tu alma de dolor; y todos los nacidos en tu casa morirán en la edad viril. Y te será por señal esto que acontecerá a tus dos hijos, Ofni y Finees: ambos morirán en un día. Y yo me suscitaré un sacerdote fiel, que haga conforme a mi corazón y a mi alma; y yo le edificaré casa firme, y andará delante de mi ungido todos los días. Y el que hubiere quedado en tu casa vendrá a postrarse delante de él por una moneda de plata y un bocado de pan, diciéndole: Te ruego que me agregues a alguno de los ministerios, para que pueda comer un bocado de pan. Y Jehová dijo a Samuel: He aquí haré yo una cosa en Israel, que a quien la oyere, le retiñirán ambos oídos. Aquel día yo cumpliré contra Elí todas las cosas que he dicho sobre su casa, desde el principio hasta el fin. Y le mostraré que yo juzgaré su casa para siempre, por la iniquidad que él sabe; porque sus hijos han blasfemado a Dios, y él no los ha estorbado. Por tanto, yo he jurado a la casa de Elí que la iniquidad de la casa de Elí no será expiada jamás, ni con sacrificios ni con ofrendas. Y Samuel estuvo acostado hasta la mañana, y abrió las puertas de la casa de Jehová. Y Samuel temía descubrir la visión a Elí. Llamando, pues, Elí a Samuel, le dijo: Hijo mío, Samuel. Y él respondió: Heme aquí. Y Elí dijo: ¿Qué es la palabra que te habló? Te ruego que no me la encubras; así te haga Dios y aun te añada, si me encubrieres palabra de todo lo que habló contigo. Y Samuel se lo manifestó todo, sin encubrirle nada. Entonces él dijo: Jehová es; haga lo que bien le pareciere. Y envió el pueblo a Silo, y trajeron de allá el arca del pacto de Jehová de los ejércitos, que moraba entre los querubines; y los dos hijos de Elí, Ofni y Finees, estaban allí con el arca del pacto de Dios. Y el arca de Dios fue tomada, y muertos los dos hijos de Elí, Ofni y Finees. Y corriendo de la batalla un hombre de Benjamín, llegó el mismo día a Silo, rotos sus vestidos y tierra sobre su cabeza; y cuando llegó, he aquí que Elí estaba sentado en una silla vigilando junto al camino, porque su corazón estaba temblando por causa del arca de Dios. Llegado, pues, aquel hombre a la ciudad, y dadas las nuevas, toda la ciudad gritó. Cuando Elí oyó el estruendo de la gritería, dijo: ¿Qué estruendo de alboroto es este? Y aquel hombre vino aprisa y dio las nuevas a Elí. Era ya Elí de edad de noventa y ocho años, y sus ojos se habían oscurecido, de modo que no podía ver. Dijo, pues, aquel hombre a Elí: Yo vengo de la batalla, he escapado hoy del combate. Y Elí dijo: ¿Qué ha acontecido, hijo mío? Y el mensajero respondió diciendo: Israel huyó delante de los filisteos, y también fue hecha gran mortandad en el pueblo; y también tus dos hijos, Ofni y Finees, fueron *muertos, y el arca de Dios ha sido tomada. Y aconteció que cuando él hizo mención del arca de Dios, Elí cayó hacia atrás de la silla al lado de la puerta, y se desnucó y murió; porque era hombre viejo y pesado. Y había juzgado a Israel cuarenta años. Y su nuera la mujer de Finees, que estaba encinta, cercana al alumbramiento, oyendo el rumor que el arca de Dios había sido tomada, y muertos su suegro y su marido, se inclinó y dio a luz; porque le sobrevinieron sus dolores de repente. Y al tiempo que moría, le decían las que estaban junto a ella: No tengas temor, porque has dado a luz un hijo. Mas ella no respondió, ni se dio por entendida. Y llamó al niño Icabod, diciendo: !!Traspasada es la gloria de Israel! por haber sido tomada el arca de Dios, y por la muerte de su suegro y de su marido. Dijo, pues: Traspasada es la gloria de Israel; porque ha sido tomada el arca de Dios."* (1Samuel 2:22-25, 27-36, 3:11-18, 4:4, 11-22).

Así les pasará a muchos ministros si no cambian su comportamiento desde «*El Altar*». Serán avergonzados, quitados, muertos y perderán todo en un solo día, porque esto no es con;

»IDEALES HUMANOS
NI TECNICISMO
NI MERCADEO
NI MANIPULACIÓN«

«ES CON SU SANTO ESPÍRITU, EL ESPÍRITU DE DIOS»

"No con ejército, ni con fuerza, sino con mi Espíritu, ha dicho Jehová de los ejércitos.
(Zacarías 4:6extc).

Otros van más allá, creen que los fuegos extraños le prueban a todo los altares y quieren ser imitadores de la obra de Dios aun andando bajo las obras infructuosas de las tinieblas y quizás lo puedan hacer y lograr por algún tiempo, como los hijos de otro sacerdote un tal Esceva que era jefe de los judíos, que indica que al igual que Elí era un pésimo sacerdote con los de su casa, porque mientras éste estaba en la Sinagoga, sus hijos eran unos brujos y servidores del infierno y Satanás: *"Pero algunos de los judíos, exorcistas ambulantes, intentaron invocar el nombre del Señor Jesús sobre los que tenían espíritus malos, diciendo: Os conjuro por Jesús, el que predica*

Pablo. Había siete hijos de un tal Esceva, judío, jefe de los sacerdotes, que hacían esto. Pero respondiendo el espíritu malo, dijo: A Jesús conozco, y sé quién es Pablo; pero vosotros, ¿quiénes sois? Y el hombre en quien estaba el espíritu malo, saltando sobre ellos y dominándolos, pudo más que ellos, de tal manera que huyeron de aquella casa desnudos y heridos. Y esto fue notorio a todos los que habitaban en Efeso, así judíos como griegos; y tuvieron temor todos ellos, y era magnificado el nombre del Señor Jesús."* (Hechos 19:13-17).

Los que estos no sabían que aunque su padre era un sacerdote, parecía que las cosas no eran muy bien dirigidas por este, «porque nuestro primer ministerio debe ser nuestra casa». Y no sólo eso, esto decidieron usar las fuerzas malignas para su lucro personal y creyendo que El Reino De Los Cielos se trata de un nombre o un hombre, es la autoridad que es delegada a aquellos que le he dado dicha potestad, porque no solo es el nombre, es lo que representa dicho

»NOMBRE, PORQUE NO HAY OTRO NOMBRE ENTRE LOS NOMBRES DADO A LOS HOMBRES«

No es sólo decir Jesús, es saber quién es Jesús, que implica éste Nombre, es decir Jesús a sabiendas que se está usando este Nombre con la potencia, potestad y autoridad a quienes el mismo Dios ha delegado, a aquellos que somos sus instrumentos y nos utiliza para su gloria y honra: *"Sanad enfermos, limpiad leprosos, resucitad muertos, echad fuera demonios; de gracia recibisteis, dad de gracia."* (Mateo 10:8).

Estos ministros que no eran más que brujos, como hay muchos brujos hoy en día desde «*El Altar*», que se están disfrazando de ángeles de luz:

"Y no es maravilla, porque el mismo Satanás se disfraza como ángel de luz."
(2Corintios 11:14).

No sólo haciendo falsos milagros, sino condenando a muchos que han creído en la mentira:
"el cual se opone y se levanta contra todo lo que se llama Dios o es objeto de culto; tanto que se sienta en el templo de Dios como Dios, haciéndose pasar por Dios. inicuo cuyo advenimiento es por obra de Satanás, con gran poder y señales y prodigios mentirosos, y con todo engaño de iniquidad para

los que se pierden, por cuanto no recibieron el amor de la verdad para ser salvos. Por esto Dios les envía un poder engañoso, para que crean la mentira, a fin de que sean condenados todos los que no creyeron a la verdad, sino que se complacieron en la injusticia." (2Tesalonicenses 2:4, 9-12).

Le resultará por un tiempo, pero como ya vimos el mismo Dios permite esto por aquellos que han creído a tantas »Falsas Doctrinas« porque Evangelio sólo hay uno

«EL DEL REINO DE LOS CIELOS»:

"Como te rogué que te quedases en Efeso, cuando fui a Macedonia, para que mandases a algunos que no enseñen diferente doctrina, ni presten atención a fábulas y genealogías interminables, que acarrean disputas más bien que edificación de Dios que es por fe, así te encargo ahora." (1Timoteo1:3-4).

Pero llegará el tiempo del cumplimiento de que este »FUEGO EXTRAÑO« será revocado desde «*EL ALTAR»* y estos serán avergonzados y deshonrado por jugar con las autoridades Celestiales, no sólo serán avergonzados aquí en la tierra de los vivientes sino en

«El DÍA DEL JUICIO»:

"No todo el que me dice: Señor, Señor, entrará en el reino de los cielos, sino el que hace la voluntad de mi Padre que está en los cielos. Muchos me dirán en aquel día: Señor, Señor, ¿no profetizamos en tu nombre, y en tu nombre echamos fuera demonios, y en tu nombre hicimos muchos milagros? Y entonces les declararé: Nunca os conocí; apartaos de mí, hacedores de maldad." (Mateo 7:21-23).

«¿Dónde está, dónde se ha ido el temor y el temblor reverente por Dios y Su Reino?»

El hombre de Dios está carente de éste, imaginémonos el hombre del mundo que ha querido jugar a ser Dios: *"Porque es tiempo de que el juicio comience por la casa de Dios; y si primero comienza por nosotros, ¿cuál será el fin de aquellos que no obedecen al evangelio de Dios?"* (1Pedro 4:17).

Pero llegará el día que éste »Fuego Extraño«, será extinguido por el mismo Dios, porque nada permanece oculto, todo sale a la luz.

"Porque no hay nada oculto que no haya de ser manifestado; ni escondido, que no haya de salir a luz. Mas todas las cosas, cuando son puestas en evidencia por la luz, son hechas manifiestas; porque la luz es lo que manifiesta todo. Por tanto, todo lo que habéis dicho en tinieblas, a la

luz se oirá; y lo que habéis hablado al oído en los aposentos, se proclamará en las azoteas." (Marcos 4:22, Efesios 5:13, Lucas 12:3).

Mi hermano, mi hermana, hombre del mundo es tiempo de abrir los ojos, de salir de esa dejadez, de ese letargo que has caído, de saber que sólo hay un evangelio el de Jesucristo y no hay otro ni que sea predicado por ángeles, ni por hombres, no se dejen mover, manténganse en la verdad y el amor que sólo la da aquel en el cual está la plenitud.

Si tú mi hermano vez cosas extrañas en tu Congregación, órale al Dios que todo lo ve y pregúntale: «¿Si estas en la verdadera doctrina, la única la de los Reino de los Cielos?»

Y tú Pastor si te has ido tras la corriente del mundo vuélvete a Dios, que un día estaremos frente aquel que tiene los ojos de fuego y le daremos explicaciones, vuélvete al Dios Vivo, predica a tiempo y a fuera de tiempo, para que sean añadidos aquellos que han de ser salvos, porque la obra no es tuya es de Dios.

Mi hermano, mi hermana, hombre del mundo esperando que al igual que a mí esta enseñanza haya hablado a tu Espíritu y haya avivado el fuego que hay en ti.

Te bendigo con toda Bendición de lo alto y que ¡nunca! te apartes De La Sombra Del Altísimo.

¡En El Nombre De Cristo Jesús Siempre! y ¡Amén!

Abril 4, 2012

=31=

5Principios

"Entonces Jesús fue llevado por el Espíritu al desierto, para ser tentado por el diablo. Y después de haber ayunado cuarenta días y cuarenta noches, tuvo hambre. Y vino a él el tentador, y le dijo: Si eres Hijo de Dios, di que estas piedras se conviertan en pan. El respondió y dijo: Escrito está: No sólo de pan vivirá el hombre, sino de toda palabra que sale de la boca de Dios. Entonces el diablo le llevó a la santa ciudad, y le puso sobre el pináculo del templo, y le dijo: Si eres Hijo de Dios, échate abajo; porque escrito está: A sus ángeles mandará acerca de ti, y, En sus manos te sostendrán, Para que no tropieces con tu pie en piedra. Jesús le dijo: Escrito está también: No tentarás al Señor tu Dios. Otra vez le llevó el diablo a un monte muy alto, y le mostró todos los reinos del mundo y la gloria de ellos, y le dijo: Todo esto te daré, si postrado me adorares. Entonces Jesús le dijo: Vete, Satanás, porque escrito está: Al Señor tu Dios adorarás, y a él sólo servirás. El diablo entonces le dejó; y he aquí vinieron ángeles y le servían." (Mateo 4:1-11).

En la lectura anterior pude connotar por revelación de Dios, unos 5 principios que «El Hermano Mayor, Jesús» nos dejó como legado y como en momentos de crisis, tentaciones y/o dudas, enfrentar, combatir y vencer al diablo y las tinieblas;

(1) Éste suele atacar en circunstancias difíciles y/o de presión, porque él sólo ve nuestras debilidades externas y/o escucha lo que decimos, *"no te ates por los dichos de tu boca."*

Aquellas cosas que son nuestras, el enemigo las podría usar en nuestra contra, o sea atacarnos con nuestras propias debilidades, *"pero si nos mantenemos en oración no entraremos en tentación."* (Proverbios 6:2, Mateo 26:41).

(2) Quiere o crea dudas de lo que Dios ya ha dicho que eres, queriendo cambiar el curso de hacia dónde vas, no lo permitas porque éste se disfraza de «ángel de luz», para traer confusión a tu vida, así como a Jesús en el desierto: «¿si eres?» Sí era, Es y será por los siglos de los siglos y nosotros somos por igual y tengo convicción que al igual que a mí Él te llamó y Él nos envía:

> *"somos profetas para las naciones y de sus riquezas comeremos"* (Isaías 61:6).

> «Hermanos no dejemos que el engañador use las circunstancias que quizás Dios mismo permite en tu vida para llevarte de un punto *"a" hacia un punto "b"* Esta situación hace que nos quejemos, porque en algún momento de nuestro caminar, pareciese que El Padre no hace, ni dice nada por nosotros y es allí donde el enemigo llega a implantar la semilla de la duda».

> *"resistid al diablo y el huirá de vosotros."* (Santiago 4:7).

(3) Este diablo es muy insistente va más allá de crear dudas, a aplicar el veneno de la tentación para que seas tentado y/o forzado a hacer aquellas cosas que ya están fuera de tu jurisdicción:

> «Mundo».
> *"Cualquiera, pues que quiera ser amigo del mundo se constituye enemigo de Dios."*
> (Santiago 4:4extc).

Porque ya perteneces al Reino De Dios y sólo estas cosas te competen:

> *"Mas buscad primeramente el reino de Dios y su justicia, y todas estas cosas os serán añadidas."* (Mateo 6:33).

(4) ¿Cómo te tienta?

Ofertándote aquellas cosas que aparentemente te darán riquezas y poder, pero que ya no están a su alcance, porque El Cristo de La Gloria le arrebató las llaves de este mundo, venciéndole y dejándole sin potestad alguna al vencerle en: *"La Cruz Del Calvario y exhibiéndole públicamente en el Gólgota"* (Colosenses 2:15).

> «Nosotros mismos, los hijos de Dios, somos los que aún
> les damos poder al diablo»

(5) Así que Iglesia resistid a este, no sea que un día por tus presiones, dudas, temores, tentaciones y ofertas del enemigo y el mundo termines adorando una imagen, a un ídolo, a una estatua, a un dios Baal o consultando a una bruja y comiendo caldo y bagazo del diablo:

"Y consultó Saúl a Jehová; pero Jehová no le respondió ni por sueños, ni por Urim, ni por profetas. Entonces Saúl dijo a sus criados: Buscadme una mujer que tenga espíritu de adivinación, para que yo vaya a ella y por medio de ella pregunte. Y sus criados le respondieron: He aquí hay una mujer en Endor que tiene espíritu de adivinación. Así murió Saúl por su rebelión con que prevaricó contra Jehová, contra la palabra de Jehová, la cual no guardó, y porque consultó a una adivina, y no consultó a Jehová; por esta causa lo mató" (1Samuel 28:6-7, 1Crónicas 10:13-14extc).

Resiste las embestidas del tentador en tu vida para que con gozo terminemos la carrera donde
«El Único Galardón es Cristo Jesús Señor Nuestro» ¡Amén!

> *"No perdáis, pues, vuestra confianza, que tiene grande galardón;"* (Hebreos 10:35).

Esperando que este mensaje haya sido de gran edificación a tu vida y a tu situación.
¡Te Bendigo En El Nombre De Jesús Siempre!
Y que Su Paz que sobrepasa todo entendimiento recaiga sobre ti, en este y todos los días de tu vida y ¡Amén!

Mayo 25, 2011

= 32 =

¡El Señor Conoce Mi Corazón!

"Así también la fe, si no tiene obras, es muerta en sí misma."
(Santiago 2:17).

Muchas veces he escuchado a muchos hermanos decir: «¡El Señor conoce mi corazón!» Eso está muy bien, porque Él espera que tengamos corazones de carne y no de piedra:

"Os daré corazón nuevo, y pondré espíritu nuevo dentro de vosotros; y quitaré de vuestra carne el corazón de piedra, y os daré un corazón de carne. Y les daré un corazón, y un espíritu nuevo pondré dentro de ellos; y quitaré el corazón de piedra de en medio de su carne, y les daré un corazón de carne," (Ezequiel 36:26, 11:19).

Y que tengamos un corazón conforme al de Él: *"Y Jehová respondió a Samuel: No mires a su parecer, ni a lo grande de su estatura, porque yo lo desecho; porque Jehová no mira lo que mira el hombre; pues el hombre mira lo que está delante de sus ojos, pero Jehová mira el corazón."* (1Samuel 16:7).

Pero creo y más que creer, sé que esto se basa más allá de corazones sino también de obras, sí así como lee hermano(a) *«OBRAS»*.

Aunque es cierto que Dios pesa los corazones: *"Todo camino del hombre es recto en su propia opinión; Pero Jehová pesa los corazones.*" (Proverbios 21:2).

Y que el limpio de manos y el puro de corazón, entrará en su descanso y verá a Dios.

(Salmo 24:4, Mateo 5:8).

«¿Pero qué tal un corazón que tiene *"Fe"* pero no Obras?» Porque cuando *"La Palabra"* dice al que más se le dé, más se le demandará. (Lucas 12:48).

»¿A qué "El Padre" de las luces se refiere?«

Porque Él no se refiere a obras personales, laborales y/o profesionales, aunque eso está muy bien, Dios quiere para sus hijos cosas buenas y nos manda a esforzarnos.

"Palabra fiel es esta, y en estas cosas quiero que insistas con firmeza, para que los que creen en Dios procuren ocuparse en buenas obras. Estas cosas son buenas y útiles a los hombres. Mira que te mando que te esfuerces y seas valiente; no temas ni desmayes, porque Jehová tu Dios estará contigo en dondequiera que vayas." (Tito 3:8, Josué 1:9).

Pero Él mismo dejó ciertas instrucciones y una de ellas fue buscar *"Su Reino"* y las demás cosas serán añadidas. (Mateo 6:33).

Y creo, no creo, estoy más que seguro que cuando Dios habla así es encargarse sobre cualquier cosa primero de *su(s) "OBRA(S)"* aquí en la tierra y luego las demás cosas serán añadidas.

A veces me molesta tanto el escuchar a algunos hermanos decir:

«¡EL SEÑOR CONOCE MI CORAZÓN!»

Sólo justificando o justificándose que no están haciendo nada por «La Obra de Dios» y más allá se atreven a decir que Dios le dijo, que puso en su corazón, o no será que su "yo" le está dominando y es tanta la emoción,

»ALGO QUE ESTÁ MATANDO LA IGLESIA DE CRISTO«

Que todo lo que le piden a Dios, Él le dice que »¡SÍ!« y se lo concede, no creo eso, porque si Él sabe lo que conviene y lo que no conviene y no todas las cosas convienen, como va ser que hay algunos que el Señor a todo le dice que »¡SÍ!« Y sin obras, pero estos personajes/hermanos están contigo en la Iglesia, en tu casa, hasta duermen a tu lado: *"No creáis en amigo, ni confiéis en príncipe; de la que duerme a tu lado cuídate, no abras tu boca."* (Miqueas 7:5).

Y tú ves y Dios te muestra que estos hermanos apenas oran, apenas tienen intimidad con El Padre, apenas leen la Palabra, apenas ayunan, entre otras obras del Reino, como pueden decir: «que Dios conoce mi corazón y que Dios me dijo y que Dios puso en mi corazón, si no hay obras en ellos, no hay acción, toman decisiones sin ni siquiera consultarle a Dios».

»¡SÍ LE CONSULTAN, PERO NO ESPERAN LA RESPUESTA!«

Sino que de una toman acción:

"!!Vamos ahora! los que decís: Hoy y mañana iremos a tal ciudad, y estaremos allá un año, y traficaremos, y ganaremos; cuando no sabéis lo que será mañana. Porque ¿qué es vuestra vida? Ciertamente es neblina que se aparece por un poco de tiempo, y luego se desvanece. En lugar de lo cual deberíais decir: Si el Señor quiere, viviremos y haremos esto o aquello. Pero ahora os jactáis en vuestras soberbias. Toda jactancia semejante es mala; y al que sabe hacer lo bueno, y no lo hace, le es pecado." (Santiago 4:13-17).

Porque cuando vamos al Libro del Apocalipsis, específicamente "Capítulos 2-3:"

En el Mensaje de Jesús a las Iglesias, a ninguna de ellas Dios le dice conozco tu corazón sino a todas les dice:

«¡CONOZCO TUS OBRAS!«:

(1) Efeso: *"Yo conozco tus obras, y tu arduo trabajo y paciencia; y que no puedes soportar a los malos, y has probado a los que se dicen ser apóstoles, y no lo son, y los has hallado mentirosos;"* (Apocalipsis 2:2).

(2) Esmirna: *"Yo conozco tus obras, y tu tribulación, y tu pobreza (pero tú eres rico), y la blasfemia de los que se dicen ser judíos, y no lo son, sino sinagoga de Satanás."* (Apocalipsis 2:9).

(3) Pérgamo: *"Yo conozco tus obras, y dónde moras, donde está el trono de Satanás; pero retienes mi nombre, y no has negado mi fe, ni aun en los días en que Antipas mi testigo fiel fue muerto entre vosotros, donde mora Satanás."* (Apocalipsis 2:13).

(4) Tiatira: *"Yo conozco tus obras, y amor, y fe, y servicio, y tu paciencia, y que tus obras postreras son más que las primeras."* (Apocalipsis 2:19).

(5) Sardis: *"Yo conozco tus obras, que tienes nombre de que vives, y estás muerto."* (Apocalipsis 3:1extc).

(6) Filadelfia: *"Yo conozco tus obras; he aquí, he puesto delante de ti una puerta abierta, la cual nadie puede cerrar; porque aunque tienes poca fuerza, has guardado mi palabra, y no has negado mi nombre."* (Apocalipsis 3:8).

(7) Laodicea: *"Yo conozco tus obras, que ni eres frío ni caliente. !!Ojalá fueses frío o caliente!"* (Apocalipsis 3:15).

> *"El que tiene oído, oiga lo que el Espíritu dice a las iglesias."*
> (Apocalipsis 2:7, 11, 17, 29, 3:6, 13, 22extcs).

> *"Porque la fe sin obra es muerta y sin fe es imposible agradar a Dios."*
> (Santiago 2:17, Hebreos 11:6).

Yo soy el primero que me pregunto: «Si lo que estoy haciendo está bien y sí Dios aprueba mi mover. Porque no agradamos a hombres sino a Dios»:

> *"no sirviendo al ojo, como los que quieren agradar a los hombres, sino como siervos de Cristo, de corazón haciendo la voluntad de Dios;"* (Efesios 6:6).

Mis hermanos es tiempo de hacer «*OBRAS*», no para nosotros mismos, sino por y para aquel que nos creó. (Génesis 1:26).

Para servirle y adorarle y aun el Cristo obró en obras con «Fe, siendo el Hijo de Dios, Varón Perfecto». Pero tampoco queramos ser más que el Maestro, podremos ser iguales, pero nunca mayores:

> *"El discípulo no es más que su maestro, ni el siervo más que su señor."* (Mateo 10:24).

«¡IGLESIA DESPIERTA TÚ QUE DUERMES!»

"Por lo cual dice: Despiértate, tú que duermes, Y levántate de los muertos, Y te alumbrará Cristo. Mirad también por vosotros mismos, que vuestros corazones no se carguen de glotonería y embriaguez y de los afanes de esta vida, y venga de repente sobre vosotros aquel día. Porque como un lazo vendrá sobre todos los que habitan sobre la faz de toda la tierra. Velad, pues, en todo tiempo orando que seáis tenidos por dignos de escapar de todas estas cosas que vendrán, y de estar en pie delante del Hijo del Hombre." (Efesios 5:14, Lucas 21:34-36).

Que es tiempo de predicar a tiempo y a fuera de tiempo:

> *"que prediques la palabra; que instes a tiempo y fuera de tiempo; redarguye, reprende, exhorta con toda paciencia y doctrina."* (2Timoteo 4:2).

Para que sean añadidos aquellos que han de ser salvos:

> *"Palabra fiel y digna de ser recibida por todos: que Cristo Jesús vino al mundo para salvar a los pecadores, de los cuales yo soy el primero."* (1Timoteo 1:15).

"PORQUE AL QUE MÁS SE LE DE MÁS SE LE DEMANDARÁ »
» SEAMOS HACEDORES DE LA PALABRA NO TAN SÓLO OIDORES «
(Lucas 12:48, Santiago 1:22).

Esas son las verdaderas obras hacer lo que dice La Palabra misma, porque por sus frutos los conoceréis y Dios no puede ser burlado. (Mateo 7:20, Gálatas 6:7).

Hay algunos que dicen: «¡Tú no sabes!» Claro que se, te estoy observando, que ni hablas de la Palabra de Dios y más que yo, aquel al que un día le veremos cara a cara y le daremos explicaciones. Y si recibiste de *"Gracia"* por *"Gracia"* debes de darlo. Ese es el equipamiento del hombre de Dios; predicar a tiempo y a fuera de tiempo, nuestro tiempo es de Dios y ya no vivo yo sino Cristo en mí:

"Con Cristo estoy juntamente crucificado, y ya no vivo yo, mas vive Cristo en mí; y lo que ahora vivo en la carne, lo vivo en la fe del Hijo de Dios, el cual me amó y se entregó a sí mismo por mí." (Gálatas 2:20).

Iglesia despierta tú que duermes y haz las obras en el hoy, porque quizás mañana será muy tarde, porque el día ni la hora nadie la sabe, porque el Reino de Dios vendrá sin advertencia y nuestra obra tiene gran Galardón que es Cristo Jesús.

Te Bendigo mi hermano, mi hermana, hombre del mundo.

Mis hermanos es tiempo de hacer Las Obras de Aquel que nos llamó y nos amó.

Te Bendigo con toda Bendición de Lo Alto y que ¡nunca! te dejes de cobijar debajo De La

Sombra del Altísimo.

¡En El Nombre De Jesús Siempre! y ¡Amén!

Enero 29, 2012

=33=

La Amistad Con El Mundo

"*Aquella luz verdadera, que alumbra a todo hombre, venía a este mundo. En el mundo estaba, y el mundo por él fue hecho; pero el mundo no le conoció. !!Oh almas adúlteras! ¿No sabéis que la amistad del mundo es enemistad contra Dios? Cualquiera, pues, que quiera ser amigo del mundo, se constituye enemigo de Dios. Hijitos, vosotros sois de Dios, y los habéis vencido; porque mayor es el que está en vosotros, que el que está en el mundo. Ellos son del mundo; por eso hablan del mundo, y el mundo los oye. Porque todo lo que es nacido de Dios vence al mundo; y esta es la victoria que ha vencido al mundo, nuestra fe. ¿Quién es el que vence al mundo, sino el que cree que Jesús es el Hijo de Dios?*" (Juan 1:9-10, Santiago 4:4, 1Juan 4:4-5, 5:4-5).

Es tan normal ver la gente del mundo ir detrás de las cosas de éste mundo, pero cuando se trata de «*La Gente De Dios*», aquellos que el mismo Padre escogió desde antes de la fundación del mundo: "*según nos escogió en él antes de la fundación del mundo, para que fuésemos santos y sin mancha delante de él,*" (Efesios 1:4).

No para obras personales: "*Porque somos hechura suya, creados en Cristo Jesús para buenas obras, las cuales Dios preparó de antemano para que anduviésemos en ellas.*" (Efesios 2:10).

Porque es por «Gracia no por obras, sino ya no fuera Gracia»:

"*Porque por gracia sois salvos por medio de la fe; y esto no de vosotros, pues es don de Dios; no por obras, para que nadie se glorie.*" (Efesios 2:8-9).

Cuando El Cristo muriendo en la cruz;

«*NOS SANTIFICÓ*
NOS JUSTIFICÓ Y
NOS LIMPIÓ»

Y exhibió públicamente el pecado y a las tinieblas:

"*y despojando a los principados y a las potestades, los exhibió públicamente, triunfando sobre ellos en la cruz.*" (Colosenses 2:15).

Ver gente de Dios comportándose como gente del mundo, conformándose al mismo y sus designios es triste e inaceptable: "*No os conforméis a este siglo, sino transformaos por medio de la renovación de vuestro entendimiento, para que comprobéis cuál sea la buena voluntad de Dios, agradable y perfecta.*" (Romanos 12:2).

Yo mismo estoy y he estado en la más grande de mis pruebas, al ver como tanta gente amada y que he encontrado en mi caminar con El Cristo se han volcado al mundo y sus designios, cuando la amistad con el mundo es enemistad con Dios: "*!!Oh almas adúlteras! ¿No sabéis que la amistad del mundo es enemistad contra Dios? Cualquiera, pues, que quiera ser amigo del mundo, se constituye enemigo de Dios.*" (Santiago 4:4).

»He tenido que ver hermanos de Dios dejar sus posiciones en «*La Casa De Dios*», porque Dios no le ha dado lo que ellos esperan«.

Un hermano que era »*Ujier*« se fue de la Iglesia después de 10 años sirviendo en la misma, abandonó su posición, luego de muchas oraciones regresó a su posición, pero luego volvió y se fue y no sólo se fue, se fue al mundo y no sólo se fue, volvió a sus actividades anteriores antes de «Pactar con Dios», "homosexualidad:" "*¿No sabéis que los injustos no heredarán el reino de Dios? No erréis; ni los fornicarios, ni los idólatras, ni los adúlteros, ni los afeminados, ni los que se echan con varones, Pero los cobardes e incrédulos, los abominables y homicidas, los fornicarios y hechiceros, los idólatras y todos los mentirosos tendrán su parte en el lago que arde con fuego y azufre, que es la muerte segunda. Mas los perros estarán fuera, y los hechiceros, los fornicarios, los homicidas, los idólatras, y todo aquel que ama y hace mentira.*" (1Corintios 6:9, Apocalipsis 21:8, 22:15).

¡Que triste! Dios muestra todas las cosas, este hermano y yo oramos y lloramos juntos, en las últimas veces que me vio, no quería hablarme y bajaba la cabeza, hasta que llegó un punto que no regresó más.

Otro hermano de años en El Señor se ha visto muy solo, al parecer llevó y aun después de ser salvo lleva una vida muy promiscua, »Y no me tenga por mal entendido porque cuando militaba con las tinieblas salía con una mujer diferente cada día, así como lo oye mi hermano(a), era corredor de distancia 10-15 kms diarios y eso me llenó de vanidad«:

"Vanidad de vanidades, dijo el Predicador; vanidad de vanidades, todo es vanidad." (Eclesiastés 1:2).

Y de agilidad en cuanto al sexo, no había una mujer que le pusiera el ojo que no la llevará a la cama, *"digo esto con mucha vergüenza"* Pero era servidor de Satanás y las tinieblas, pero Dios me cuidó de una enfermedad y de morir en tantas cosas extrañas que hacía, que hoy en día me pregunto: «¿Cómo podía hacer esas cosas?» ¡Mi padre era el diablo! ¡peroo! Dios me;

«CUIDÓ
SANTIFICÓ
JUSTIFICÓ y
PERDONÓ»

Y después que le dije que «SÍ!» en aquel Altar, nunca más he tenido ese problema. Claro peco diariamente, soy un pecador por naturaleza, pero me arrepiento cada día delante de mi Señor y Salvador, Cristo Jesús hasta que deje este cuerpo y me revista de un cuerpo lleno de ¡Gloria!

"el cual transformará el cuerpo de la humillación nuestra, para que sea semejante al cuerpo de la gloria suya, por el poder con el cual puede también sujetar a sí mismo todas las cosas." (Filipenses 3:21).

Hay algunos hermanos como éste que el pecado lo ha segado y el pecado es igual a muerte:

"Porque la paga del pecado es muerte, más la dádiva de Dios es vida eterna en Cristo Jesús Señor nuestro." (Romanos 6:23).

Este hermano le confronté en el amor de Cristo porque se mudó con una hermana que le interesaba, porque la misma se quedó en la calle:

«HAY MUCHOS QUE NO QUIEREN PASAR POR LOS PROCESOS DE DIOS Y HAY OTROS QUE SE CREEN Y SE HAN CREÍDO MÁS COMPASIVOS QUE CRISTO MISMO, EL AMADO, AQUEL QUE MURIÓ EN LA CRUZ POR NOSOTROS.

¡NO HAY, NI HABRÁ UN HOMBRE, UN SER MÁS COMPASIVO QUE JESÚS!»

Este hermano se llevó a esta bebé en El Señor a su casa a escondidas, «pero nada permanece oculto todo sale a la luz»: *"Porque nada hay oculto, que no haya de ser manifestado; ni escondido, que no haya de ser conocido, y de salir a luz."* (Lucas 8:17).

Y cuando me enteré lo confronté y le digo: «¿Qué estás haciendo?» Y me dice: que él no agrada a hombres«, pero le digo: «soy tu hermano y guarda»: *"Y Jehová dijo a Caín: ¿Dónde está Abel tu hermano? Y él respondió: No sé. ¿Soy yo acaso guarda de mi hermano?"*

(Génesis 4:9).

Caín respondió así, porque era un rebelde, desobediente y asesino de su hermano. ¡Pero yo no!

Y por eso le di el consejo sabio de Dios y me dice: »que Dios le dijo«, *"algo que no es cierto, quizás el dios de su conveniencia, pero no el Dios del orden y la moral."*

En una circunstancia que me vi, tuve que quedarme en casa de este hermano por unas dos semanas aproximadamente y las cosas que Dios me mostró allí fueron muchas. De la condición caída de este hermano y no digo esto para exponer y/o avergonzar a nadie, pues puse mi mismo ejemplo ¡perooo! Antes de Cristo, pero no después y/o durante Cristo. Entre las tantas cosas que El Señor me mostró, vi mucha contaminación, vicios y pecados ocultos, mucho orgullo, falta de libertad y sobre todo y lo más grave:

«¡El Uso Del Nombre De Dios En Vano!».

"No tomarás el nombre de Jehová tu Dios en vano; porque no dará por inocente Jehová al que tomare su nombre en vano." (Éxodo 20:7).

Para sacarme de su espacio, me dijo que El Señor le había dado una visión que regresaba a mi país a trabajar con los pobres, muy buena visión, pero El Santo no estaba allí, mi Espíritu lo rechazaba y El Espíritu me decía: «*¡Eso Es Mentira, Es Un Mentiroso!*»

"Pero los cobardes e incrédulos, los abominables y homicidas, los fornicarios y hechiceros, los idólatras y todos los mentirosos tendrán su parte en el lago que arde con fuego y azufre, que es la muerte segunda. Mas los perros estarán fuera, y los hechiceros, los fornicarios, los homicidas, los idólatras, y todo aquel que ama y hace mentira." (Apocalipsis 21:8, 22:15).

Y me pregunto: «¿Llevar una hermana a su casa es obediencia?» »¡No lo creo!«

El siguió acercándose a mí y le hablé en una segunda ocasión y me dije: «Señor no puedo hablar más con este hermano»:

"Porque a los que están fuera, Dios juzgará. Quitad, pues, a ese perverso de entre vosotros." (1Corintios 5:13).

Y me quiso bendecir con algo de dinero y lo rechace, sentí que quería callarme, pero me dijo: »que no lo rechazará que El Señor quería bendecirme« y dije: «¡ok!» Y nos abrazamos y le dije: «tanto Dios como yo, tu hermano queremos lo mejor para ti, pero tienes que dejar que El Señor limpie tu corazón y te guíe sino no te dejará ir a la misión que has pretendido ir desde el año 2013 y lo aceptó» »¡En ese momento!«

Pero unos días más adelante recibo un em@il de este hermano y me dice: »como que era un falso profeta que iba saliendo a dicha misión en unos días y que ese último día de nuestra conversación "24 de Diciembre, 2013" el mismo hermano que me bendijo de parte de Dios había planeado después del Servicio de ese día sacarme fuera de La Iglesia y entrarme a golpes«.

«¡QUE BUEN TESTIMONIO PARA LOS DEL MUNDO!»

Cuando leí eso me dio tanto dolor e indignación, una indignación Santa e intenté responderle el em@il, pero por alguna razón «Celestial» no hay otra explicación, la laptop no me dejaba escribir. Ese día había terminado el voluntariado en La Casa Del Señor y sólo pude mandarle:

"No reprendas al escarnecedor, para que no te aborrezca;
Corrige al sabio, y te amará." (Proverbios 9:8).

Y ya le dejé y sólo oro tanto por él, como por la hermana, sólo viene al Servicio con ella y se esconde y aún Dios no le deja ir a la misión, «Dios no puede ser burlado»:

"No os engañéis; Dios no puede ser burlado: pues todo lo
que el hombre sembrare, eso también segará." (Gálatas 6:7).

Y digo todo esto no como una predica, sino como un testimonio de cómo va La Casa de Dios y recuerdo que hay trigo y cizaña, cabras y ovejas:

"Dejad crecer juntamente lo uno y lo otro hasta la siega; y al
tiempo de la siega yo diré a los segadores: Recoged primero
la cizaña, y atadla en manojos para quemarla; pero recoged
el trigo en mi granero. Y pondrá las ovejas a su derecha, y
los cabritos a su izquierda." (Mateo 13:30, 25:33).

Otro hermano muy amado por mí, «¡hermanos y hermanas estos son hermanos que hemos caminado, reído y llorado juntos. Que hemos estado en buenas y malas, pero pecado es pecado, desobediencia es desobediencia!». Este hermano me envía un texto domingo en la mañana y me dice que salió más temprano del Servicio, no entendí el por qué. Hasta que nos sentamos a comer algo y me explicó. Y me dijo que fue a un evento de modelaje y por eso salió más temprano y no fue a una hora de intercesión que debía ir de: »12:30-1:30pm« Abandonó su posición y comisión que Dios le entregó, para atender las cosas de este mundo, cuando ya tales cosas no nos competen y es tan triste porque este hermano se crió en este *"Bendito Evangelio"* y de repente tiene ciertas conductas carnales y no sé con qué Dios iba a llenar su boca en aquel día en intercesión e iban a subir oraciones de todo quemado con y por diversas causas:

"Abre tu boca, y yo la llenaré." (Salmo 81:10extc).

Y le reprendí con La Palabra misma:

> *"!!Oh almas adúlteras! ¿No sabéis que la amistad del mundo es enemistad contra Dios? Cualquiera, pues, que quiera ser amigo del mundo, se constituye enemigo de Dios."* (Santiago 4:4).

Y un último caso fue otra hermana que ha tenido ciertos problemas en su matrimonio y su esposo regresó recientemente y se fue de nuevo, esta hermana conoció a un hermano de Las Naciones que visitaba La Casa Del Señor y al terminar la jornada del día en La Casa vi que hacia un nuevo pacto con Dios y/o le entregaba sus circunstancias «¡o al menos eso pensé!».

Y cuando terminó el Servicio, se quería como ir a acostar con aquel hermano, alguien me dijo eso dije: «¿Pero Dios mío qué pasa con tu pueblo?»

Me pueden tildar de muchas cosas, pero cuando Dios me muestra cosas en los hermanos no ando más con ellos, porque sin Santidad nadie verá al Señor y el juicio comienza por la Casa de Dios: *"Seguid la paz con todos, y la santidad, sin la cual nadie verá al Señor. Porque es tiempo de que el juicio comience por la casa de Dios; y si primero comienza por nosotros, ¿cuál será el fin de aquellos que no obedecen al evangelio de Dios?"* (Hebreos 12:14, 1Pedro 4:17).

«¿IGLESIA QUE HA PASADO Y/O ESTÁ PASANDO CON LOS ESTATUTOS QUE EL MISMO DIOS NOS ENTREGÓ A TRAVÉS DE LA SANTA Y BENDITA PALABRA?»

Misma, para vivir una vida conforme a lo que Él anhela. Estoy hablando de gente que declara ser cristiana y de repente se han conformado a este siglo a las obras de la carne o «¿acaso en balde dice el mismo Dios que nos anhela celosamente?»

> *"¿O pensáis que la Escritura dice en vano: El Espíritu que él ha hecho morar en nosotros nos anhela celosamente?"* (Santiago 4:5).

«VEO TANTAS PERSONAS Y/O HERMANOS QUE SÓLO VAN A LA CASA DE DIOS A CURAR SUS

CONCIENCIAS, A SOCIABILIZAR, A BUSCAR UNA MUJER, UN HOMBRE. CUANDO NUESTROS CUERPOS SON TEMPLOS DEL ESPÍRITU SANTO Y HAN DE SER UNA OFRENDA PARA Y DEL EL SEÑOR»

Iglesia es tiempo de despertar y rechazar las obras infructuosas de las tinieblas:

"Y no participéis en las obras infructuosas de las tinieblas,
sino más bien reprendedlas;"
(Efesios 5:11).

Porque un día estaremos frente a un Dios fuego consumidor y daremos explicaciones de nuestras buenas y malas obras: *"Porque es necesario que todos nosotros comparezcamos ante el tribunal de Cristo, para que cada uno reciba según lo que haya hecho mientras estaba en el cuerpo, sea bueno o sea malo. Y vi un gran trono blanco y al que estaba sentado en él, de delante del cual huyeron la tierra y el cielo, y ningún lugar se encontró para ellos. Y vi a los muertos, grandes y pequeños, de pie ante Dios; y los libros fueron abiertos, y otro libro fue abierto, el cual es el libro de la vida; y fueron juzgados los muertos por las cosas que estaban escritas en los libros, según sus obras. Y el mar entregó los muertos que había en él; y la muerte y el Hades entregaron los muertos que había en ellos; y fueron juzgados cada uno según sus obras. Y la muerte y el Hades fueron lanzados al lago de fuego. Esta es la muerte segunda. Y el que no se halló inscrito en el libro de la vida fue lanzado al lago de fuego."* (2Corintios 5:10, Apocalipsis 20:11-15).

Y hay un listado de personajes y/o pecados que no tendrán entrada al Reino de los Cielos:

"Pero los cobardes e incrédulos, los abominables y homicidas, los fornicarios y hechiceros, los idólatras y todos los mentirosos tendrán su parte en el lago que arde con fuego y azufre, que es la muerte segunda. Mas los perros estarán fuera, y los hechiceros, los fornicarios, los homicidas, los idólatras, y todo aquel que ama y hace mentira." (Apocalipsis 21:8, 22:15).

Hablo de gente Santa, que ya el mismo Dios;

«PERDONÓ JUSTIFICÓ Y SANTIFICÓ»

Sólo hubo un sacrificio una vez y para siempre:

> *"Porque si pecáremos voluntariamente después de haber recibido el conocimiento de la verdad, ya no queda más sacrificio por los pecados, sino una horrenda expectación de juicio, y de hervor de fuego que ha de devorar a los adversarios. El que viola la ley de Moisés, por el testimonio de dos o de tres testigos muere irremisiblemente. ¿Cuánto mayor castigo pensáis que merecerá el que pisoteare al Hijo de Dios, y tuviere por inmunda la sangre del pacto en la cual fue santificado, e hiciere afrenta al Espíritu de gracia? Pues conocemos al que dijo: Mía es la venganza, yo daré el pago, dice el Señor. Y otra vez: El Señor juzgará a su pueblo. !!Horrenda cosa es caer en manos del Dios vivo!"* (Hebreos 10:26-31).

Vuélvete al Señor tu Dios, este es el primer y gran mandamiento:

> *"Y amarás a Jehová tu Dios de todo tu corazón, y de toda tu alma, y con todas tus fuerzas. Jesús le dijo: Amarás al Señor tu Dios con todo tu corazón, y con toda tu alma, y con toda tu mente."* (Deuteronomio 6:5, Mateo 22:37).

Y luego ama a tu vecino y/o hermano y aquí se cumple dicho mandamiento.

A través de esta enseñanza/testimonio, espero haber ministrado tu vida, de cómo gente de Dios está llevando una doble vida, una vida desenfrenada y sin temor de Dios.

Hay tiempo al arrepentimiento y este es el tiempo del arrepentimiento, así como cae el relámpago, será la venida del Hijo del Hombre:

> *"Porque como el relámpago que sale del oriente y se muestra hasta el occidente, así será también la venida del Hijo del Hombre."* (Mateo 24:27).

De volver a los caminos del Señor y que Él guíe nuestros pasos en todo nuestro caminar y no nos apoyemos en nuestro propio entendimiento: *"Fíate de Jehová de todo tu corazón, Y no te apoyes en tu propia prudencia.* «Porque», *Hay camino que parece derecho al hombre, Pero su fin es camino de muerte."* (Proverbios 3:5, 16:25).

¡En El Nombre De Jesús Siempre! Y ¡Amén!

Febrero 17, 2014

=Conclusión=

No Queremos Que Éste Reine Sobre Nosotros
"El Rey de los judíos, de los gentiles"

"Pero sus conciudadanos le aborrecían, y enviaron tras él una embajada, diciendo: No queremos que éste reine sobre nosotros. Dicen, pues, a Dios: Apártate de nosotros, Porque no queremos el conocimiento de tus caminos. ¿Quién es el Todopoderoso, para que le sirvamos? ¿Y de qué nos aprovechará que oremos a él?" (Lucas 19:14, Job 21:14-15).

Es indudable que esta sociedad y aun hasta personas que son "hermanos" que declaran a Cristo Jesús, no quieren que éste reine sobre ellos. Cuando veo tanto en «La Casa De Dios», como en el mundo que lo tienen y lo quieren tener fuera de sus vidas. «Pero lo que me sorprende no es el mundo, porque el mundo no nos oye porque ellos son del mundo»:

"Ellos son del mundo; por eso hablan del mundo, y el mundo los oye. Nosotros somos de Dios; el que conoce a Dios, nos oye; el que no es de Dios, no nos oye. En esto conocemos el espíritu de verdad y el espíritu de error." (1Juan 4:5-6).

Lo que me sorprende es que, en su Propia Casa, aquella Casa que Él fundó sobre sí mismo, aquella Casa que salió de su costado, tengan al Cristo fuera tocando la puerta de su propia Casa.

"He aquí, yo estoy a la puerta y llamo; si alguno oye mi voz
y abre la puerta, entraré a él, y cenaré con él, y él conmigo."
(Apocalipsis 3:20).

Esto no es más que ese espíritu de independencia que cada vez es más palpable. Lo vemos a través de toda La Biblia, cuando Dios enviaba a sus profetas y todo el pueblo de Israel:

«*LOS RECHAZABAN*
LOS MALTRATABAN Y LOS
MATABAN» (Jeremías 7:25, Nehemías 9:26, 2Crónicas 24:19, 21, Lucas 11:47-51).
Porque estos traían El Consejo Sabio de Dios y estos mezclaban, como hoy en día dicho consejo con una acusación, «no mi amigo, no mi hermano(a) Dios al que ama azota y persigue»:

"Porque el Señor al que ama, disciplina, Y azota a todo el
que recibe por hijo." (Hebreos 12:6).

Y va a usar diferentes medios y métodos para llamar nuestra atención y llevarnos a «Su Camino» y sacarnos de todo camino no correcto, de todo camino de muerte, porque el pecado es igual a muerte:

"Hay camino que al hombre le parece derecho; Pero su fin
es camino de muerte."
(Proverbios 14:12).

Siendo Cristo mismo: «*EL CAMINO Y LA VERDAD Y LA*
VIDA» (Juan 14:6).

Y este mensaje no sólo es para nosotros los creyentes sino para todo aquel se hace llamar cristiano o aquel que es del mundo que no ha permitido aún que El Cristo Reine sobre él.

Cristo no quiere la muerte del impío, Él no quiere que nadie perezca, sino que procedan al arrepentimiento y pasen de muerte a vida, de las tinieblas a «*LA LUZ ADMIRABLE*» Que es Cristo Jesús. (Ezequiel 18:23, 32, 2Pedro 3:9, Hechos 26:18).

«PERO ES LAMENTABLE QUE NO TODOS VAN A PROCEDER A UN ARREPENTIMIENTO»

¿Por qué?

Porque existen los enemigos ocultos de Dios, aquellos que ya han perdido o nunca han tenido El Temor a Dios y aquellas obras que antes hacían en secreto y en oscuridad hoy en día las hacen a la luz y abiertamente:

> *"Se levantarán los reyes de la tierra, Y príncipes consultarán unidos Contra Jehová y contra su ungido, diciendo: Rompamos sus ligaduras, Y echemos de nosotros sus cuerdas."* (Salmo 2:2-3).

Estos han decidido servirle a su padre el diablo y sus deseos están haciendo y quieren hacer:

> *"Vosotros sois de vuestro padre el diablo, y los deseos de vuestro padre queréis hacer. El ha sido homicida desde el principio, y no ha permanecido en la verdad, porque no hay verdad en él. Cuando habla mentira, de suyo habla; porque es mentiroso, y padre de mentira."* (Juan 8:44).

He escuchado y visto tantas cosas en las redes sociales, en los medios cibernéticos, que solamente me da tristeza de como miles, millones han creído más al: »padre de las mentiras, al padre de las tinieblas« que al: «Padre De Las Luces, Al Fiel Y Verdadero Jesús.

Aquel que lo dió todo por la humanidad»:

> *"Porque de tal manera amó Dios al mundo, que ha dado a su Hijo unigénito, para que todo aquel que en él cree, no se pierda, más tenga vida eterna. Porque no envió Dios a su Hijo al mundo para condenar al mundo, sino para que el mundo sea salvo por él."*
> (Juan 3:16-17).

«HOY EN DÍA LO RECHAZAN, SON ALMAS DESTINADAS PARA PERDICIÓN»

Hay una página en internet que le puedes vender tu alma al diablo, es triste, pero aquel que niegue o rechace al Cristo delante de los hombres Él también le negará en los cielos:

> "Y a cualquiera que me niegue delante de los hombres, yo también le negaré delante de mi Padre que está en los cielos. El que en él cree, no es condenado; pero el que no cree, ya ha sido condenado, porque no ha creído en el nombre del unigénito Hijo de Dios. Y esta es la condenación que la luz vino al mundo, y los hombres amaron más las tinieblas que la luz, porque sus obras eran malas." (Mateo 10:33, Juan 3:18-19).

«HOY ES EL DÍA DE SALVACIÓN, NO ENDUREZCA TU CORAZÓN, MAÑANA NO ESTÁ PROMETIDO, LA SALVACIÓN HA LLEGADO A TU CASA, SIENDO TU CASA TU CORAZÓN»

Si conoces al Rey Jesús y aún no has permitido que éste reine en tu corazón, en tu vida y en tu casa. *«PORQUE NO ES IGUAL LLAMARLO rey QUE ÉL SEA EL REY DE TU VIDA.*
DEJA QUE EL SEÑOR JESÚS TOME TODO EL CONTROL DE LA MISMA».

Mi hermano, mi hermana y a ti hombre del mundo, si leíste este libro y/o mensaje por igual a ti te hablo.

«Sólo Jesús Es El Camino, La Verdad y La Vida, Él es La Puerta al Padre, alejados de Él nada puedes, ni podrás, ni podemos hacer».

Si ambos grupos tantos los conversos, como los inconversos sintieron la convicción del Padre, del Hijo y del Espíritu Santo, de que eres un pecador y necesitas un Salvador, por ende, Salvación.

«PORQUE SÓLO ASÍ ESCAPARAS DE LA IRA VENIDERA»

Repite conmigo ésta breve oración:
«Señor Jesús, yo reconozco que Eres El Hijo de Dios y que eres Dios. Que tomaste mí lugar allí en La Cruz Del Calvario, por mis pecados y rebeliones, yo te pido que me perdones por la vana manera de vivir toda mi

vida y por no dejarte ser Rey en mi vida. Yo te pido que inscriba mi nombre en El Libro De La Vida y yo te prometo nunca alejarme de Ti y ¡Amén!»

Si hiciste esta oración sinceramente y con un corazón contrito y humillado, el cual El Padre no rechaza, pasaste de muerte a vida de las tinieblas a La Luz.

»*Porque con el corazón se cree para justicia, pero con la boca se confiesa para Salvación*«.

Ahora mismo allá en los cielos hay una fiesta por ti mi hermano, mi hermana, porque sólo basta con que se arrepienta un solo pecador para que haya fiesta en los cielos. (Lucas 15:10).

«¡BIENVENIDO AL REINO DE DIOS, MI HERMANO Y MI HERMANA!»

Ahora oro por ti: «Que El Padre, El Hijo y El Espíritu Santo iluminen tu rostro, tu vida y todo tu ser y que Él haga preciso en tu vida y manifiesto el Plan para lo que Él te creó, pues tus caminos no son sus caminos y el plan que Él tiene para ti no te hará daño, es un plan que te dará esperanza, un futuro y un final prospero».

¡Una vez más bendigo tu vida En El Precioso Nombre De Jesús Siempre! Y ¡Amén!

«¡TÚ ELIGES!»

Agosto 30, 2015

Mi Testimonio

El Llamado De Dios
(1974- /2009-Eternidad)

Un Hombre Nuevo "Bautismo Por Las Aguas"

Omar A López ¡Siervo de Jesucristo! «1974- /2009-Eternidad».

Nacido de padres dominicanos, los señores: Omar A López Álvarez y Águeda Esperanza Pérez Jamatte, con una única hermana. Nacido en la ciudad de Salem, Massachusetts «Boston» el 7 De Octubre de 1974. Nacimiento el cual quería ser truncado por el mismo Satanás y las tinieblas, pero mi madre como su propio nombre «Esperanza», así le oró al *¡Dios Vivo, Al Dios de Las Esperanzas, Al Dios para El Cual No Hay Imposibles!* (Lucas 1:37, Jeremías 1:5). Vivo en la ciudad de New York, Bronx.

Viví una vida regular *«en el pecado».* Vengo de una familia de alcohólicos incluyendo a mi papá *"Jesús está obrando en su corazón y en su vida."* Fuí un alcohólico, un fumador de cigarrillos, adicto al sexo, pornografía y otras actividades pecaminosas. (Efesios 2:1-3).

Hasta mis 33 años *»¡tuve que morir, para nacer de nuevo!«* Que El Padre, Mi Amado Jesús y El Espíritu Santo vienen a reclamar ese pacto que mi madre hizo *«lo cual nunca supe»* delante de Su Presencia.

En el año 2008 El Padre viene a reclamar mi alma, mi corazón y todo mi ser, para servirle y Honrarle sólo a Él. (Efesios 2:4-6).

Quizás a través de una circunstancia muy extraña: »una enfermedad«.

> *"es a través de muchas aflicciones y tribulaciones que muchos hemos llegado a sus pies y a través de ellas mismas entraremos en El Reino De Dios."* (Salmo 34:19, Hechos 14:22im).

"El Padre siempre usa métodos quizás no convencionales para llamar nuestra atención, para glorificar Su Nombre."

El mismo Dios permite un ataque a mi salud de las mismas tinieblas. Los médicos buscaban una explicación a lo que me sucedía por 4 meses y no encontraban nada.

"Hasta que El Dr. Jesús entró y camino en mi habitación y en tan sólo 7 días (perfección) curó mi enfermedad."

Recibí una llamada de una tía y me dice:
»*Me he enterado de tu situación, permíteme orar por ti*«.
Me pregunta: »*¿Qué si tengo Fe?*«
Digo: «que sí, "aunque no sabía lo que era Fe"».
Me dice: »*colócate tu mano en el estómago y oramos, "no recuerdo lo que oramos"*«.

Y como anteriormente dije: *«en 7 días El Dr. Jesús me curó».* Lo que los hombres no pudieron hacer en 4 meses. El Rey de reyes lo hizo en 7 días. *(Perfección).*

Definitivamente que estuve delante de aquel donde no existe el tiempo, donde un día es como mil años y mil años como un día. (Salmo 90:4).

Pero aun así fuí como los 9 leprosos ingratos que no se devolvieron a darle las gracias y la Gloria al Dueño de la obra. (Lucas 17:17).

Porque, aunque El Señor uso este instrumento para mostrarme su «*Bondad, Cuidado y Amor*», pero aun así no para mi conversión a pesar de dicha demostración de «*Poder y Amor*».

Me fuí a mi país por unas vacaciones y seguí llevando una vida desenfrenada con mis viejos amigos: »en alcohol, tabaquismo,sexo y otras actividades deleitosas....«.

»PERO YA JESÚS "EL MAESTRO" TENÍA OTROS PLANES PARA MÍ«. (Isaías 55:8).

Mi hermana ya en El Señor Jesús, siempre me invitaba a La Iglesia, pero, yo siempre me estaba excusando y justificando, hasta que un día me habló con autoridad diría o «*quizás el mismo Padre me mandó a buscar,* "no me gusta que me cuenten"».

Llegué a aquella Iglesia «aún era de la falsa doctrina de la prosperidad, porque sólo hay un solo Evangelio, *"El Evangelio De Jesús Cristo."* El Padre me muestra la mentira y luego me muestra *"La Verdad, Su Verdad"*». Y desde que pisé aquel lugar sentí una Paz nunca antes experimentada en los años de mi vida. (Juan 14:27, Filipenses 4:7).

Dije: «*¡esto era lo que le hacía falta a mi vida!*». »No el alcohol, no el dinero, no amigos vanos, no mujeres, no buenos carros, no buenos momentos, que cada vez me dejaban más vacío«.

"Porque sólo Jesús nos puede llenar y satisfacer."

No hablé con nadie, pero Dios comenzó a tocar mi vida desde ese instante. El amor del Padre lo experimenté en aquel día. Era aceptado con mis delitos y pecados.

"porque ya El Cristo había pagado todas las deudas en La Cruz Del Calvario." (Colosenses 2:14-15).

Pero seguía teniendo un problema que sólo iba a La Casa del Padre los jueves porque seguía en los fines de semana en actividades que ya no me incumbían o no deberían incumbirme y el domingo me era imposible levantarme para ir a La Iglesia «*no podía levantarme por la noche anterior*».

Pero en todo esto recibo un llamado a ser Pastor. Dije: «*¿Pastor? ¡Eso no es para mí!*». Pero Dios me fue persuadiendo y utilizando otras voces proféticas que confirmarían dicha Palabra y hoy en día estoy más cerca de dicho llamado de lo que yo mismo creería. *¡Aleluya!*

Este Ministerio se llama: «*Ojos De Compasión*». Y el mismo nombre surgió de una experiencia que tuve caminando en la ciudad de: »New York/42ⁿᵈ ST.«.

Cuando vi a un hombre buscando comida en la basura y me puse a llorar y Jesús me dijo:

> «*¿SABÉS POR QUÉ LLORAS?*»
> »¡No! Señor, le contesté«.
> Él me dijo: «*TÚ LLORAS PORQUE TUS OJOS HAN VISTO COMO YO MIRO A LAS PERSONAS, "CON COMPASIÓN"*». (Mateo 9:36).

El Llamado De Dios "La Honra del Ministerio"

De regreso a New York me encontraba de frente con la vieja vida y no encontraba una Iglesia que sintiera La Presencia de Dios, visite varias Iglesias y eran como casas vacías, sin muebles, «*Sin Presencia de Dios*».

Hasta que comencé a visitar una Iglesia donde había mucha «*Presencia,*

Palabra y Enseñanza de Dios». Pero como que yo no tenía crecimiento, me sentía estancado.

»Agradezco mucho el tiempo que estuve allí en: *"La Iglesia El Amanecer De La Esperanza: Pastor Juan Radhámes Fernández"*. Pero mi estadía por allí y por aquí fue muy breve porque lamentándolo mucho mi amada abuela *"Águeda Esperanza Pérez Jamatte"* muere en el año 2009 *"se con certeza que descansa en El Señor"* y tengo que regresar a mi país.

El Señor Jesús en su extraño mover para con nosotros los hombres, me lleva allí a un nuevo encuentro con Él y para darme más de Él y en ésta ocasión seguí un poco en las misma andanzas: »alcohol, tabaquismo, malas compañias etc...«.

Pero un día El Señor me confronta y me habla a mi corazón y me dijo:

«¡HIJO, TE LLAME A VIVIR EN LIBERTAD!
¿POR QUÉ SIGUES EN LAS ESCLAVITUD DEL PECADO?
DE TODO PECADO TE LLAMÉ A LIBERTAD, NO A
SEGUIR EN ESCLAVITUD».

Y luego de ese momento entendí que no podía seguir llevando una doble vida. (Salmo 1:1-6).

Fue a partir de ese encuentro lleno de amor por demás que ya no podía seguir teniendo ciertas conductas, no podía ser el mismo, tenía que haber una transformación «*¡y hubo una transformación y aún la sigue habiendo en mi vida!*». Y me tiré de rodillas, lloré como un niño y me arrepentí de todos mis pecados una vez más y le dije:

»*¡Padre quiero honrarte con mi vida, llévate de*
mí todo vicio, toda conducta que no te agrade!«.

Y así fue, El Señor escuchó esa oración y porque fui sincero, me libertó del alcoholismo, tabaquismo y sexo en ese mismo momento. El mismo Dios me da: «*nuevos deseos, nuevos amigos, hermanos en El Señor*». (2Corintios 5:17).

Mis viejos amigos, los cuales ocuparon un papel que no le correspondía, ya no me veían como el amigo/pana que solía ser, sino como un quedaó evangélico/Cristiano.

«Pero quedaó para ellos, pero con mi ticket a la vida eterna».

Es allí que decido cortar esa vida llena de pecado, de inconstancias e inmoralidad «aun en las andanzas del Señor».

No ha sido fácil, pero mejorando cada día más, fortaleciendo mis debilidades y donde ya soy fuerte, Él me hace más fuerte y me basta de su ¡Gracia! (2Corintios 12:9, Filipenses 4:13).

"Quería y aún quiero que Él dirija mis pasos todos los días de mi vida y agradarle y honrarle con mi vida." (Proverbios 3:5, Salmo 50:23, Apocalipsis 4:11).

Ya de vuelta a »NY.« regreso a La Iglesia de El Amanecer De La Esperanza «donde sigo experimentando un estanque espiritual».

Pero hasta que un día Dios me habló a través de muchos sueños claros que Él me llevaba a otro nivel, a otro lugar. Luego de orar un tiempo y no recibir ninguna respuesta decidí callar y esperar y es allí que me da muchos sueños. (Génesis 41:32).

Y un día me dice: "TOMA TU LECHO Y ANDA" Fuí a La Iglesia de: «Times Square Church, cuyo fundador fue el Pastor David Wilkerson». Ya para cuando llegué allí ya este siervo había dejado la tierra de los vivientes (1931-2011).

Estuve allí desde el 2012-2014. Allí comencé a servir en el Ministerio de mantenimiento por un espacio de 2 años. Muy agradecido por el tiempo que estuve allí y de cómo Jesús me dió más de Él. »Pero Dios no nos quiere en un sólo lugar, Él nos lleva a lugares por un tiempo y luego nos mueve«. Dios me quería fuera de allí, aun yo no quería, porque amaba y aún amo aquella Iglesia, porque salió del mismo Corazón de Dios y entre en una contienda con el Señor Jesús por 6 meses y aun así no quería dejar dicha Iglesia, tenía Fe y Esperanza que Dios iba a cambiar esta orden para mi vida «o sea estaba en una contradicción con el mismo Dios, con el Dueño de la obra».

Hasta un día que Dios me da un nuevo sueño llegando con unas maletas a la Iglesia que pertenezco actualmente y me detengo al pie de una escalera. En el sueño estaba mi madre, mi hermana y un amado hermano: »Joseph Ramos«. Le digo a mi madre: «sostenme la maleta voy hablar con El Pastor. Y viendo al Pastor de la Casa: "Pastor Jim Cymbala / The Brooklyn Tabernacle"» comienzo a descender la escalera y me le acerco y le digo: «necesito consejería y comenzamos a conversar».

Y por este sueño y otras distintas experiencias he comprendido que El Señor mismo me llevó allí desde el año 2014 y donde actualmente soy miembro y espero por nuevas indicaciones y direcciones del Señor Jesús para integrarme en algún ministerio.

Sigo haciendo la obra de llevarle La Palabra a aquellos que están en las más densas tinieblas, sin Jesús, sin Fe y sin Esperanza, a través del *"Ministerio Ojos De Compasión."*

Esta ha sido una biografía/testimonio de éste su hermano, tratando de resumir un poco, porque el testimonio no es mío, sino de Dios *«porque la obra es de Él, no mía».*

En mi vida he tenido: *«muchas altas y bajas, perdidas, tristezas, alegrías, ánimo pronto, desánimo, congojas, letargos, persecuciones de mis propios hermanos y familiares, maltratos, rechazos, cárceles, sin hogar etc»…*(2Corintios 4:9).

Pero a sabiendas que les servimos a un *Dios que es Fiel y Verdadero* y que *Sus Promesas* están en él *¡Sí!* Y en él *¡Amén! "Que el que comenzó la buena obra la terminará."*

Yo mismo no lo he alcanzado aún, pero Él me lleva de *Gloria en Gloria,* hasta que obtenga La Estatura del Varón Perfecto que es *"Cristo Jesús."* Hasta que obtenga *"La Corona De La Vida"* y en aquel día le veré cara a cara y El Amado Jesús, me dirá: *«Pasa Al Descanso Eterno».*

Y yo seré parte de los que digamos: *«¡Santo! ¡Santo! ¡Santo!*

¡Gloria al Rey Jesús por los siglos de los siglos! y ¡Amén!»

Omar A. López
"Ministerios Ojos De Compasión"

"Motivos Para Sonreir"

**Monte Carmelo, Israel; Foto tomada en Marzo
07, 2014, 2:02 pm. (Original y Editada)**

**«Lugar donde el Profeta Elías derrotó a los falsos
profetas de Baal y Asera "850"» (1Reyes 18:20-40).**

"para que en el nombre de Jesús se doble toda rodilla de los que están en los cielos, y en la tierra, y debajo de la tierra; y toda lengua confiese que Jesucristo es el Señor, para gloria de Dios Padre. Y en ningún otro hay salvación; porque no hay otro nombre bajo el cielo, dado a los hombres, en que podamos ser salvos." (Filipenses 2:10-11, Hechos 4:12)

BIBLIOGRAFÍA

[1] Reina Valera; 1960, 1977, 1995

[2] King James Version: 1611

[3] Tecarta Bible

[4] The Vision/La Visión, 1974; Pastor David Wilkerson, págs. 43-44

[5] It Is Finish "Consumado Es", 2013; Pastor David Wilkerson, pág. 186

[6] Diccionario De La Real Academia De La Lengua Española 1996 vol. 1 & vol. 2

[7] Fotos Portada y próximo libro; Reflection Cross Beach de Gordon Images #472677934 y Water Cross #511803101: thinkstockphotos.com

[8] Fotos Del Autor;1. Un Hombre Nuevo "Bautismo Por Las Aguas" (2010)
2. El Llamado De Dios "La Honra Del Ministerio" (2010)
3. Motivos Para Sonreír (2011)
4. Sobre El Autor: Juan Carlos Fernández (JCF) Fotografía Profesional (809) 547-3104. Av. Winston Churchill/Porfirio Herrera, Plaza Palmeras, Santo Domingo, República Dominicana.

[9] Fotos De Interior; Monte Carmelo, Israel; Marzo 07, 2014, 2:02 pm. (Original y Editada) «Lugar donde el Profeta Elías derrotó a los falsos profetas de Baal y Asera "850"» (1Reyes 18:20-40).

[2] NYPL Branches; 1. Fort Washington Library: 535 West 179th Street, New York, NY, 10033
2. Kingsbridge Library: 291 West 231st Street, Bronx, NY, 10463

[3] Predicadores/Predicas;

[3.1] Pastor David Wilkerson

[3.2] Pastor Bob Phillips

[3.3] Pastor Jim Cymbala

[3.4] Pastor Carter Conlon

[3.5] Predicador Leonard Ravenhill

[3.6] Predicador Paul Washer

[3.7] Dr. RC Sproul

[3.8] Pastor Juan Radhamés Fernández

[3.9] Dr. Mike Brown; "The Defective Gospel/No Mention Of God's Wrath."
Mensaje: «*El Mensaje Que Ya No Se Predica En La Casa De Dios*».

[3.10] Evangelista Rubén Hernández; "Testimonio: Ser Adorador Te Va A Costar."
Mensaje: «*Papá Está Aquí Y Todo Va Estar Bien*».

[4] Mis consultantes De Westbow Press Publishing; Erik Schoeder, Reggie Adams y Tim Fitch

[5] Consejería: Pastor Floyd Johnson/The Brooklyn Tabernacle Church

[6] Internet;

[6.1] Biblegateway.com

[6.2] Wikipedia.com

[6.3] Youtube.com

[6.4] Thinkstockphotos.com

[7] Alabanzas/Adoradores;

[7.1] Phil Driscoll

[7.2] Paul Wilbur

[7.3] The Brooklyn Tabernacle Choir

[7.4] Andraé Crouch

[7.5] Bill & Gloria Gaither

[7.6] Times Square Church Choir

[7.7] Karen Davis

[7.8] Joshua Aaron

[7.9] Michael W Smith

[7.10] Kim Hill

[7.11] Chris Tomlin

[7.12] Kari Jobe

[7.13] Hillsong: "Darlene Zschech"

[7.14] Jeremy Camp

[7.15] Jesus Culture; "Kim Walker-Smith, Chris Quilala"

[7.16] Elevation Worship

[7.17] William McDowell

Más De En La Intimidad

"Jeremías 33:3"

"Escuchando Más De Jesús
En Tiempos De Necesidad"

Omar A. López

Printed in the United States
by Baker & Taylor Publisher Services